MINDSET
DE ALTA PERFORMANCE

Behnam Tabrizi

MINDSET
DE ALTA PERFORMANCE

Tradução Marcia Blasques

astral
cultural

Copyright © 2023 Behnam Tabrizi
Publicado em acordo especial com a Ideapress Publishing em conjunto com o agente autorizado 2 Seas Literary e o coagente LVB & Co. Agência e Consultoria Literária.
Tradução para Língua Portuguesa © 2024 Marcia Blasques
Todos os direitos reservados à Astral Cultural e protegidos pela Lei 9.610, de 19.2.1998. É proibida a reprodução total ou parcial sem a expressa anuência da editora.

Editora
Natália Ortega

Editora de arte
Tâmizi Ribeiro

Produção editorial
Andressa Ciniciato, Brendha Rodrigues e Thais Taldivo

Preparação de texto
Pedro Siqueira

Revisão de texto
Alline Salles, César Carvalho e Mariá Moritz Tomazoni

Design da capa
Tâmizi Ribeiro

Foto autor
Arquivo pessoal

Dados Internacionais de Catalogação na Publicação (CIP)
Angélica Ilacqua CRB-8/7057

T117i   Tabrizi, Behnam
         Mindset de alta performance / Behnam Tabrizi ; tradução de Marcia Blasques. — Bauru, SP : Astral Cultural, 2024
         272 p.

        ISBN 978-65-5566-526-0
        Título original: Going on offense

        1. Desenvolvimento profissional 2. Liderança I. Título II. Blasques, Marcia

24-2022   CDD 658.3

Índice para catálogo sistemático:
1. Desenvolvimento profissional

BAURU
Rua Joaquim Anacleto Bueno 1-42
Jardim Contorno
CEP: 17047-281
Telefone: (14) 3879-3877

SÃO PAULO
Rua Augusta, 101
Sala 1812, 18º andar
Consolação
CEP: 01305-000
Telefone: (11) 3048-2900

E-mail: contato@astralcultural.com.br

Para Nahid, minha mãe e eterna líder de torcida.

SUMÁRIO

APRESENTAÇÃO — 9
1. Introdução: enfrente o desafio — 19

PARTE 1: SEJA GENEROSO — 37
2. Estabeleça um propósito existencial: por que sua empresa importa? — 39
3. Tenha obsessão pelo cliente — 62
4. Crie o efeito Pigmalião — 82

PARTE 2: SEJA FEROZ — 105
5. Estimule a mentalidade empreendedora — 107
6. Gerencie o ritmo da mudança — 128
7. Trabalhe de forma bimodal — 149

PARTE 3: SEJA CORAJOSO — 173
8. Siga com ousadia — 175
9. Promova a colaboração radical — 197
10. Hora de juntar tudo — 220

APRESENTAÇÃO

Como transformar uma organização típica em uma que seja *continuamente* ágil, inovadora e acelerada, e que transborde com expectativa e intensidade?

Eu achava que já tinha a resposta para essa pergunta.

Afinal, por mais de 25 anos, ensinei transformação organizacional no programa executivo que dirijo na Universidade Stanford. Ministro um curso muito popular sobre liderança na transformação organizacional e mantenho uma prática de consultoria movimentada, tendo aconselhado mais de cem empresas no planejamento, na mobilização e na implementação de mudanças significativas. Estudei mais de mil transformações organizacionais. Além disso, escrevi nove livros, incluindo o popular *Transformação rápida*, de 2007, com um plano de ação para transformar rapidamente organizações em entidades ágeis e inovadoras. Também sou coautor do *best-seller* internacional *The Inside-Out Effect*, de 2013, que orienta líderes de negócios na transformação pessoal para que possam direcionar a mudança organizacional. Quando utilizados em conjunto, esses dois livros se tornam um "segredo de sucesso" que capacita empresas a se tornarem mais ágeis, inovadoras e empreendedoras. No entanto, foi necessário um jantar de negócios casual para eu perceber que estava faltando uma peça crucial.

No inverno de 2014, eu estava sentado à mesa com Hans Vestberg, na época CEO da gigante empresa de telecomunicações Ericsson (atualmente, ele é CEO da Verizon). Nós nos conhecíamos porque eu estava à frente de um programa executivo personalizado em Stanford e ministrava aulas sobre liderança organizacional e transformação. Hans havia enviado setenta de seus principais executivos para o nosso programa e planejava enviar mais cento e cinquenta. Depois de algumas taças de vinho, perguntei a ele por que havia escolhido Stanford. Ele respondeu que queria que sua equipe aprendesse com as empresas mais inovadoras e ágeis do mundo, e a maioria delas estava sediada no Vale do Silício. Desejava que seus executivos mergulhassem na cultura empresarial que havia produzido empresas como Apple, Tesla, Amazon e Cisco, entre outras.

Ele me confidenciou que esperava que sua equipe retornasse com as lições aprendidas em Stanford e transformasse a Ericsson em uma corporação mais inovadora, capaz de se adaptar rapidamente a novas oportunidades.

Saí do jantar impressionado com o que Hans tinha dito, que queria que seus executivos "aprendessem com os melhores". Isso fez minha mente rodopiar. Eu me perguntava o que seria possível descobrir se alguém mergulhasse fundo nas empresas mais inovadoras, aquelas com o que chamo de *mentalidade vencedora*: uma dedicação à inovação contínua e à experimentação implacável que perpassa toda a organização, de cima a baixo. Seria possível descobrir, por meio de análises, os ingredientes-chave que permitem que essas empresas realizem isso?

Eu não conseguia parar de pensar nessa linha de investigação. Não estava satisfeito com os estudos anteriores sobre agilidade e inovação, e percebi que os resultados dessa pesquisa preencheriam as lacunas dos meus dois primeiros livros sobre o assunto.

Transformação rápida oferece um plano para impulsionar a agilidade e a inovação de uma organização. É uma metodologia prática para realizar mudanças rápidas em grandes empresas e nos principais líderes de todos os níveis, direcionando-os a toque de caixa, como um navio-tanque, em direção a outro norte. No entanto, o livro não ensina a disseminar a nova mentalidade por toda a organização e mudar permanentemente a cultura. Já o livro *The Inside-Out Effect* melhora seu antecessor ao detalhar como impregnar a mudança na cultura por meio da transformação pessoal de seus membros, concentrando-se nos líderes e funcionários. No entanto, mesmo o efeito combinado desses dois livros não garante que a organização permaneça ágil e inove além de alguns anos — para isso é necessário uma base sólida.

O livro que você tem em mãos agora é a terceira perna do banquinho, completando meus esforços para fornecer conselhos práticos sobre como uma organização pode atingir e *manter* o que era conhecido como "mentalidade do Vale do Silício", e assim garantir agilidade e inovação contínuas. Com esta leitura, uma empresa será capaz de mudar o mindset, adaptando-se continuamente a novos ambientes, e expandindo-se para novos territórios — e talvez minimizando a necessidade de outra transformação radical.

Em 2015, contei com a ajuda de uma dezena de estudantes talentosos de Stanford, além de três que haviam se formado na escola, para conduzir um estudo abrangente de algumas das empresas mais inovadoras e ágeis do mundo. Com base em uma pesquisa com 6.873 executivos globais, acadêmicos e consumidores, aprofundamos nosso estudo em 26 empresas, incluindo Amazon, Apple, Tesla, Microsoft, AMD, Bumble, Etsy, Unilever, Netflix, Haier, Intel, DBS Bank, KBank (Tailândia), Starbucks, Zara, SpaceX, Nike, Next, Barnes & Noble e o Condado de Santa Clara, na Califórnia (nossa única instituição pública). Algumas eram decadentes; examinamos Blockbuster, Borders, Kodak e Nokia para determinar de que características essas empresas careciam e que poderiam explicar sua incapacidade de se transformar. Também estudamos empresas que estão enfrentando dificuldades ultimamente, como Peloton e Facebook. Histórias de todas essas 26 empresas são entrelaçadas ao longo deste livro.

O *framework*, no entanto, acabou se baseando fortemente em apenas cinco dessas organizações. O livro destaca as semelhanças e diferenças entre as cinco culturas, que, interessantemente, refletem os cinco ícones da indústria que as lideram ou lideraram: Steve Jobs (Apple), Elon Musk (Tesla), Jeff Bezos (Amazon), Howard Schultz (Starbucks) e Satya Nadella (Microsoft).

Selecionamos essas empresas com base em nossa pesquisa global, que classificava as organizações mais perenemente inovadoras do mundo. Para nossa surpresa, essas 5 empresas também superaram significativamente nos últimos 20 anos o índice S&P 500, que indica o cenário das maiores empresas norte-americanas. Embora seus líderes estejam longe de serem perfeitos (tanto Elon Musk quanto Steve Jobs podem/podiam ser muito imprevisíveis e rudes com colegas), ainda assim espero que você saia com lições práticas de cada exemplo.

É importante observar que a maioria das empresas selecionadas está longe do Vale do Silício, e algumas não são nem empresas de tecnologia. Elas simplesmente têm em comum uma mentalidade que prioriza agilidade e inovação. E estar no Vale do Silício não garante essa mentalidade, como empresas que outrora personificavam o local — por exemplo, Facebook e Google — estão descobrindo nas dificuldades que enfrentam atualmente. Além disso, as empresas bem-sucedidas que estudamos diferem substancialmente umas das outras. Nós nos concentramos nas semelhanças, mas não deixamos de lado as diferenças. Descobrimos que organizações perenemente inovadoras estavam sempre na ofensiva, em busca de inovação e oportunidades para melhorar. Elas desenvolveram uma cultura de agilidade.

Você pode não acreditar que este livro ofereça métodos que levarão sua organização ao patamar das empresas ultra bem-sucedidas descritas aqui. Quero enfatizar que esse não é o objetivo deste livro. O objetivo é melhorar, não imitar o desempenho. Na verdade, 99% das empresas ao redor do mundo não se encaixam na categoria de conquista alcançada por Apple, Starbucks, Tesla, Microsoft ou Amazon. E está tudo bem. Seja você um funcionário da linha de frente, um gestor intermediário, um executivo ou um CEO, este livro foi escrito para mostrar as características-chave e fornecer passos práticos para que você e sua organização, ou a área que você controla, alcancem seu potencial máximo. E lembre-se: mesmo uma melhoria de 10% ou 20% em agilidade e inovação terá impacto positivo no seu resultado final e o encaminhará para uma cultura que beneficiará todos em sua organização.

Aos 22 anos, eu havia terminado meu mestrado em ciência da computação e assumido uma posição no centro de pesquisa da IBM. Eu trabalhava para melhorar o processo de fabricação na IBM quando tive uma ideia. Não estava diretamente ligada ao meu trabalho, mas era algo que a empresa poderia facilmente implementar e economizar milhões de dólares. Meu gerente se recusou a encaminhar minha ideia, se sentou comigo e disse: "Behnam, pode-se dizer que a IBM é como um grande tronco, navegando em um rio de curso lento. Você e eu somos duas formiguinhas nesse tronco, e estamos só tentando sobreviver".

Como dá para imaginar, aquele jovem simplesmente se retraiu mais e mais ao ouvir sobre o que essa organização representava. Esse momento se tornou o divisor de águas da minha vida. Queria passar o resto dela ajudando pessoas a se conectarem com seu potencial, então decidi ajudar a transformar organizações com um total de 100 milhões de pessoas para que pudessem se conectar com seu potencial. Com frequência, grandes ideias requerem grandes pessoas; pequenas empresas são organizações com grandes funcionários, mas à medida que elas crescem, os funcionários se sentem menos visíveis e menos ouvidos. Perdem o interesse nos desafios da empresa, a menos que sejam diretamente responsáveis por eles. Este livro é uma espécie de esforço culminante para ajudar a mudar essa dinâmica.

Antes de virar a página (e espero que esteja ansioso para fazê-lo), gostaria de agradecer a todas as pessoas que tornaram este livro possível. Em primeiro lugar, agradeço à minha esposa, Nazanin, por me apoiar e me encorajar incansavelmente desde o momento em que tive a ideia para este livro, desde os anos de pesquisa até a data de publicação. Nazanin, esta obra não estaria aqui sem você.

Agradeço também à Brightline Initiative, parte do Project Management Institute (PMI), e a todos os seus líderes, especialmente Ricardo Vargas e Tahirou Assane, que me ajudaram a combinar a essência de

Transformação rápida e *The Inside-Out Effect* em um livreto mais simples, *The Transformation Compass* [A bússola da transformação]. Esses dois ex-alunos generosamente compartilharam este livreto com seus 2 milhões de membros e conseguiram que ele tivesse destaque na *The Economist*. Eles têm sido apoiadores de longa data das minhas ideias e foram instrumentos na disseminação das minhas abordagens pelo mundo.

Eu teria enfrentado problemas desde o início se não fosse por Nadia Mufti, graduada na Escola de Design de Stanford. Ela me ajudou enormemente no início da pesquisa e na codificação deste livro. Além disso, foi ideia dela adicionar a mentalidade empreendedora como uma categoria, então obrigado por isso também. E muitos agradecimentos a Benny Banerjee, que me apresentou Nadia.

Não tenho palavras para dizer quão fenomenal é minha equipe de pesquisa de Stanford, liderada por Callie McKenna Rosenthal, que demonstrou habilidades de liderança excepcionais ao longo do projeto. Agradeço aos outros membros da equipe: Parker Thomas Kasiewicz, Parthav Shergill, Matthew Macario Yekell, Vivian Urness-Galindo e Lauren Taylor, todos são pessoas absolutamente brilhantes que fizeram excelentes contribuições para este livro. Além disso, Andrew LaForge, Alex Avery, Tara Viswanathan, Toby Espinoza e Michael Terrell também colaboraram para esta pesquisa e os trabalhos anteriores. Gostaria também de agradecer a Bonnie Chan, que não só me ajudou com meu trabalho anterior, mas também a manter a mim e à equipe de pesquisa focados.

Um grande agradecimento ao brilhante Stuart Crainer, cofundador do Thinkers50 (considerado o Oscar da administração), que inicialmente me entrevistou querendo saber mais sobre esta pesquisa. Suas perguntas incisivas aprofundaram o conteúdo do livro. Também sou grato a Karen Christensen, editora-chefe da *Rotman Management Magazine*, pelo *follow-up* da entrevista de Stuart.[1]

Muitos agradecimentos ao meu magnífico editor John Landry (anteriormente da *Harvard Business Review*), que mergulhou nos meus primeiros rascunhos e teve inúmeras conversas inspiradoras comigo sobre o conteúdo e a direção do livro. Gostaria também de agradecer ao meu editor, Rohit

Bhargava, cofundador da Ideapress, por estar sempre disponível para conselhos perspicazes e por compartilhar meu entusiasmo com este livro.

Sou extremamente grato aos líderes de empresas com os quais tive o privilégio de trabalhar de perto; eles tiveram um impacto profundo em minha vida. Em primeiro lugar, o falecido Andy Grove, CEO da Intel, que arriscou ao contratar um estudante enérgico e curioso que acabara de receber seu doutorado; a confiança dele em mim ajudou a lançar as bases tanto para o *design thinking* quanto para o desenvolvimento ágil. Ele me contratou para treinar 7 mil executivos e gestores de nível médio da Intel ao redor do mundo em inovação e agilidade no desenvolvimento de produtos.

Com base nessa experiência, aprendi como é administrar uma organização acelerada que abraça muitos dos valores culturais do Vale do Silício, como práticas eficazes de reuniões, o processo de tomada de decisões e uma cultura de conflito construtivo que incentiva a exposição de todas as ideias. Parei de trabalhar com a Intel no final da década de 1990; após a morte de Grove em 2016, a Intel lentamente voltou a ser uma organização burocrática necessitada de transformação.

O líder que talvez tenha tido o maior impacto em mim é David House, vice-presidente executivo da Intel, que saiu em 1996 para se tornar presidente e CEO da Bay Networks. Lá, ele presidiu uma das transformações organizacionais mais bem-sucedidas na história do Vale do Silício: os lucros aumentaram vinte vezes e o valor de mercado da empresa quintuplicou para quase 10 bilhões de dólares. Ele me contratou, e eu, basicamente, dormia em um saco de dormir no meu escritório enquanto ajudava nessa transformação. Ele era um mestre na mudança cultural, e muitos líderes subsequentes no Vale do Silício foram seus protegidos: Maynard Webb, ex-diretor de operações do eBay, e Lloyd Carney, CEO de várias empresas de redes e telecomunicações de destaque.

Trabalhar com executivos e gerentes seniores de organizações globais com valor de mercado acima de 1 trilhão de dólares tem sido um ponto alto da minha carreira. Por meio dessas experiências, adquiri uma compreensão profunda de sua transformação e seu crescimento rápido. No meu livro, discuto várias dessas organizações e as valiosas lições que aprendi. Sou grato pela oportunidade de contribuir para o sucesso delas.

Gostaria também de agradecer a Suphachai Chearavanont, CEO do C. P. Group, e aos principais líderes do Kasikornbank (KBank), incluindo Banthoon Lamsam, presidente emérito; Kattiya Indaravijaya, CEO; e Patchara Samalapa, presidente, por me ensinarem a equilibrar a cultura do Vale do Silício com uma que se compromete com todos os seus funcionários em tempo integral. A experiência da qual mais tenho orgulho foi trabalhar com Patchara na transformação de uma organização de varejo tradicional com 12 mil funcionários em uma cultura ágil do Vale do Silício que atingiu e foi além de todos os seus objetivos e ganhou muitos prêmios.

Meus agradecimentos também a Spencer Fung, presidente-executivo da Li & Fung, que tem sido um grande apoiador do meu trabalho de transformação nas divisões de manufatura, varejo e finanças de sua empresa. Agradecimentos especiais a Ed Lam, ex-CFO da Li & Fung, sediada em Hong Kong, que em 2017 ganhou o prêmio CFO do Ano por nossos bem-sucedidos esforços na aplicação das metodologias "rápida transformação" e "de dentro para fora" na organização financeira dessa empresa de 18 bilhões de dólares com operações em quarenta países. Ed é atualmente fundador e CEO da LFX e está transformando digitalmente a indústria de varejo. Peter Bertke, nefrologista que frequentou minha aula em Stanford, também aplicou esses conceitos em 2018 para transformar o grupo hospitalar privado mais prestigiado da Suíça, Hirslanden, no grupo hospitalar de cuidados agudos mais eficiente do país. Atualmente, está aplicando suas habilidades em vários hospitais públicos. O professor Oriol Amat, ex-decano da UPF Barcelona School of Management, também aplicou essas metodologias na transformação da escola em 2020, e foi posteriormente promovido; desde então, tem empregado com sucesso as mesmas técnicas como reitor da UPF. Publicamos vários casos sobre isso que podem ser acessados através do European Case Clearing House.

Muito obrigado a Vernon Irvin, CEO que conquista um sucesso atrás do outro e amigo com quem desfrutei várias colaborações em projetos de transformação. Foi um grande prazer trabalhar com Irvin para transformar a maior divisão dentro da Verisign de uma organização com receita de 380 milhões de dólares em declínio para uma divisão ágil e próspera de 1 bilhão de dólares em dois anos. Meu grande amigo e ex-cliente, Faraj Aalaei, que liderou duas bem-sucedidas Ofertas Públicas Iniciais (IPOs, na sigla em inglês) no Vale do Silício, também tem sido um parceiro intelectual durante toda a minha jornada, incluindo este livro. Finalmente, quero expressar minha gratidão às pessoas que lideram o Condado de Santa Clara, especialmente o CEO Jeff Smith, Leslie Crowell, Megan Doyle, James Williams, Greta Hansen, Rene Santiago, Paul Lorenz, Sanjay Kurani, Cliff Wang e todos os grandes líderes e colaboradores com quem tive o privilégio de trabalhar.

Eles, e muitos outros, me deram a oportunidade de aplicar minha experiência no setor público. Desde nosso trabalho juntos, tenho orgulho de dizer que o Condado de Santa Clara se tornou o modelo de uma transformação significativa, salvando milhares de vidas durante a pandemia de covid-19 e reduzindo os custos em mais de 450 milhões de dólares em vários departamentos, ao mesmo tempo que deixou funcionários e clientes mais satisfeitos. É profundamente edificante ver que muitos líderes que trabalharam comigo em vários esforços de transformação são atualmente os principais executivos do Condado de Santa Clara.

Agora você pode virar a página...

1. INTRODUÇÃO: ENFRENTE O DESAFIO

Você já assistiu à série de televisão *See* no Apple TV+? A história se passa em um futuro distante, muito tempo depois de um vírus dizimar a humanidade. Aqueles que sobreviveram ficaram cegos. Agora, séculos depois, a visão é considerada um mito. Mas então nascem gêmeos que podem enxergar, assim como seus ancestrais. Eles se tornam alvos de membros da tribo que temem o que a "visão" trará.

Da mesma forma, muitos líderes tratam a ideia de que grandes organizações podem se transformar em empresas continuamente inovadoras como um mito, uma história fantasiosa de um passado distante. Mesmo as empresas de tecnologia que costumavam ser ágeis nos anos 2000, como Facebook e Google, agora são uma sombra de sua antiga e surpreendentemente inovadora versão.

J. D. Ross, cofundador da Opendoor, tuitou que "o maior mal do Google é transformar jovens brilhantes de 22 anos em carreiristas complacentes, em vez de fundadores ambiciosos que um dia poderiam competir com eles". Em resposta, o CEO da Tesla, Elon Musk, tuitou que "a maioria das grandes empresas de tecnologia se tornou um lugar onde o talento vai para morrer".[2]

De maneira semelhante, em 2013, logo após a Microsoft adquirir sua empresa, o CEO da Nokia, Stephen Elop, encerrou seu discurso dizendo: "Não fizemos nada errado, mas, de alguma forma, perdemos".[3] Foi um final devastador para uma empresa que tinha uma grande fatia do mercado de celulares antes da entrada da Apple em 2007. O foco da Nokia em métricas operacionais, combinado com sua falha em cultivar uma transformação cultural e a falta de produtos corajosos e inovadores que os clientes amariam, levou à sua queda. Em outras palavras, o mundo mudou, e a Nokia falhou em acompanhar essa mudança. Isso foi há uma década. Enquanto eu concluía este livro em 2023, avanços impressionantes em inteligência artificial estavam adicionando mais uma interrupção em muitos mercados. A inovação ágil está se tornando mais importante do que nunca — e cada vez mais difícil de ser alcançada pelos gigantes complacentes.

Isso levanta a questão: alguma empresa de grande porte pode enxergar uma maneira de corrigir o curso e tornar o mito real novamente?

Poucos executivos se oporiam a que suas empresas se tornassem inovadoras e ágeis — o que eu defino como estar sempre à procura de reimaginar e implementar novos processos, parcerias, produtos, mercados e serviços, além de aprimorar os existentes. A inovação é essencial para prosperar em mercados cada vez mais disruptivos. A agilidade é necessária para se movimentar rapidamente diante de oportunidades e ameaças. Agilidade, neste livro, não se refere à metodologia de software — como Steve Denning destacou, "ser ágil às vezes se tornou um pretexto para criar ambientes de trabalho exploradores".[4] Em vez disso, estou focando a agilidade, antes de mais nada, como uma mentalidade, e o elemento crítico de uma cultura de inovação contínua que responde rapidamente à mudança. Assim, utilizo "inovação ágil" e "inovação contínua" de forma intercambiável neste livro.

Os obstáculos são assustadores. Em primeiro lugar, empresas burocráticas precisam lidar com o legado da definição de sucesso do século XX. Naquela época, eram recompensadas por produzir bens de qualidade em grande escala a um preço acessível. Compreensivelmente, contrataram burocratas para alcançar esse objetivo. A inovação foi vítima do marketing previsível e de melhorias incrementais, ambos gerando o crescimento constante desejado pela administração e por Wall Street. Empresas sacrificaram a agilidade em favor de uma estrutura massiva e complexa que, como um navio transatlântico, é incapaz de fazer uma curva muito fechada.

Além da inércia, a natureza humana é o principal obstáculo à mudança. Em primeiro lugar, as pessoas são condicionadas a abrir mão de seu próprio poder. De sermos totalmente dependentes quando bebês, até parcialmente dependentes ao alcançar a vida adulta, somos tentados a continuar esse padrão.

Muitas vezes, abdicamos do nosso próprio pensamento em prol dos livros que lemos ou então das palestras que ouvimos; deixamos os ditames da moralidade para líderes religiosos e nossa dieta para médicos.[5] Basicamente, temos medo de pensar por nós mesmos. No ambiente de trabalho, estamos confortáveis em ceder nosso poder à hierarquia burocrática para podermos nos estabelecer em rotinas e tarefas previsíveis e estáveis.

Em segundo lugar, é próprio da natureza humana ser egoísta e orgulhosa. A maioria dos gestores de grandes empresas tem um toque disso, fazendo com que se preocupem apenas em manter seu feudo e suas regalias.

Em terceiro lugar, as pessoas tendem a se comprometer e a resistir à mudança quando investem recursos significativos em um projeto ou uma estratégia. Persistem no viés dos custos irrecuperáveis, mesmo que abandonar essa linha de ação faça sentido em longo prazo.

Por fim, o tipo de mudança que pode romper a inércia da tradição requer uma determinação tremenda. Agilidade e inovação exigem um tipo de vigilância e flexibilidade que demanda um esforço mental e físico enorme. Só falar sobre isso já é cansativo. E definitivamente requer mais energia do que a maioria das pessoas quer dedicar ao trabalho.

O QUE É REALMENTE NECESSÁRIO PARA A INOVAÇÃO CONTÍNUA

Com base no exposto, você pode concluir que transformar grandes empresas é uma tarefa quase impossível. Alguns livros em circulação insistem que a natureza humana pode mudar. Na visão deles, as pessoas podem simplesmente deixar de lado suas mesquinharias, desmantelar sua estrutura de comando e controle e trabalhar pelo bem dos investidores e consumidores.

Ouço esse argumento há décadas, desde que comecei a lecionar e prestar consultoria em meados da década de 1990. Eu moro no Vale do Silício, onde os clamores foram os piores, cheios de tecno-otimismo e ignorância alegre sobre como grandes empresas realmente funcionam. O comando e o controle ainda reinam, mas os evangelistas continuam falando de uma utopia totalmente descentralizada de organizações autônomas. E agora essas mesmas pessoas acreditam que a pandemia, a Grande Renúncia e as demissões silenciosas serão um ponto de virada e a realização de sua visão utópica.

Não vai acontecer. Não dessa maneira, pelo menos.

Mas, eu asseguro a você, transformar grandes empresas não é um sonho impossível. Certamente é difícil — e requer muito mais do que um discurso inspirador do CEO ou outras retóricas para fazer os funcionários transformarem a empresa. Eles precisam de uma abordagem holística que incuta disciplina e gere a energia emocional necessária para prosperar em tempos de disrupção. Os líderes precisam deixar de lado desejos pessoais e se transformarem por um propósito maior. Em outras palavras, eles precisam abrir os olhos e "ver" que não podem continuar com os negócios do jeito de sempre.

De maneira irônica, um excelente exemplo de impulso para a mudança aconteceu em 1977. Rob Strasser, o primeiro diretor de marketing da Nike, emitiu um memorando interno intitulado "Princípios".[6] Escrito em uma única página, aquele documento estabeleceu todos os princípios da Nike. Eles não surgiram das operações do momento. Pelo contrário, refletiam a intuição de Strasser de que esses princípios deveriam orientar a perspectiva da empresa.

```
                    ✓

1.  Our business is change.
2.  We're on offense. All the time.
3.  Perfect results count -- not a perfect process.
    Break the rules: fight the law.
4.  This is as much about battle as about business.
5.  Assume nothing.
    Make sure people keep their promises.
    Push yourselves push others.
    Stretch the possible.
6.  Live off the land.
7.  Your job isn't done until the job is done.
8.  Dangers
    Bureaucracy
    Personal ambition
    Energy takers vs. energy givers
    Knowing our weaknesses
    Don't get too many things on the platter
9.  It won't be pretty.
10. If we do the right things we'll make money damn
    near automatic.
```

Esses princípios ressoam em um nível visceral e destacam o papel das emoções no processo de mudança. Muitos autores pensam que podemos eliminar a natureza humana, que as empresas podem esperar que os funcionários deixem de lado seus interesses egoístas e colaborem em prol dos consumidores e da sociedade. Mas, se vai eliminar uma emoção, você precisa substituí-la por outra. Caso contrário, as pessoas decidirão apenas trabalhar para burocracias.

Basta olhar para a história da maioria das grandes empresas, incluindo as do Vale do Silício. Você descobrirá que o fundador, e muitas vezes os líderes subsequentes, estavam longe de serem os criadores super-racionais como muitas vezes eram retratados. Eles gostariam que você pensasse que abordaram um mercado específico, viram como resolver seus problemas e superaram os desafios que estavam no caminho. Há alguma verdade nessa descrição, mas os compromissos emocionais, juntamente com uma variedade de peculiaridades estranhas e, às vezes, até mesmo comportamentos extremos, foram cruciais para o sucesso deles.

Pense em Steve Jobs, especialmente em seu segundo reinado na Apple. No primeiro reinado, ele era o oposto do modelo predominante de um CEO bem-sucedido. Era rude, desagradável, arrogante, narcisista e paranoico. Mesmo em uma descrição em grande parte simpática, seu biógrafo Walter Isaacson afirmou que "impulsionado por demônios, ele podia levar aqueles ao seu redor à fúria e ao desespero [...] sua personalidade, paixões e produtos estavam todos inter-relacionados".

Em determinado momento, a empresa que Jobs cofundou e os diretores que ele escolheu o demitiram porque acreditavam que suas obsessões estavam levando a Apple à ruína. No entanto, os experientes burocratas corporativos que o sucederam falharam em reviver as operações e, desesperado, o conselho da Apple acabou recontratando-o.

Aconteceu que a dor e as dificuldades que enfrentou durante sua passagem pela Next, depois que saiu da Apple, transformaram a personalidade de Jobs. Ele se tornou mais empático, mas não perdeu sua paixão e sua ambição. Esse "novo" Jobs também tinha muito mais clareza de para onde queria direcionar a Apple.

Quando retornou como CEO em 1997, a Apple estava quase falida, e Jobs teve de tomar decisões que determinariam a sobrevivência da empresa. Ele conseguiu transformá-la em muitas dimensões, reformulando completamente o conselho de administração e cancelando produtos e projetos nos quais seus antecessores haviam investido milhões de dólares. Dessa vez, as mudanças funcionaram, e a empresa apresentou inovações impressionantes que deram aos clientes o que eles não percebiam que queriam. Quando Jobs renunciou ao cargo de CEO em 2011, a Apple tinha se tornado a empresa mais valiosa do mundo, título que mantém 12 anos depois.

O fato de emoções como paixão, energia, obsessão e ambição terem sido ingredientes vitais no sucesso da Apple não é por acaso. Construir uma organização inovadora, seja com base em uma burocracia transformada ou do zero, exige um trabalho enorme. Também é bastante arriscado;

muitos desses esforços não dão em nada. Se você é apenas uma pessoa capaz e altamente racional interessada em um negócio estável, é melhor se juntar a uma empresa estabelecida e lidar com a hierarquia. Mas, se você sente um impulso profundo de criar uma empresa para necessidades não atendidas no mercado e realizar sua visão sem os mandos de um superior, você deve escolher um inovador ágil. E isso é importante porque, além de ser hiper-racional, você vai precisar de todas as emoções que puder reunir para sustentar você e sua organização no começo, sempre tão difícil.

OS ELEMENTOS-CHAVE
Com base na minha experiência e nas entrevistas e pesquisas que conduzi usando minha extensa rede profissional, identifiquei 37 qualidades de que uma grande empresa precisa, tanto em seus líderes quanto em seus funcionários, para se tornar continuamente inovadora. Para confirmar se minhas intuições se confirmavam no mundo real, montei uma equipe de poucos pesquisadores composta de alunos e ex-alunos de pós-graduação de Stanford, pesquisadores com doutorado e um ex-editor da *Harvard Business Review*. Escolhemos 52 empresas que experimentaram crescimento alto, médio ou declínio significativo em algum momento entre 2006 e 2022. Esse período incluiu deliberadamente várias eras: pré-recessão, a grande crise financeira, o período pós-crise de crescimento, pré-pandêmico, pandêmico e pós-pandêmico.

A equipe — com base em uma pesquisa feita com 6.873 executivos globais, acadêmicos e consumidores — reduziu a lista para 26 empresas, agrupadas em graus alto, médio e baixo de agilidade e inovação. Em seguida, reunimos relatos críveis dessas empresas com base em artigos e livros publicados. Além disso, entrevistamos dezenas de gestores e outros funcionários de cada empresa. Finalmente, codificamos todos esses dados, muitos milhares de páginas, seguindo esses critérios.

Em seguida, realizamos análises de regressão, análises em pares e análises de agrupamento para determinar o que separava as organizações de melhor desempenho das de pior desempenho. Para verificar os resultados de nossas análises de regressão, em pares e de agrupamento, uma equipe utilizou outra abordagem de pesquisa criada pela minha orientadora de doutorado, Kathleen Eisenhardt. Trata-se da *construção de teoria de casos múltiplos*. Primeiro, você mergulha em um caso para elaborar uma explicação para o que impulsiona a tomada de decisões rápidas. Em seguida, você se aprofunda em um segundo caso e depois em um terceiro, e assim por diante. Examinamos um estudo de caso para cada uma de nossas empresas. Uma vez que as explicações são elaboradas, é preciso encontrar a semelhança entre elas. Talvez vários casos tenham uma sobreposição substancial. Ainda assim, você deve chegar a uma explicação que satisfaça *cada* caso. Para isso, é necessário aumentar o nível de abstração, o que significa simplificar os elementos complexos das explicações até chegar a uma resposta unificada.

Como em qualquer pesquisa, as distinções entre algumas categorias podem ser um tanto difusas. Testamos a solidez dessas categorias com gestores em oito empresas. Os resultados se mantiveram, mas ajustamos o nome das categorias para garantir que nossas descrições refletissem suas diferenças.

Neste livro, detalhamos esses impulsionadores e como eles promovem a transformação de uma organização. Começa com o *existencialismo*, não o filosófico, mas o compromisso com um propósito significativo que fornece à organização e aos seus colaboradores tanto a razão de existir quanto a estrela-guia para as decisões. A paixão desses colaboradores geralmente leva à *obsessão pelo cliente*, que às vezes inclui realizar o desejo deles e outras vezes imaginar com empatia o que esses clientes valorizariam. Esse tipo de obsessão é a melhor maneira de realizar o propósito da empresa.

Esses dois elementos, por sua vez, criam um *efeito Pigmalião*, no sentido de que os líderes influenciam a maioria das pessoas na organização a adotar esse propósito e essa mentalidade. Isso é essencial, porque um líder não pode influenciar diretamente um número suficiente de pessoas para fazer com que uma organização supere os desafios e alcance a inovação. É preciso criar uma cultura que promova o colaborador ideal, assim como o escultor Pigmalião fez ao criar sua futura esposa.

Em seguida, adiciono a *mentalidade empreendedora*, que impulsiona as empresas, e em especial seus líderes, a deixarem de lado os cálculos comuns de lucratividade e trabalharem com zelo em prol do propósito descrito antes. O fundador real pode ter se aposentado ou falecido há muito tempo, mas os líderes atuais devem se comportar como missionários, não mercenários, na busca de seu objetivo.

No entanto, as organizações precisam conservar energia para essa mentalidade empreendedora. Isso significa *gerenciar o ritmo*, preparando-se lenta e deliberadamente para o próximo movimento e, em seguida, agindo rápido para aproveitar a oportunidade assim que ela surge. Conservar energia também significa *trabalhar de forma bimodal*, com uma parte da organização produzindo melhorias incrementais, enquanto a outra busca possibilidades experimentais; ambos os modos são essenciais para o sucesso sustentado. Nesse ponto, as organizações também precisam contrariar a tendência humana de cuidar de todas as tarefas com a mesma velocidade e criatividade.

De acordo com esses pontos de propósito, mentalidade e cultura — em oposição a diretrizes racionais —, a empresa cria a paixão para *agir com ousadia*. Essa paixão gera uma voracidade que impulsiona as pessoas a superarem a tentação constante de valorizar custos irrecuperáveis ou buscar crescimento que pode ser fácil e lucrativo, mas enfraquece a qualidade.

Essa ousadia também leva à *colaboração radical*, na qual as pessoas estão tão obcecadas com a paixão que se atrevem a trabalhar fora da própria caixa. Pessoas comuns e racionais prefeririam ficar com aqueles que conhecem, mas empresas que são continuamente inovadoras transcendem esse impulso.

Para alcançar agilidade e inovação, uma empresa não pode depender apenas de criar um senso de urgência ou comunicar repetidamente seus objetivos; os líderes, assim como a organização, devem mergulhar em um processo rigoroso e se comprometerem com ele. A transformação necessária exige disciplina implacável, impulsionada pela coragem e resiliência que só vêm de um comprometimento emocional profundo.

Os oito elementos mencionados antes explicam a maioria, mas não todos os fatores que impulsionaram o impressionante sucesso das empresas altamente inovadoras que estudamos. Destacando a importância desses oito elementos, à medida que alguns — ou todos — desapareciam, as empresas correspondentes enfrentavam dificuldades.

SEIS OUTRAS CARACTERÍSTICAS PARA A INOVAÇÃO CONTÍNUA

No entanto, nossa pesquisa descobriu seis outras características interessantes que contribuem para a inovação contínua dentro de uma organização. Elas são distribuídas em diferentes graus ao longo dos oito capítulos seguintes. A primeira delas é ser *meta-ágil*, que é a capacidade de mudar sua perspectiva, passando do panorama geral para um foco detalhado, e fazer isso rapidamente, conforme necessário. Em seu artigo na *Harvard Business Review*, Rosabeth Moss Kanter rotula esses dois pontos de vista distintos de "ampliar" e "focar".[7] A *meta* se refere à capacidade dos líderes e funcionários de ver o quadro geral em qualquer questão. Isso implica que a empresa deve capacitar e incentivar todos os membros, independentemente de sua posição na hierarquia, a sair dos detalhes específicos e conhecer o negócio como um todo. Um ambiente assim faz todos se interessarem pela missão da empresa e dá o incentivo para realizá-la. Em contraste, uma empresa que compartimentaliza a perspectiva geral acaba com líderes controladores e táticos, e funcionários que se tornam nada mais do que peças em uma engrenagem.

A parte *ágil* do meta-ágil se refere à capacidade de alternar facilmente entre a visão geral e os menores detalhes. Isso garante uma visão abrangente da oportunidade ou ameaça, o que leva a uma melhor adaptação diante da incerteza. Por exemplo, uma empresa assim pode se adaptar a mudanças na forma de trabalhar, como trabalho remoto vs. presencial, em resposta a uma pandemia. Em contraste, temos uma empresa que não valoriza a agilidade e desencoraja as pessoas de tomar a iniciativa, mesmo quando elas encontram soluções. Em vez disso, os líderes praticam política, dizendo as coisas certas, mas evitando fazer algo que os coloque em apuros.

Outra característica é chamada de *primeiros princípios*, uma forma de pensar que desafia suas suposições até que você alcance as verdades fundamentais de uma situação. As perguntas que você continua fazendo incluem (1) "Por que acredito nessa suposição?", (2) "Qual é o contra-argumento para essa crença?", (3) "Como posso provar minha crença?" e (4) "Quais são as consequências de manter essa crença se eu estiver errado?". Depois de um tempo, você elimina as suposições que estão atrapalhando a inovação e ainda teve lucro.

Em um de seus artigos sobre essa característica, James Clear dá o exemplo impactante de Elon Musk buscando o objetivo de enviar o primeiro foguete a Marte: "Ele enfrentou um grande desafio desde o início [... quando] descobriu que o custo de um foguete era astronômico, chegando a 65 milhões de dólares". Musk então decidiu repensar o problema usando os primeiros princípios. Por que ele precisava comprar um foguete? Ele poderia fabricar um? Relacionou tudo que compõe um foguete e descobriu que poderia comprar cada peça "por cerca de 2% do preço [de um foguete]". Em seguida, desafiou suas suposições sobre a viabilidade de construir seu próprio foguete, e o resultado foi a criação da SpaceX. Por meio da inovação, a empresa, em poucos anos, "reduziu o custo de lançar um foguete em dez vezes".[8]

A próxima característica é *desaprender e reconfigurar* os construtos mentais que você utiliza para dar sentido ao seu mundo. Um artigo da equipe da Causeit, Inc. e de Mark Bonchek intitulado *Desaprendendo modelos mentais* adverte que "os modelos mentais podem ser difíceis de identificar e mudar, porque geralmente são inconscientes e arraigados à forma como estamos acostumados a fazer as coisas". Para solucioná-los é necessário um processo triplo. Primeiro, você precisa "saber quando seus modelos mentais estão ficando obsoletos". Em segundo lugar, deve distinguir entre seu antigo modelo mental e o novo que espera adotar. Terceiro, "não é suficiente mostrar que o novo [modelo mental] é melhor", você precisa torná-lo acessível ao restante da empresa. Os autores sugerem o uso de "uma imagem familiar para construir uma ponte entre o antigo e o novo". Eles dão o exemplo de Henry Ford chamando inicialmente seu produto de "carruagem sem cavalo" para ajudar os consumidores a fazerem a transição para *automóvel*, um termo desconhecido até então.⁹ A professora da Columbia Business School, Rita Gunther McGrath, acrescenta que os hábitos de desaprender e reconfigurar precisam ser aplicados constantemente para uma empresa permanecer competitiva no mundo atual.[10]

Quanto à próxima característica, utilizo o termo *subtração* para resumir. Trata-se do antídoto à tendência humana de adicionar mais camadas de burocracia a uma empresa à medida que ela cresce em tamanho. Mais pessoas exigem mais coordenação, aumentando a possibilidade de erros exatamente quando os riscos são maiores. Em resposta, a gestão cria mais processos e procedimentos padronizados, regras e restrições, supervisão de *gatekeepers* e auditores, e reuniões mais e mais demoradas para manter todos alinhados.

Essas adições podem drenar a energia de sua força de trabalho, desde a liderança até a base. Para demonstrar isso, o professor Baba Shiv, da Universidade Stanford, conduziu um experimento fascinante: ele escolheu dois grupos aleatórios e pediu ao primeiro que lembrasse um número de dois dígitos e, ao segundo, que lembrasse um número de sete dígitos. Essencialmente, a carga cognitiva era maior para o segundo grupo do que para o primeiro. Em seguida, todos foram guiados por um corredor até uma mesa com bolo de chocolate e salada de frutas. Surpreendentemente, os integrantes do segundo grupo escolheram duas vezes mais o bolo do que os do primeiro grupo. Esses lanches eram representações de decisões certas (saudáveis) e erradas (não saudáveis). O professor Shiv concluiu que, quando a carga cognitiva era alta, uma pessoa não tinha a reserva de energia para tomar a decisão correta. Em termos simples, o poder cerebral derrubava a força de vontade.[11]

Para reduzir a carga cognitiva e, assim, melhorar a tomada de decisões, os melhores líderes combatem ativamente a "doença da adição". Subtrair é o mantra deles, pois perguntam o tempo todo: o que é essencial? O que pode ser eliminado? Trinta relatórios podem ser reduzidos para quatro? Se uma reunião é grande, a equipe designada para o projeto pode ser reduzida? A equipe precisa se reunir toda semana? As reuniões podem ser reduzidas de uma hora para trinta minutos? Esse processo de simplificação libera o poder cerebral e, portanto, aumenta a eficiência.

Ironicamente, a próxima característica é o *caos controlado*. Seu oposto, a *conformidade*, sufoca opiniões discordantes para que todos marchem ao mesmo ritmo. Isso leva a uma cultura autocrática. Em contraste, uma empresa em caos controlado pode parecer desorganizada porque está assumindo riscos audaciosos, avaliando-os rapidamente, descartando falhas e tomando outros e melhores caminhos.

Em uma entrevista de dezembro de 2021, Ken Griffin, CEO do importante fundo de cobertura Citadel, recordou como Jack Welch, o lendário líder da General Electric que, em seus dias de glória, adquiriu dezenas de empresas, descreveu a aquisição tanto de um empreendimento bem-sucedido quanto de um fracassado. Welch afirmou que administrar uma grande empresa era como dirigir um carro de Fórmula 1 a 350 quilômetros por hora e frear para fazer uma curva, derrapando e quase atingindo a parede, mas desviando no último momento para fazer a curva e acelerar novamente. É uma imagem maravilhosa do caos controlado. Em contraste, Welch usou outra metáfora envolvendo carros para descrever como era operar uma empresa que estava fracassando: "Imagine um lindo dia no Texas, e você está em um Cadillac dirigindo pela rodovia a noventa quilômetros por hora, ouvindo John Denver".[12]

A última característica que descobrimos surge da dissidência que floresce no caos controlado. Desenvolvida na Intel e adotada pela Amazon, essa característica é conhecida como *discordar e se comprometer*. Isso requer um espaço psicologicamente seguro no qual a dissidência é incentivada. Se a sua empresa tem isso, então os funcionários podem argumentar em torno de uma questão específica. Suponha que seu superior vete sua proposta assim que você a apresenta. Esse veto não é a última palavra — é o gatilho para começar a discordar, de maneira respeitosa. Como observa Mark Schwartz, executivo da Amazon, "discordar não significa agir como um idiota. Significa apresentar um caso coerente, usando dados sempre que possível para apoiar seus argumentos". Discordar também envolve considerar as preocupações e responsabilidades do proponente. Além disso, se uma empresa apoia a expressão de diferentes pontos de vista, então "se você discorda de algo, é sua *responsabilidade* argumentar".[13]

Após apresentar seu argumento, seu superior pode concordar, chegar a um acordo ou rejeitar sua proposta. Qualquer que seja o resultado, você foi uma parte ativa do processo. Você se comprometeu com o seu argumento e o apresentou aos demais. A segunda parte de *discordar e se comprometer* é tão importante quanto a primeira. Como aponta Schwartz: "Você se compromete com a decisão [independentemente do resultado]. Não tenha uma atitude passivo-agressiva nem diga depois 'eu avisei'. Você é dono da decisão final, mesmo que não seja a que você queria originalmente". Esse elemento tem duas funções importantes: permite que a melhor solução venha à tona e garante que todos a apoiarão.

COMO NAVEGAR POR ESTE LIVRO

Para que você não gaste seu tempo, vou resumir os próximos capítulos. Você pode pular para os elementos que lhe interessam ou ler o livro do início ao fim.

Cada um dos próximos oito capítulos aborda os oito elementos descritos antes, mas em uma ordem diferente que, acredito, vai ecoar melhor entre os leitores. Dividi o livro em três partes principais, com base em minha pesquisa. Desta introdução, vamos para a parte intitulada "Generoso" (capítulos 2 a 4). O capítulo 2 aborda o existencialismo como uma maneira autêntica de dar significado ao trabalho. O propósito corporativo está na moda nos dias de hoje, mas com frequência a ideia é debatida de maneira leve, com um ar de relações públicas, para dar aos funcionários uma sensação fácil de significado em seu trabalho diário. Não há nada de errado com isso, mas eu uso o termo "existencialismo" para transmitir a seriedade do compromisso necessário para a mudança. Empresas não são pessoas, mas precisam de uma razão poderosa para existir, a fim de convocar a força adicional necessária para se tornarem continuamente inovadoras. Elas devem se comprometer a tornar o mundo melhor de maneira específica.

O capítulo 3 foca a generosidade por meio da obsessão com os clientes, mas talvez não da maneira que você imagina. Sim, algumas empresas são tão comprometidas com o desejo de seus clientes que confiam no mercado para determinar a maioria de seus produtos e serviços. Essa dependência requer a escuta atenta do feedback dos clientes e uma reação rápida, gerando uma espécie de cocriação que impulsiona produtos bem-sucedidos. Mas essa obsessão também pode se manifestar como uma imaginação empática. Essa abordagem não envolve apenas feedback ou consulta aos clientes, que podem sugerir apenas uma versão aprimorada da empresa. Em vez disso, exige que a empresa imagine o que os clientes desejarão no futuro e, em seguida, trabalhe rigorosamente para concretizar essa ideia, como a Apple fez com o iPhone e Henry Ford fez com o automóvel Modelo T.

O capítulo 4 aplica o efeito Pigmalião às empresas. Como o escultor mitológico, os líderes devem inculcar seus compromissos generosos no restante da organização por meio de uma cultura forte. A maioria das empresas é grande demais para esperar que os funcionários sejam tão compromissados quanto a alta administração. No entanto, ao contrário do que outros autores dizem, o processo Pigmalião não trata de comunicação ou propaganda. Trata de seleção e confiança: de encontrar pessoas inclinadas ao propósito, confiar nelas para levá-lo à frente e educadamente conduzir para fora aqueles que se recusam a abraçar o propósito. Mentoria individual e avaliações de desempenho reforçam esse processo. O efeito Pigmalião surge da criação de uma comunidade de indivíduos com mentalidade semelhante prontos para colaborar.

Em seguida, temos a parte "Feroz" (capítulos 5 a 7), na qual as empresas aplicam agressivamente esses compromissos generosos ao mundo real. Começa com o capítulo 5, que trata da mentalidade empreendedora. Para impulsionar seus compromissos, as empresas precisam converter pelo menos alguns de seus funcionários, originalmente focados em dinheiro, em missionários. É necessário ter um núcleo de pessoas, muito provavelmente na administração, que assumam a responsabilidade por progredir nesse propósito. Elas agem como se estivessem em uma start-up, tão apaixonadas que suprimem a necessidade de lucro convencional e uma vida de conforto em prol de buscar o que pode contribuir para o propósito. Na mente delas, estão escolhendo verdade e rapidez em vez de conveniência. Elas presumem que, com o foco e a intensidade certos, os lucros virão com o tempo, e geralmente estão certas. Essa mentalidade impõe disciplina concreta ao restante da organização.

Isso não significa ser intenso a todo momento. O capítulo 6 descreve como gerenciar o ritmo, um método essencial para aplicar energia quando você mais precisa. A maioria das empresas se move, automática ou passivamente, quase na mesma velocidade o tempo todo. No entanto, algumas oportunidades ou ameaças são tão urgentes que apenas empresas prontas para acelerar imediatamente podem enfrentá-las. Assim como leões, que se movem lentamente na maior parte do tempo, essa prontidão depende mais do que de um propósito orientador e da disciplina que faz com que os funcionários atuem de forma deliberada o tempo todo. Também exige variar o ritmo para que as pessoas possam acumular energia em outros momentos.

O capítulo 7 dá continuidade a esse ponto ao apresentar como as empresas operam de forma bimodal. Mesmo em tempos disruptivos, ter sucesso requer mais do que apenas uma inovação impressionante. Também é necessário comercializar essas novas ideias e continuar aprimorando a oferta. Semelhante à gestão do ritmo, as empresas precisam operar em dois modos: um estado constante de melhoria e um estado especial de agilidade com ganhos rápidos e iterativos. Normalmente, uma área da empresa enfatiza a compressão para reduzir custos em tarefas familiares e estáveis, enquanto outra enfatiza a criatividade para desenvolver mais produtos e serviços. As intenções são fundamentais aqui; os líderes precisam manter a área criativa, com equipes dedicadas e multifuncionais, protegida das pressões do dia a dia dos negócios.

A terceira e última parte, "Corajoso" (capítulos 8 e 9), reconhece que todas essas atividades exigem audácia, não apenas disposição para agir. O capítulo 8 advoga pela ousadia e pelos grandes passos, utilizando toda a energia inquieta dos compromissos e da agressividade. Os líderes precisam incentivar essa inquietação, e ao mesmo tempo orientá-la para fins produtivos. Às vezes, isso significa investir em inovações significativas mesmo quando os produtos existentes estão prosperando, como a Amazon fez com a Amazon Web Services (AWS). Por outro lado, pode significar se arriscar em uma iniciativa incerta, mas fazê-lo de maneira alinhada com o compromisso existencial da empresa, como o Bumble fez na Índia. Pode até mesmo significar reduzir uma iniciativa para garantir qualidade. A ousadia se torna uma força que supera as preocupações de empresas cautelosas e convencionais. Mas, para liberar essa energia ousada dos funcionários, a gestão deve criar um ambiente psicologicamente seguro.[14]

O capítulo 9 explora um desafio familiar, a *colaboração radical*, na qual as empresas devem figurativamente quebrar a hierarquia para dar vida aos projetos. Como incentivar as pessoas a irem além de seus confortáveis grupos e equipes? É fácil dizer às empresas para não permitir silos, mas eles são uma realidade na vida organizacional. O que importa é em quais áreas você permite a existência dos silos, porque isso determina as possibilidades de colaboração. Além disso, escolher onde permitir silos depende da sua estratégia, seja enfatizando a responsividade aos clientes ou a inovação em si.

O capítulo final reúne todas as três seções com um estudo de caso ampliado. A maioria dos exemplos neste livro são de empresas orientadas para a tecnologia no Vale do Silício e seus análogos em outros ambientes de alta tecnologia. No entanto, o capítulo 10 apresenta um estudo de caso extenso de uma empresa de baixa tecnologia, a Starbucks. Também explora medidas práticas que empresas estabelecidas podem tomar para se transformarem usando a energia gerada por esses elementos.

Já orientei mais de uma centena de organizações privadas e públicas em suas transformações, e vi empresas comuns em setores convencionais mudarem fundamentalmente suas operações. Elas criam uma força poderosa que impulsiona a paixão por toda a hierarquia, levando, ao longo do tempo, a um nível de agilidade e inovação que poucos pensavam possível. A maioria delas eram empresas maduras e estabelecidas, não start-ups, e tampouco se transformaram da noite para o dia. Mas, abordando a mudança de maneira sistemática, como detalho neste livro, elas abandonaram seus velhos hábitos e construíram uma mentalidade de sucesso.

Você, querido leitor, está prestes a embarcar na mesma jornada de transformação. Mas, como observei, não vai ser fácil. Você pode se encontrar sozinho, analisando as seções, perguntando-se o quanto aderir a cada uma delas para alcançar o sucesso. No décimo aniversário da capa da revista *Barron's* de 1999, que o caricaturou como um empresário destinado ao fracasso, Jeff Bezos, da Amazon, ofereceu alguns conselhos.

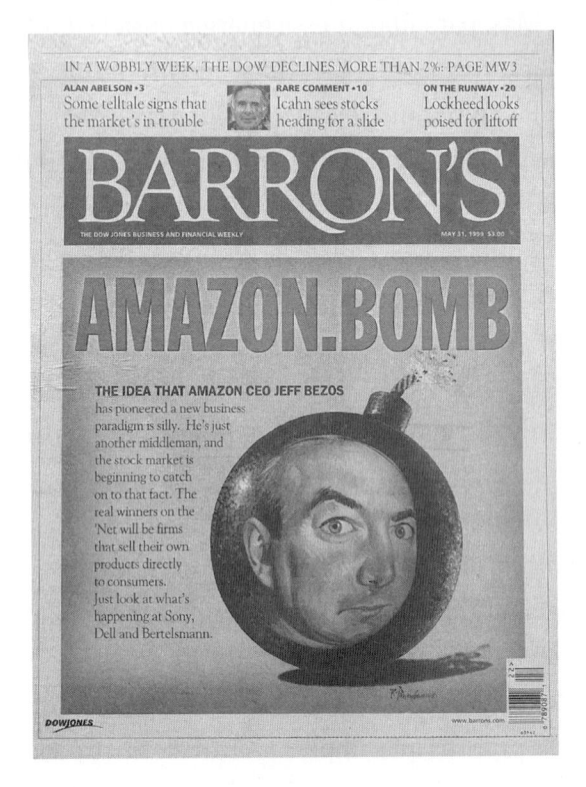

Ele tuitou o seguinte: "Escute e esteja aberto, mas não deixe ninguém dizer quem você é. Essa foi apenas uma das muitas vezes que nos disseram que iríamos fracassar".[15] Por causa de sua inovação contínua, a Amazon hoje é uma das empresas mais bem-sucedidas do mundo, tendo revolucionado dois serviços completamente diferentes: compras e serviços web.

Se você mantiver a mente e o coração abertos, ganhará muito com o que vem a seguir.

PARTE 1
SEJA GENEROSO

2. ESTABELEÇA UM PROPÓSITO EXISTENCIAL: POR QUE SUA EMPRESA IMPORTA?

> *Para criaturas pequenas como nós, a vastidão é suportável apenas por meio do amor.*
> — CARL SAGAN

> *Aquele que tem um porquê para viver pode suportar quase qualquer como.*
> — FRIEDRICH NIETZSCHE

A Microsoft estava em dificuldades. Era 2014, e o mundo deixava para trás a até então dominante empresa de tecnologia. Nos anos 1990, ela havia alcançado lucros e participação de mercado surpreendentes com seu sistema operacional Windows e produtos do pacote Office para computadores pessoais. Esse domínio logo se estendeu aos servidores corporativos. No entanto, naquele momento a Microsoft estava perdendo terreno para empresas de tecnologia mais jovens e agressivas, como Amazon e Google, além da recém-revigorada Apple.

O Windows e o Office ainda geravam lucros, mas a capitalização de mercado da Microsoft, um indicador da crença dos investidores de que a empresa poderia alcançar altos patamares, mal se movera desde 2001. A empresa mantinha a mentalidade "muito grande para falhar", e por isso ignorava investimentos malsucedidos na ferramenta de busca Bing e no Windows Phone. Em vez de buscar inovação ágil, focava explorar ao máximo suas vacas leiteiras e defender seu feudo, desperdiçando sua enorme vantagem em recursos e presença de mercado.

Em 1997, por exemplo, os gestores da Microsoft mostraram interesse em um dispositivo que armazenava e apresentava mídia escrita — o que hoje conhecemos como e-readers. No entanto, as instâncias superiores vetaram o produto porque ele não prometia o sucesso de vendas do Office ou do Windows. Em vez disso, incorporaram a equipe de desenvolvimento ao grupo de negócios maior do Microsoft Office. Em vez de entregar um produto revolucionário, os desenvolvedores tiveram de se concentrar em lucros e prejuízos para o grupo. O resultado foi apenas um simples software de leitura para o Office, que logo caiu no esquecimento. Uma década depois, a Amazon lançou o Kindle, que rapidamente dominou o mercado de e-readers.

Na ausência de uma visão convincente que pudesse englobar toda a empresa, as divisões da Microsoft trabalhavam na manutenção dos produtos existentes, assim como na lucratividade, desencorajando desenvolvedores talentosos de buscar possíveis inovações. Quando entrava em um novo negócio que seguia o que outras empresas faziam, como no caso do Windows Phone, a Microsoft falhava em apresentar produtos com inovações próprias.

Diante da ameaça de um declínio lento, mas sustentado, o conselho da Microsoft promoveu Satya Nadella, em 2014, no lugar do aposentado Steve Ballmer. Nadella tinha uma solução simples: "Redescobrir a alma da Microsoft, nossa razão de existir".

Nesse ponto, o que a empresa tinha de mais próximo de um propósito animador era seu objetivo de longa data: "Um computador em cada mesa e em cada lar, executando softwares da Microsoft". Nadella e seus colegas reorientaram a empresa para "empoderar cada pessoa e cada organização no planeta a alcançar mais". Afinal, a empresa havia desenvolvido capacidades inovadoras em harmonizar as necessidades tanto de indivíduos quanto de organizações em escala global. A antiga declaração se concentrava na criação de produtos de marca e na conquista de participação de mercado. A nova era uma visão elevada, na qual as ofertas da empresa se tornavam um veículo para que indivíduos e organizações tornassem o mundo um lugar melhor.

Como Nadella destacou, a empresa possuía uma "capacidade única de harmonizar as necessidades de indivíduos e organizações. Isso está em nosso DNA". No entanto, ele acrescentou: "Também nos importamos bastante em globalizar as coisas e *fazer a diferença* na vida e nas organizações em cada canto do planeta". A antiga declaração se concentrava nos produtos da Microsoft e em quão populares a empresa queria que eles fossem. A nova declaração falava de como esses produtos *contribuíam* para melhorias. A mudança para um significado maior era inegável.

No entanto, Nadella tinha uma visão maior do que apenas a estratégia corporativa. Ele enxergava a chegada da "onda mais transformadora de tecnologia até então", com inteligência artificial, realidade virtual e computação quântica. Ele via que pessoas, organizações e sociedades teriam de se transformar, "dar uma atualizada", e ele queria que a Microsoft desempenhasse um papel nesse processo. Ele citou o poeta austríaco Rainer Maria Rilke: "O futuro entra em nós, para se transformar em nós, muito antes que aconteça". Nadella era impulsionado por um desejo de capacitar os outros.

Ao se afastar do pensamento orientado a produtos, Nadella abriu caminho para a inovação. Oportunidades anteriormente desencorajadas para colaboração e novos projetos agora eram ouvidas. A empresa desenvolveu aplicativos para produtos da Apple, adotou sistemas operacionais concorrentes como o Linux e investiu em tecnologias inovadoras, como realidade virtual e inteligência artificial. Em oito anos, a capitalização de mercado da Microsoft saltou de 372 bilhões de dólares para aproximadamente 2 trilhões.[16] Ao reorientar sua visão existencial, a empresa quintuplicou seu valor.[17]

TORNAR O PROPÓSITO EXISTENCIAL

A inovação contínua é um trabalho árduo, e apenas a motivação positiva pode trazer a energia e o entusiasmo necessários para sustentá-la ao longo do tempo. Portanto, o trabalho deve começar com um espírito de generosidade.

Como muitas grandes organizações, a Microsoft havia se tornado vítima de seu próprio sucesso. Respondendo de forma agressiva às oportunidades iniciais, ela havia explorado brilhantemente um mercado novo e em rápido crescimento, mas, uma vez lá, faltava a ela uma visão existencial para permanecer dinâmica.

Devido a isso, os funcionários da empresa, agora líder, se voltaram para imperativos pessoais, como proteger produtos e estruturas existentes. A empresa dominava o mercado de software para computação pessoal, justo quando esse mercado estava saturado e o crescimento se deslocava para outros lugares. Sem ter um novo objetivo, a Microsoft se apegou ao antigo.

Nadella era uma exceção — ele liderou o grupo de servidores e ferramentas e, seguindo o pioneirismo da Amazon, deslocou com sucesso grande parte desse negócio para a nuvem. Fazer isso representou uma grande ruptura em relação ao mundo baseado no PC e foi uma das principais razões de sua promoção. No entanto, a maior parte da organização permaneceu na perspectiva antiga.

Esse é um ótimo exemplo de um dos pontos principais deste livro: empresas grandes e bem-sucedidas inevitavelmente resistem ao esforço necessário para não pararem de inovar. Elas construíram estruturas para expandir seus negócios e proporcionar lucros confiáveis, algo do qual se orgulham, então naturalmente resistem a experimentos audaciosos e disruptivos. Para mudar, precisam de mais do que críticas externas ou mesmo ver outras empresas conquistando os louros que elas próprias já conquistaram no passado. Quando a empresa é bastante lucrativa, a transformação é especialmente difícil.

A solução comum nesse caso é mobilizar a organização em torno de um propósito envolvente. Os líderes precisam apresentar um discurso inspirador ou uma estratégia ambiciosa alinhada com uma preocupação social ou econômica atual. Mas o propósito por si só não basta para que grandes organizações mudem sua perspectiva. É fácil manipulá-lo até que ele se torne um "propósito para inglês ver". As empresas precisam ir mais fundo.

Nesse ponto, elas podem aprender com um dilema da sociedade ocidental que remonta ao século XIX. As abordagens tradicionais estavam perdendo influência sobre as pessoas, e filósofos europeus buscavam uma fonte mais confiável de motivação. Eles procuravam uma base secular para a fé e o significado.

Um dos primeiros a fazer isso foi Søren Kierkegaard, que enfatizou o desejo individual de explorar o propósito por meio de uma jornada livre de introspecção e reflexão. Em uma linha mais provocadora, Friedrich Nietzsche elogiou a "vontade de potência" sobre normas tradicionais que favoreciam comunidades, religiões e expectativas sociais. Ao olhar para dentro, as pessoas podiam agora ter um propósito individual para viver. Tradições que haviam guiado as pessoas já não eram mais suficientes para motivá-las, pois os antigos problemas da vida eram resolvidos pelo progresso econômico.

No século XX, Martin Heidegger pôs o mundo no centro de cada pessoa, em vez de ver uma pessoa como uma espectadora subjetiva das atividades externas. Jean-Paul Sartre focou a autenticidade: as pessoas eram as únicas condutoras de suas ações e tinham que desenvolver uma filosofia orientada para a ação única para si mesmas.

Na década de 1950, psicólogos e outros especialistas adotaram essa abordagem, liderados por aqueles que haviam escapado de lugares mortais. Viktor Frankl, que sobreviveu aos campos de concentração nazistas no Holocausto, centralizou a "busca do homem por significado" em alcançar metas importantes para cada indivíduo.

Dessa forma, em vez da prevalente "psicologia das profundezas", focada em desejos ou conflitos inconscientes, ele enfatizou a "psicologia das alturas", que ativa o significado de uma pessoa para alcançar novas possibilidades apesar desses problemas inconscientes. Em vez de tentar resolver esses problemas, ele queria que as pessoas em torno assumissem sua força latente.

Rollo May, que se recuperou da tuberculose em um sanatório, instigou os pacientes a irem além do simples egocentrismo. Ele descobriu que muitas pessoas estavam sobrecarregadas pela ansiedade, e que saber o valor inato de sua vida poderia ajudar a superar esses medos. Tanto ele quanto Frankl perceberam que pessoas que escolhiam viver por um propósito autêntico podiam convocar a energia para superar condições terríveis.

Irvin Yalom estendeu essas ideias para grupos, observando que muitas pessoas expressam e se envolvem mais em torno de um propósito com outras pessoas do que sozinhas. Trabalhar em grupo as ajudava a superar a falta de sentido. Mas, para funcionar bem, os grupos dependiam de facilitadores que incentivavam as pessoas a realmente ouvir os outros falando sobre sua realidade presente.

Para os nossos propósitos, o que importa é o ponto fundamental de que as pessoas precisam de uma convicção profunda para convocar a energia necessária para viver de maneira eficaz. Em vez de adotar um significado ditado pela tradição, esses pensadores queriam que cada indivíduo desenvolvesse ou reconhecesse um propósito poderoso que animasse a vida, com base em sua personalidade e seu contexto específicos.

COMO O PROPÓSITO EXISTENCIAL MOTIVA ORGANIZAÇÕES

Empresas não são pessoas, mas precisam de um motivo semelhante para existir, a fim de despertar a motivação necessária para serem inovadoras. Um compromisso existencial fornece direção e motivação. Mesmo em um negócio de *commodities*, uma empresa tem muitas áreas para explorar em busca de inovação ágil. Ela precisa de um propósito fundamental tanto para ditar determinadas áreas de inovação quanto para reunir as pessoas em torno de impulsionar ou, pelo menos, apoiar esses experimentos.

"Quem sou eu e qual é o meu chamado?" é central tanto no nível organizacional quanto no individual. A resposta a essa pergunta fundamenta e direciona toda a atividade. Ela inspira os membros a imaginar o que a organização poderia se tornar. Também incorpora e energiza todos na transformação para chegar lá.

Do contrário, qualquer transformação ficará estagnada, como aprendi com vários projetos malsucedidos. *Ninguém quer mudar* e, no século XXI, as empresas precisam adotar uma nova abordagem para ter sucesso. Elas precisam de uma visão convincente para sacudir as pessoas. Somente um propósito forte fará com que os funcionários sacrifiquem alguns privilégios ou benefícios pessoais. Antes de 2014, os líderes da Microsoft poderiam ter expressado apoio às práticas da época, mas o que realmente importava para eles era manter a rentabilidade, o orçamento e o prestígio de suas divisões.

Portanto, há a necessidade de um compromisso existencial, profundo, carregado emocionalmente. Isso vai além das conversas usuais sobre propósito nos dias de hoje, que são superficiais e visam apenas agradar. Empresas adotam um propósito para melhorar sua reputação com clientes ou recrutas, ou para inspirar os funcionários a se engajarem mais, mas muitas vezes é pouco mais do que um enfeite.

Um propósito existencial é difícil e profundo; ele chega à identidade da empresa e à razão de sua existência. Implica verdadeiros *trade-offs*; bloqueia oportunidades e estratégias atraentes. Deve fazer com que algumas pessoas saiam da organização. Mas apenas um compromisso existencial firme com esse propósito levará as empresas para fora de estruturas estabelecidas e em direção à inovação contínua. Somente um propósito existencial inspira os funcionários a realizar o trabalho árduo de transformar uma organização.

Quanto mais difícil o compromisso, maior a importância de se manter fiel a aquilo que está escrito, uma vez que o texto é definido. Caso contrário, as pessoas verão a visão como ajustável ao que for necessário no momento.

Como Nadella lembra, definir missão, visão, ambições e cultura da empresa em uma única página foi, na verdade, a parte mais fácil. A mais desafiadora foi resistir à vontade de ajustar a linguagem. "Eu queria mudar uma palavra aqui ou ali, adicionar uma linha, simplesmente mexer no texto antes de cada discurso. Aí eu era lembrado de que a consistência é melhor que a perfeição."

Nadella percebeu que apenas um comprometimento firme poderia superar a cultura de confronto da Microsoft, de inflexibilidade e de "nós contra eles". Por isso, ele fez questão de enfatizar a colaboração através de fronteiras internas e externas para encontrar soluções mutuamente lucrativas: o "nós com eles".

Os cínicos viam os anúncios como superficialidades, mas Nadella continuou firme. Convidou gestores que concordavam com a visão para fazer parte de sua equipe de liderança e não demitiu aqueles que discordavam, mas esses logo perceberam que o futuro deles estava em outro lugar. O resultado foi pouco tempo perdido em guerras culturais.

TORNAR O PROPÓSITO EXISTENCIAL OPERACIONAL

Vamos ser práticos. O propósito existencial de uma empresa precisa ser significativo o suficiente para motivar o progresso em larga escala, atender a um modelo de negócios realista e inspirar a participação de uma grande base de funcionários.

A Apple tem como principal objetivo tornar a tecnologia acessível às pessoas comuns para melhorar a vida delas. A Amazon supera as compensações tradicionais do varejo tornando as compras o mais convenientes possível. O Santa Clara Valley Medical Center, uma organização sem fins lucrativos que atende populações vulneráveis na área da Baía de São Francisco, busca um processo de atendimento e fluxo de pacientes de classe mundial, que seja amado pelos pacientes e seus familiares e orgulhe os funcionários.

Essas são visões inspiradoras, mas não tão claras no que diz respeito à ação. Uma *visão existencial* geralmente é um conceito — um estado final ou uma realidade que é a conquista máxima para a organização. Pode servir como uma espécie de estrela-guia.

Um *objetivo existencial*, por outro lado, é um objetivo concreto que descreve o caminho para a visão — algo a ser alcançado para tornar a visão uma realidade. Os *valores fundamentais* são ideias duradouras que alimentam tanto a visão existencial quanto os objetivos existenciais. Eles têm uma qualidade intrínseca que transcende qualquer estado externo ou desejo passageiros.

	Visão existencial (ou estrela-guia)	Objetivos existenciais	Valores fundamentais
Definição	Um estado final que é a conquista máxima para a organização.	Objetivos concretos que descrevem o caminho para a visão existencial — focar essas áreas e não outras.	Ideias duradouras que alimentam a visão existencial e os objetivos existenciais. Os valores fundamentais têm uma qualidade intrínseca que transcende qualquer estado externo ou desejo passageiros.
Exemplos	Amazon: superar as compensações do varejo; empresa mais centrada no cliente do mundo; construir um lugar onde as pessoas possam descobrir qualquer coisa que queiram comprar on-line.	Aumentar a receita em determinadas áreas em X%; Aumentar a participação de mercado nessas áreas em Y%; Aumentar a satisfação do funcionário nessas áreas em Z%.	Foco nos clientes em vez de nos concorrentes; paixão pela inovação; excelência operacional; e pensamento de longo prazo.[18]

Como vimos com a Microsoft, todos esses elementos podem mudar, inclusive a visão existencial. À medida que a empresa se desenvolve e seus mercados evoluem, uma nova visão pode ser necessária. Quando a Microsoft adotou seu objetivo existencial original, havia sido fundada poucos anos antes e estava tão ansiosa para aproveitar as oportunidades que se desdobravam no mercado de PCs que nunca se preocupou em desenvolver uma visão. Tendo alcançado esse impressionante objetivo, a empresa não conseguiu encontrar nenhum semelhante que fosse tão convincente quanto.

Portanto, precisava não apenas de um novo objetivo, mas de uma visão fundamental que pudesse aplicar a abundante experiência e os recursos da empresa a novos desafios. Com a nova visão, ela desenvolveu objetivos existenciais em torno de software baseado em nuvem, sustentabilidade, análise de dados e inteligência artificial.

Em situações menos extremas, as empresas ainda precisarão refinar sua visão, suas metas e seus valores ao longo do tempo. Mudanças nas condições econômicas ou no ecossistema da empresa podem exigir ajustes, mesmo que o mercado básico não os exija. As metas são a tradução prática da visão e precisarão de revisões mais frequentes e mais significativas do que as visões ou os valores.

HAIER: ALTERAR AS METAS CONFORME O MERCADO MUDA

Essas dinâmicas afetaram a forma como a Haier traduziu sua visão existencial em metas e valores. A Haier, a maior marca de eletrodomésticos do mundo na maior parte da última década, fabrica eletrodomésticos e eletrônicos de consumo.[19] Apesar do ambiente desafiador, já que o mercado de eletrodomésticos muitas vezes está saturado com vários produtos competindo para fornecer funções semelhantes, a Haier cresceu e inovou consistentemente.

A empresa começou como Qingdao Refrigerator Company em 1984, quando Zhang Ruimin assumiu uma fábrica estatal falida. Com a ajuda de uma *joint venture* com uma empresa alemã, que atualizou a tecnologia da fábrica (e fez a empresa ser rebatizada de Haier), Zhang delineou uma visão audaciosa de produzir produtos inovadores e modernos. A meta inicial era "produzir produtos de qualidade, competir por medalhas de ouro", referindo-se ao Prêmio Nacional de Produto de Qualidade da China, que a Haier ganhou em 1988. Confiabilidade e outras medidas de qualidade tornaram-se valores fundamentais.

Para reforçar essa dedicação à qualidade, Zhang promoveu um tipo de teatro. Ele reuniu os funcionários e lhes deu marretas para destruir 76 geladeiras defeituosas. Isso enviou uma mensagem chocante, mas clara, de que a Haier seria uma empresa diferente.[20]

Esse foi o primeiro de cinco estágios de desenvolvimento que se seguiram, cada um com metas específicas. Naquele primeiro estágio, enquanto a Haier construía uma marca, sua política de tolerância zero para defeitos a diferenciava das concorrentes, que favoreciam quantidade em detrimento da qualidade. A visão subjacente de insistir em geladeiras de qualidade, em vez de volume e baixo custo para o enorme mercado doméstico em crescimento, não deixou os funcionários cederem à tentação de trabalhar em nome da quantidade produzida.

A estratégia funcionou, mas manter uma marca tão cara em uma única categoria era insustentável. Em 1991, a empresa diversificou, apostando em outros eletrodomésticos. Fez isso principalmente adquirindo concorrentes com produtos adequados, mas liderança fraca, e os reerguendo com a gestão da Haier. Na terceira fase, depois que a China ingressou na Organização Mundial do Comércio (OMC) em 2001, a Haier voltou os olhos para o exterior e desenvolveu uma marca global. Graças à sua qualidade, pôde penetrar em mercados com rigorosos padrões de entrada.

A quarta fase veio com o surgimento do comércio eletrônico de eletrodomésticos, por volta de 2005. Com a internet empoderando os consumidores como nunca antes, a Haier foi além da produção em massa para trabalhar com preferências pessoais — o novo objetivo existencial. A empresa ajustou as fábricas que havia construído no mundo todo para desenvolver produtos de acordo com a necessidade de mercados individuais.

As pressões desse desafio levaram à quinta fase, com microempresas. A empresa era simplesmente grande demais para gerenciar a complexidade necessária para atender às preferências do consumidor. A partir de 2012, a Haier se descentralizou em uma rede de negócios, com o novo objetivo de incutir o empreendedorismo. Os funcionários deixaram de ser funcionários e se tornaram membros de unidades estratégicas de negócios, que funcionavam como empresas independentes dentro do ecossistema da Haier. Essas equipes ganharam a agilidade de empresas autônomas, mas com acesso aos recursos globais da Haier. Essa mudança, detalhada no capítulo sobre colaboração, pode ser a mais difícil de todas, mas é impulsionada pela visão existencial da Haier de criar produtos inovadores e modernos.

De fato, a estrutura organizacional atual da Haier seria inimaginável em 1984. No entanto, a visão de produtos modernos, com o valor central da qualidade, em grande parte permaneceu. O caminho para alcançá-la mudou em resposta aos avanços tecnológicos e às oportunidades de mercado, e a Haier transformou seu objetivo existencial de acordo com a situação do momento. Mesmo organizações altamente bem-sucedidas precisam de uma forte consciência para alterar a visão ou o objetivo, preparando-as para o sucesso.

DEFINIR A VISÃO EXISTENCIAL: QUE PROBLEMA O MUNDO PRECISA QUE RESOLVAMOS?
Como as organizações podem criar uma visão existencial? Comece com escala: as visões mais eficazes têm ambições e alcance amplos. Sua visão deve ser abrangente para inspirar esforços em muitas áreas de operação. Mesmo produtos e serviços aparentemente mundanos, como carros e livros, podem se tornar soluções para problemas globais.

O exemplo mais claro desse fenômeno é a Tesla. Ela deixou de ser uma start-up para se tornar a empresa de carros mais valiosa do mundo em apenas vinte anos, em uma indústria com barreiras de entrada e desafios operacionais notoriamente altos. Fundamental para seu sucesso foi a visão audaciosa de acelerar a transição para energia sustentável. O CEO Elon

Musk queria criar "a empresa de carros mais convincente do século XXI, impulsionando a transição mundial para veículos elétricos".

Essa visão motivou os gestores e a equipe da Tesla a desenvolver algumas das tecnologias de transporte mais inovadoras, ao mesmo tempo que diversificava para energia solar e baterias. E continua a inspirar funcionários e fornecedores a ajudar a reduzir nossa dependência de combustíveis fósseis, principal causa das mudanças climáticas.

A visão da Tesla guiou a direção em que a empresa cresceu. Seus primeiros produtos, o Roadster e o Model S, tinham preços acima da faixa de mercado de massa, porque apenas dessa forma a Tesla poderia oferecer sua tecnologia inovadora. Uma versão acessível teria comprometido esses compromissos emocionais.

Uma vez alcançado o sucesso no mercado de luxo, a Tesla passou rapidamente para o mercado de massa. Se ela tivesse se concentrado nos clientes de alta renda, ainda teria sido lucrativa, mas não impulsionaria a transição *mundial* para energia sustentável. Se tivesse optado pela quantidade em detrimento da qualidade, não teria entregado um carro que persuadiria muitos clientes a abrir mão da familiaridade e confiabilidade nos veículos movidos a combustível fóssil. Uma visão clara ajuda as empresas a resolverem questões difíceis e avançar, e impulsiona as organizações a inovar e superar obstáculos aparentemente intransponíveis.

Essa visão também levou a uma diversificação em grau limitado. A Tesla Energy oferece geração e armazenamento de energia, incluindo energia solar de baixo custo.[21] Sua subsidiária, a Gambit Energy Storage, construiu um projeto de cem megawatts em Angleton, Texas, que possui energia suficiente para abastecer 20 mil residências em um dia quente de verão.[22] Quando a instalação de armazenamento entrar em operação, ajudará o frágil sistema de energia do Texas a evitar falhas semelhantes ao susto pelo qual o estado passou no início de 2021. Todas essas iniciativas estão alinhadas com o propósito da empresa.

A maioria das visões existenciais não pode ser tão grandiosa quanto a da Tesla. Em vez disso, elas se concentrarão em melhorar o cotidiano das pessoas, como a Apple e a Amazon fizeram. Essas visões precisam ir muito além do desenvolvimento de produtos eletrônicos úteis ou da venda de produtos atraentes. Precisam suavizar as fricções do dia a dia, para que os clientes tenham tempo para grandes objetivos pessoais.

Quando Steve Jobs concebeu a Apple na década de 1980, junto com duas pessoas na garagem dos pais, ele imaginou "contribuir para o mundo criando ferramentas para a mente que fazem avançar a humanidade". Nos primeiros anos da Apple, isso significava um foco sem precedentes na interface do usuário e na acessibilidade. Mais tarde, significou revolucionar dispositivos móveis com o iPod, o iPhone e o iPad. Em seu segundo período como CEO, quando a empresa tinha oportunidades em diversas áreas, ele questionou: "Quem é a Apple e qual é nosso papel neste mundo?". Essa pergunta ajudou a concentrar os esforços da empresa em melhorar a vida de seus principais clientes, em vez de competir em detalhes técnicos ou capacidade de hardware.

Jobs repetidamente dizia aos funcionários e a outros que a empresa precisava "representar algo". Ele se sentia pessoalmente conectado à visão: "O que temos é algo que me emociona muito. Homenageia as pessoas que mudaram o mundo".

Na verdade, a visão da Apple estava longe de ser prosaica. O próprio Jobs alçava voos altos:

> O que estamos fazendo não é apenas criar caixas para que as pessoas realizem seus trabalhos — embora façamos isso bem. A Apple é mais que isso. Seu valor fundamental é a crença de que pessoas com paixão podem mudar o mundo para melhor. Aquelas pessoas loucas o suficiente para pensar que podem mudar o mundo são aquelas que realmente o fazem.

Já em 1997, a Apple anunciou que não mais divulgaria a "velocidade e capacidade" de seus produtos. Em vez disso, comunicaria como os produtos beneficiariam os clientes principais — os loucos, os que não se encaixam nos padrões.[23]

O comprometimento contínuo com a visão no topo é essencial para mantê-la como uma estrela-guia existencial na organização. Mesmo em 2010, quando a Apple se tornou uma potência avaliada em 300 bilhões de dólares,[24] Jobs disse: "Viemos trabalhar querendo fazer hoje a mesma coisa que fazíamos há cinco ou dez anos: desenvolver os melhores produtos para as pessoas".[25] Nada "me alegra mais do que receber um e-mail de uma pessoa aleatória que acabou de comprar um iPad com uma história sobre como é o produto mais legal que já levou para casa".

A visão orienta as pessoas e as mantém motivadas. Jobs novamente:

> Deve haver alguém que seja o guardião e reiterador da visão. [...] Muitas vezes, quando você precisa percorrer mil milhas e dá o primeiro passo, parece uma longa jornada, e realmente ajuda se houver alguém dizendo: "Bem, estamos um passo mais perto. [...] O objetivo definitivamente existe; não é apenas uma miragem".

Quando assumiu o lugar de Jobs, Tim Cook reiterou: "Acreditamos que estamos aqui na Terra para criar ótimos produtos, e isso não vai mudar. [...] E acho que, independentemente de quem estiver em qual cargo, esses valores estão tão incorporados nesta empresa que a Apple se sairá extremamente bem".[26]

A Amazon é ainda mais obcecada por seus clientes, um aspecto que exploraremos no próximo capítulo. Ela tem como objetivo ser "a empresa mais centrada no cliente do mundo, em que os clientes encontram os preços mais baixos possíveis, a melhor seleção disponível e a máxima conveniência". Jeff Bezos lançou a "maior livraria do mundo" em 1994, perturbando a indústria ao oferecer uma seleção mais ampla de livros a preços mais baixos, eliminando a necessidade de espaço no varejo físico. Mas a visão da empresa não faz referência específica a livros. Assim, foi um movimento natural partir para a música e, em seguida, muitos outros produtos. Em 1997, a Amazon já vendia brinquedos, eletrodomésticos e roupas.

Mesmo assim, a visão não diz nada sobre se tornar uma loja de departamentos on-line. Ela se concentra em conveniência, seleção e preços, e a Amazon inovou respeitando isso. Em 1997, registrou uma patente para o botão de compra "1-Clique".[27] Em seguida, em 2000, introduziu o Marketplace, que trouxe uma ampla variedade de varejistas terceirizados para a loja on-line. Sem dúvida, a Amazon deixou de vender alguns produtos seus, mas sua visão existencial de servir os clientes superou as objeções internas. A mudança expandiu enormemente a seleção para os clientes sem aumentar os custos de armazenamento da Amazon.

Em 2005, a Amazon inaugurou o Prime, oferecendo frete gratuito e ilimitado, com entrega em dois dias para assinantes, tornando as compras on-line quase tão rápidas quanto as presenciais. Doze anos depois, a Amazon adquiriu a Whole Foods, estendendo a conveniência do Prime para as compras de supermercado. Todas essas inovações surgiram com base no motivo da existência da empresa: superar as limitações que os varejistas tradicionais impunham à escolha do consumidor.

Assim como os líderes da Microsoft e da Apple, Bezos manteve seu compromisso firme com a visão existencial mesmo quando a empresa se tornou uma gigante de trilhões de dólares. Ele era famoso por ser "teimoso na visão, e flexível na execução". Foi assim que continuou a focar o crescimento em detrimento da lucratividade por décadas, incluindo a oferta do Prime com frete gratuito. A visão também fez que a organização tivesse liberdade para inovar incansavelmente, com menor risco do que poderia parecer, porque ela conferia coerência ao esforço e fornecia informações de mercado ao longo do caminho. Como Bezos apontou, "se você inventa com frequência e está disposto a falhar, então nunca chega ao ponto de precisar apostar toda a empresa".[28]

Essas visões existenciais aparentemente mundanas fizeram da Apple e da Amazon duas das empresas mais revolucionárias de todos os tempos, mudando a forma como a maioria de nós conduz nossa vida diária.

ALINHAR A VISÃO ORGANIZACIONAL COM ESTRELAS-GUIAS INDIVIDUAIS

Uma visão existencial funciona apenas se for abraçada por muitos funcionários na organização, a ponto de se tornar um chamado pessoal.[29] É apenas quando os indivíduos internalizam a visão, a estrela-guia, como motivação pessoal que a tendência de grandes empresas de resistir à mudança é superada. A satisfação pessoal fica atrelada ao sucesso da organização. Alguns funcionários podem resistir à internalização da visão existencialista, mas a liderança e uma grande massa crítica precisam adotá-la para sustentar uma transformação ampla na organização. (Veja os capítulos 3 e 4 sobre a extensão da visão para os clientes, toda a força de trabalho e além.)

Para obter defensores na organização como um todo, as empresas precisam envolver membros de todos os níveis na definição da visão e na sua tradução em valores e metas. Os líderes devem resistir à tentação de trabalhar sozinhos ou com consultores externos e, em seguida, anunciar a visão, as metas e os valores, esperando que os funcionários os adotem. Para que a organização mude, as pessoas também precisam mudar. Aprendi isso especialmente com um dos meus clientes, o Santa Clara Valley Medical Center (SCVMC), na Califórnia.

O SCVMC, que atende a maior parte do Vale do Silício, é um dos maiores sistemas de saúde dos Estados Unidos.[30] Seus 9 mil funcionários atendem uma população diversificada, operando com um orçamento de 2,5 bilhões de dólares com algum financiamento público. O rápido crescimento populacional nas décadas de 1980 e 1990 levou o hospital ao limite. Ele enfrentava problemas em várias etapas, desde a admissão de pacientes até a alta. Com o crescimento contínuo da população do condado, essas dificuldades provavelmente se intensificariam. O hospital contratou uma consultoria externa, mas após gastar 20 milhões de dólares e passarem-se quinze meses, não havia soluções de longo prazo à vista.

A natureza generalizada dos problemas apontava para dificuldades no núcleo: a falta de uma visão existencial que estimulasse os funcionários a enfrentar o desafio. Mas qual deveria ser essa visão? Liderado pelos médicos Sanjay Kurani e Cliff Wang, o hospital começou coletando opiniões de funcionários, clientes e outras partes interessadas sobre o que precisava mudar. Equipes multifuncionais surgiram de departamentos antes isolados, incluindo administradores, enfermeiros, médicos, fisioterapeutas e assistentes sociais. As informações levaram à visão existencial: "Construir um fluxo de pacientes de classe mundial que os pacientes e as famílias adorem e que orgulhe os funcionários".

Esse processo ajudou a dar aos funcionários um senso de apropriação, com o qual todos trabalhavam para transformar o hospital em um lugar bom para todos, o que aumentaria ainda mais esse sentimento. Mas como poderíamos ter certeza de que a visão do hospital estava alinhada com as aspirações individuais da equipe?

Para alcançar isso, foi preciso envolver um grupo de oitenta a cem influenciadores na organização, incluindo médicos, enfermeiros e fisioterapeutas. Eles participaram de vários exercícios para desenvolver suas declarações de visão pessoal em relação a uma visão maior. Eles utilizaram o modelo "Forças, Evocar, Exaltar", do meu livro anterior, *The Inside-Out Effect*.[31]

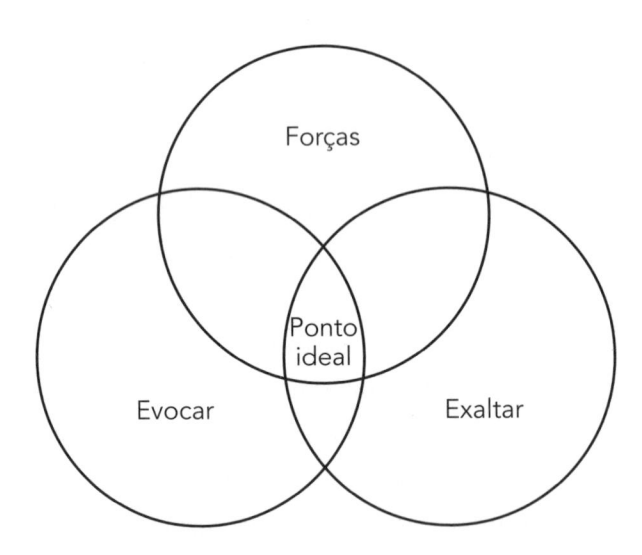

O *framework* ajuda os participantes a descobrirem sua vocação individual, o ponto ideal na interseção de suas *forças*, as coisas que *evocam* significado pessoal e o que os faz se sentirem *exaltados*. A vocação individual deve ser algo que proporciona alegria imediata e um sentido sustentado de propósito, ao mesmo tempo que coincide com o que o indivíduo já faz bem (ou algo no qual ele está disposto a se tornar bom).

Os participantes tiveram de refletir sobre momentos em seu trabalho em que estavam em um estado de "fluxo" — quando se sentiam totalmente envolvidos, com suas habilidades totalmente aproveitadas.[32] Alguns participantes se emocionaram ao relembrar esses momentos de imersão e satisfação. Após essas reflexões, eles criaram declarações de visão pessoal que descreviam seu estado ideal, com suas realizações máximas.

Para manter os exercícios relevantes para o desafio maior, o grupo revisitava frequentemente a declaração de visão do hospital. Eles precisavam desenvolver sua visão pessoal no contexto da mudança organizacional, garantindo alinhamento entre a bússola pessoal de cada membro da equipe e a visão da organização.

Com base nisso, a esperança era que os influenciadores disseminassem esse alinhamento por toda a organização, solidificando assim o senso de autonomia. A transformação organizacional tinha de ser tanto para avançar em sua visão quanto na visão da organização. Não posso enfatizar suficientemente a quantidade de energia e ímpeto que esse processo cria. Na história do mundo, muitas pessoas dedicaram esforços extraordinários a causas nas quais acreditavam. Mas você não pode entregar uma causa a alguém e pedir que a pessoa se sacrifique por ela. A causa deve *vir dela*.

Com esse alinhamento, a equipe do hospital se aprofundou na melhoria do fluxo de pacientes. As equipes multifuncionais continuaram e assumiram diferentes aspectos da transformação, incluindo não apenas pesquisas com pacientes que recebiam alta, mas também exercícios em que se passavam por pacientes para identificar problemas e ineficiências. A equipe foi além do esperado, e sua iniciativa descobriu coisas que poderiam ter passado despercebidas de outra forma. Por exemplo, identificaram atrasos frequentes causados por pacientes que não tinham como ir embora ou onde ficar após a alta. Ao trazer essas questões inesperadas à tona, as equipes ajudaram os administradores a entenderem como a perspectiva do hospital precisava evoluir. Também auxiliaram na busca por moradias alternativas para esses pacientes.

Essas percepções não eram suficientes, porque hospitais contêm operações complexas com muitas restrições. À medida que as equipes identificavam oportunidades de melhoria, implementavam abordagens diferentes de maneira experimental, medindo o sucesso de um método em comparação com outro. Essa abordagem comparativa, orientada por dados, tinha mais chances de proporcionar melhorias eficazes.

Mesmo funcionários comprometidos podem vacilar ao enfrentar desafios complexos. Para manter o ímpeto, o hospital implementou medidas simples que demonstravam progresso de maneira visível e regular. Pequenos incentivos, como um prêmio semanal para a equipe médica com melhor desempenho, podem parecer insignificantes no esquema geral, mas fixaram o desejo de transformar na mente dos funcionários. Ao tornar o progresso evidente, essas medidas incentivaram a equipe com melhorias concretas que *eles mesmos criaram*. As pessoas desenvolveram esperança em melhorias adicionais com as quais poderiam contribuir.

Todas essas mudanças ocorreram enquanto o financiamento público do hospital diminuía 70%. No entanto, indicadores-chave, como a porcentagem de ambulâncias recusadas e os dias que um paciente poderia não mais ficar no hospital, diminuíram significativamente. Os pacientes passavam menos tempo em cuidados médicos, recebiam alta mais rápido e a atribuição de leitos ficou mais ágil. Não apenas podiam passar mais tempo em casa com sua família, mas também houve um aumento de 30% no número de pacientes admitidos.

Empresas eficazes, como o KBank, um dos maiores bancos da Tailândia, além de vários departamentos da Amazon, estão envolvidas em esforços semelhantes. Após desenvolver a declaração de visão da Microsoft com seus líderes, Satya Nadella pediu a todos os funcionários que criassem declarações de visão pessoal para determinar se sua posição atual estava alinhada com sua vocação pessoal. As respostas levaram várias pessoas a ajustarem seu papel.

Nos muitos centros de atendimento da Amazon, as avaliações de desempenho dos gestores os fazem escolher três valores da empresa que consideram ter alcançado e explicar como fizeram isso. Também devem escolher três valores da empresa em que precisam melhorar e elaborar planos para isso. A empresa mantém, assim, o alinhamento com os valores organizacionais em destaque.

Afinal, se as visões existenciais, incluindo metas e valores, devem ter poder contínuo, as empresas precisam fazer os funcionários prestarem atenção nelas regularmente. Na comunicação em grupo, por exemplo, os líderes podem aludir à visão e enquadrar os resultados da organização em termos de progresso em direção à visão. Quando as equipes estabelecem metas, essas metas devem aproximá-las da realização da visão.

FACEBOOK: QUANDO AS ORGANIZAÇÕES SE DESVIAM DE SUA VISÃO EXISTENCIAL
A melhor maneira de ver os benefícios do existencialismo é observar o que acontece na sua ausência. Sem uma visão energizante, as empresas lutam para inspirar uma atuação de alto desempenho. Elas não conseguem proporcionar aos funcionários um senso de continuidade em meio a circunstâncias em constante mudança.

A evolução do Facebook (agora Meta) segue a trajetória da Microsoft, mas sem a nova visão. A empresa realmente começou com uma visão poderosa: "Dar às pessoas o poder de compartilhar e tornar o mundo mais aberto e conectado". Seus líderes e funcionários perseguiram de forma agressiva e com sucesso essa visão. O problema é que o Facebook deixou de repensar sua visão depois de realizar sua diretiva fundadora.

A empresa tinha se saído tão bem que quase metade dos norte-americanos se informava principalmente pelo Facebook. No entanto, a visão da empresa não mencionava nada sobre a qualidade da informação que as pessoas estavam compartilhando. O que acontece quando essa conectividade em geral elogiável entra em conflito com o bem-estar dos usuários ou das sociedades onde o Facebook opera? Tendo construído uma plataforma incrivelmente popular, a empresa visaria servir aos seus usuários ou explorá-los como audiência para anunciantes?

Além da questão da publicidade, escândalos recorrentes revelaram como o uso não moderado da internet poderia prejudicar indivíduos e grupos. Em 2018, descobrimos que a empresa de inteligência política Cambridge Analytica havia coletado dados de milhões de usuários do Facebook sem o conhecimento deles. Anúncios políticos foram direcionados com base em perfis psicológicos abrangentes dos usuários obtidos pelo Facebook, que não fez nada para impedi-los.[33] No mesmo ano, investigadores de direitos humanos constataram que o Facebook desempenhou "papel determinante" na disseminação de conteúdo islamofóbico em Mianmar.[34] Mais de 700 mil *rohingyas*, indivíduos pertencentes a uma minoria étnica, fugiram de casa após serem ameaçados de morte e violência.

No ano seguinte, a Comissão Federal de Comércio dos Estados Unidos multou o Facebook em 5 bilhões de dólares por sua incapacidade em proteger a privacidade dos usuários.[35] Pouco depois, a empresa anunciou que não verificaria anúncios políticos.[36] Em 2021, as denunciantes Sophie Zhang e Frances Haugen demonstraram que o Facebook tinha conhecimento dos efeitos sociais negativos de suas políticas, mas priorizava o lucro, e não a segurança.[37]

O comportamento da empresa ao longo dos anos seguia um padrão: surgia um escândalo, a empresa pouco fazia para corrigir o curso, e então outro escândalo aparecia. O Facebook jamais mudou sua visão existencial de maneira substancial, nem se comprometeu com valores que seriam defendidos em detrimento da lucratividade a curto prazo.

Por ser uma empresa de redes sociais, poderíamos esperar que privacidade, transparência e responsabilidade estivessem entre os valores fundamentais do Facebook. No entanto, a empresa fez pouco nessas áreas, especialmente em relação à transparência. Os círculos de usuários estavam se transformando em uma câmara de eco do hiperpartidarismo e da intolerância. Em uma carta de 2017, o CEO Mark Zuckerberg reconheceu a necessidade de construir uma infraestrutura social que facilitasse uma melhor interação, mas não alterou a visão existencial da empresa.

Em vez disso, em 2021, o Facebook fez um reposicionamento de marca, mudando seu nome para Meta. Em parte, provavelmente, para se distanciar do passado problemático da organização. A mudança também prometia resolver a dependência da empresa de outras plataformas, construindo tecnologia própria e aplicativos para o metaverso. Poucos meses antes do anúncio, Zuckerberg atribuiu a queda no valor da empresa às características de privacidade do iOS da Apple, que reduziram o valor da publicidade nas plataformas da Meta.

Além da expansão para a realidade virtual, qual é a visão existencial da Meta? Sem uma ideia clara, a organização mais uma vez corre o risco de perder o rumo. Não pode se concentrar em prioridades duradouras e ignorar oportunidades lucrativas, mas passageiras. Vimos gráficos chamativos, mas ouvimos pouco sobre os valores fundamentais ou a visão existencial da empresa. Que tipo de interação a Meta pretende promover em sua plataforma? Ainda estamos no começo dessa nova fronteira de interação digital, mas, se a Meta não tiver uma visão existencial clara, provavelmente enfrentará as mesmas distrações comerciais que assolaram o Facebook.

PENSAMENTOS FINAIS

O existencialismo fornece a motivação fundamental para que as organizações realizem coisas incríveis. Cada empresa chega à sua visão de maneiras diferentes, mas há certas características em comum.

Uma visão existencial precisa ser grandiosa: seu escopo deve coincidir com o nível de motivação que inspira. Tesla, Microsoft, Amazon e Apple buscam redefinir a forma como conduzimos a vida. Metas existenciais, e até mesmo visões existenciais, podem exigir reinvenção ao longo do tempo. O exemplo da Haier demonstra como as organizações precisam se adaptar a circunstâncias mutáveis. Por fim, os funcionários precisam alinhar seus próprios compromissos existenciais aos da organização. É assim que se sentirão envolvidos no processo de transformação.

O existencialismo é o motor de organizações que são verdadeira e continuamente inovadoras, sendo tanto a fonte quanto o meio da transformação.

3. TENHA OBSESSÃO PELO CLIENTE

A vantagem de ser centrado no cliente é que os clientes estão sempre insatisfeitos. Eles sempre querem mais, e assim puxam você para a frente. Por outro lado, se estiver obcecado pelos concorrentes e for o líder, você pode olhar ao redor e ver todos correndo atrás, e talvez você diminua um pouco o ritmo.
— JEFF BEZOS[38]

O propósito existencial e a obsessão pelo cliente andam de mãos dadas para conseguir motivar e orientar as pessoas em direção à inovação contínua. O capítulo anterior descreveu como a Haier, a gigante empresa chinesa de eletrodomésticos, se descentralizou em centenas de microempresas para poder oferecer produtos distintos a clientes de mercados também distintos. Isso é um sinal da atenção da empresa, mas na verdade subestima a atitude da Haier em relação aos clientes — trata-se, na verdade, de uma obsessão.

Eu uso a palavra *obsessão* em um sentido técnico, não da maneira como os publicitários falam em ser obcecado pelos clientes. Significa estar verdadeiramente disposto a ouvi-los, sintonizar-se com os desafios que eles trazem e superá-los, enquanto mantém um lucro razoável. Começa com emoção, mas leva a mudanças concretas na forma como a empresa opera. A Haier e algumas outras empresas vão além do que pode parecer uma quantidade normal de atenção e se tornam obcecadas, independentemente de ser racional para o negócio.

Na Haier, novos produtos ou atualizações não podem prosseguir com um orçamento total até serem avaliados e considerados desejáveis pelos usuários. Quando a Haier desenvolveu o Air Cube, que combinava purificação do ar e umidificação, a empresa solicitou comentários de 800 mil usuários on-line antes mesmo de criar um protótipo.[39] Depois de ter um protótipo, a empresa o postou em um site de financiamento coletivo, através do qual 7.500 clientes compraram um modelo ainda em pré-produção. A Haier então incorporou os feedbacks desses clientes antes de lançar o modelo em massa, a partir do qual as microempresas desenvolveram suas versões.

Cada uma dessas etapas meticulosas permitiu que a empresa "medisse o pulso" do mercado e ajustasse o design e a produção. E como são pequenas e focadas em mercados específicos, as microempresas podem realizar esses ajustes de maneira rápida e confiável.

Da mesma forma, a empresa opera com o princípio de "distância zero": qualquer cliente da Haier deve poder entrar em contato com um funcionário da empresa sempre que desejar.[40] Os funcionários buscam se tornar não apenas vendedores, mas conselheiros e designers confiáveis. E isso não é considerado um fardo adicional: a Haier acredita que a distância zero beneficia ambas as partes, pois os clientes têm suas ideias ouvidas, e os funcionários têm o privilégio de ouvi-los.

Essa conexão estreita com os clientes é uma parte significativa de como a Haier evita que suas microempresas em grande parte autônomas saiam do controle. Plataformas de serviços compartilhados também ajudam. A Haier reduziu seu departamento de recursos humanos de 860 funcionários para apenas onze, e a maioria das microempresas não precisa de alguém dedicado a essa função.

A obsessão com os clientes aparece na filosofia "Rendanheyi" da empresa. *Ren* significa "pessoas" ou "pessoa" e se refere aos funcionários; *Dan*, "pedidos" e se refere às necessidades ou demandas dos usuários; e *Heyi*, "integração". Assim, a empresa visa conectar os funcionários aos clientes cultural e estruturalmente. Um profissional de P&D em outra empresa pode se concentrar no trabalho de laboratório, mas, na Haier, até mesmo os laboratórios devem ser responsáveis pela venda final — ou pela falta de venda — dos produtos que desenvolvem.[41]

Essa obsessão se traduz em um feedback constante dos mercados. A empresa recebe milhões de respostas de usuários por post de produto, possibilitando um melhor alinhamento com o desejo dos clientes.[42] Essa responsividade apenas fortalece os vínculos dos clientes com a marca, ao mesmo tempo que desperta o envolvimento dos funcionários, que conseguem visualizar os compradores melhor do que seus colegas em outros lugares.

O SEMPRE PRESENTE CUTUCÃO EXTERNO

É bom ter um propósito existencial. Mas é, em última análise, a motivação interna que pode fraquejar depois de um tempo, em especial quando o modelo de negócios se prova bem-sucedido. Para manter a disciplina da empresa — evitando a complacência e as intrigas internas que surgem do sucesso —, é necessário também um cutucão externo. E a melhor fonte desse cutucão são os clientes. Como Bezos aponta, eles nunca ficarão satisfeitos. Você pode fazer seus concorrentes comerem poeira e ainda perder vendas. As pessoas ainda vão pressionar por preços mais baixos, qualidade superior, recursos adicionais e talvez tudo isso ao mesmo tempo.

Para competir nesse tipo de ambiente, é necessário ser obcecado em satisfazer o cliente. Vamos esclarecer o que significa a obsessão pelo cliente: ele vai além da consciência comum dos clientes de que quase toda empresa precisa para se manter no negócio. É um tipo de comprometimento emocional, além da racionalidade, vinculado ao propósito existencial. Isso faz com que a empresa se adapte, ouça e se sintonize com os desafios do cliente, não importa quão frustrantes ou contraditórios sejam, e a força a fazer escolhas questionáveis em curto prazo que, ao longo do tempo, se traduzem não apenas em satisfação do cliente, mas também em engajamento dos funcionários e maior qualidade geral. Empresas obcecadas pelo cliente também costumam ser as primeiras a perceber quando e como o mercado está mudando.

Essa obsessão, no entanto, não significa simplesmente pesquisar o que as pessoas querem e dar isso a elas. Os clientes não podem ser apenas pontos de dados; eles devem ganhar vida para os desenvolvedores. Isso acontece de duas maneiras.

A primeira é a *cocriação*. Cocriar com os clientes significa obter a contribuição deles em cada estágio da produção. É assim que a Haier trabalha. Além disso, ela solicita ideias de futuros produtos por meio das redes sociais, realiza testes beta e mantém fóruns on-line para os clientes relatarem problemas. As empresas agem com base no que os clientes dizem que querem, tornando-os especialistas.

No entanto, a *imaginação empática* é mais adequada quando um produto potencial está relacionado a uma tecnologia inovadora, uma nova maneira de pensar ou até mesmo um novo estilo de vida. Como Henry Ford (supostamente) disse, "se eu tivesse perguntado aos meus clientes o que eles queriam, eles teriam dito 'um cavalo mais rápido'". Nessas situações, as empresas não devem se concentrar em descobrir o que os clientes pensam *no momento*. Em vez disso, devem perguntar: "Como seria um produto que poderia melhorar?".

O foco no futuro pode entrar em conflito com a lucratividade em curto prazo. Se uma tecnologia é nova, levará tempo para que os clientes *experimentem* como ela melhora sua vida. A primeira onda de adeptos precisa de tempo para usá-la, elogiá-la e incentivar outros a experimentá-la.

Inovar com imaginação empática é, portanto, certamente mais arriscado, mas, como mostrou Ford, tem uma chance de retorno maior. Para impulsionar essa primeira onda, os pioneiros em potencial devem ter a coragem de desenvolver um produto de alta qualidade. Eles podem parecer menos conectados aos clientes do que os cocriadores, mas estão obcecados por eles de maneira diferente.

COCRIAÇÃO NA ZARA: O CLIENTE COMO ESPECIALISTA
Amancio Ortega é o fundador da Inditex, bem como da poderosa divisão Zara, pioneira no *fast-fashion*. Ortega tem uma visão simples do propósito

da Zara: produzir "em linha com o que está acontecendo; se o mercado quer, vamos fazer".[43] Ortega não acreditava saber mais sobre moda do que seus clientes, mas achava que sua experiência em produção têxtil o capacitava a construir um sistema de fabricação por contrato melhor do que outras empresas de moda. Desde o início, ele permitiu que os clientes tomassem a iniciativa no design das peças, enquanto a Zara se concentrava na produção e distribuição. A Zara queria ser *a loja* onde os clientes tinham todas as suas necessidades de moda atendidas.

Esse modelo de desenvolvimento de produtos de baixo para cima exige atenção genuína e apreço pelos clientes no dia a dia. Não estamos falando de designers famosos em Paris ou Nova York. Como Ortega diz, "Eu não preciso ver as passarelas: vejo a rua". Em um relato, ele afirma:

> Eu estava no carro parado em um semáforo, e uma *scooter* parou ao meu lado, dirigida por um jovem usando uma jaqueta jeans coberta de distintivos. Eu gostei daquilo; podia ver que era algo novo, autêntico, na moda. Liguei para o meu diretor de design do carro e disse a ele o que eu estava vendo. Em duas semanas, as jaquetas estavam nas lojas e vendendo como pãezinhos quentes.

Essa capacidade de resposta exige não apenas integrar lojas com designers, mas também uma cadeia de suprimentos com espaço para constante contribuição dos clientes. Ortega diz: "Podemos desfazer completamente qualquer linha de produção se não estiver vendendo; podemos tingir as coleções com outra cor e criar estilos em apenas alguns dias".

A genialidade da Zara está, portanto, em quão rápida e sistematicamente ela identifica o que os clientes querem, traduz isso em novos produtos e os distribui globalmente. Os clientes não precisam ir a todas as lojas de roupa em sua cidade para encontrar as peças mais modernas. Muitas vezes, eles pensam em uma peça específica, como um cachecol, e estão dispostos a comprarem-na logo em seguida se tiver boa qualidade e um preço acessível. Eles querem ter todas as suas necessidades atendidas de maneira rápida e conveniente, e estão dispostos a pagar mais, com maior fidelidade, a uma empresa que faz isso de forma confiável.

A empresa raramente faz pesquisas com seus clientes; em vez disso, confia nos dados e feedback das lojas. Quando um estilo vende até o estoque esgotar, a loja informa à sede para fabricar mais dele; estilos que vendem mal entram em promoção. A Zara minimiza seus riscos mantendo o volume de novos estilos pequeno, daí a necessidade do sistema avançado de informação, conectando colaboradores das lojas a designers na sede, assim como designers a fábricas terceirizadas.

A integração vertical, por meio de redes de informação, é fundamental para a ágil cocriação. É assim que a Zara transforma sua obsessão pelos clientes em um negócio concreto e repetível.

IMAGINAÇÃO EMPÁTICA NA APPLE: ANTECIPANDO DESEJOS

A cocriação pode funcionar bem, como mostraram Zara e Haier. Mas ela depende de os clientes já saberem o que querem. Steve Jobs tinha uma perspectiva radicalmente diferente, mas a Apple sente tanto o "cutucão" dos clientes quanto a Zara. Isso ocorre porque a Apple gera ideias para produtos ao *se colocar no lugar* do usuário.

Como Jobs dizia: "As pessoas não sabem o que querem até que você mostre a elas. É por isso que nunca confio em pesquisas de mercado. Nossa tarefa é ler coisas que ainda não estão nos catálogos". Ele também era obcecado pelos clientes, mas sua principal motivação era criar um produto que os clientes *viessem a amar*.

O capítulo anterior descreveu como Jobs e seus colegas da Apple se concentraram na qualidade e na elegância dos produtos em vez de nas vendas iniciais. Isso não mudou, mesmo depois que a empresa se tornou a gigante que é hoje. Ele reconheceu: "Temos muitos clientes e muita pesquisa de base. Também acompanhamos de perto as tendências da indústria. Mas, no final, para algo tão complicado, é realmente difícil projetar produtos por meio de grupos focais".

Jobs e os cofundadores da Apple não estavam apenas tentando fazer produtos que venderiam; eles queriam produtos que mudariam a vida dos clientes. Quando ele retornou à Apple, trabalhou com o diretor criativo Jony Ive para combinar poder tecnológico com simplicidade e acessibilidade. Sua inovação estava muito além do que o cliente típico poderia entender, mas sua obsessão pelos clientes garantia um produto final que encantava os usuários.

Em vez de construir o que os clientes pareciam querer naquele momento, a Apple construiu as máquinas de consumo mais poderosas e depois se perguntou, com base na perspectiva do cliente:

1. Como isso pode melhorar minha vida?
2. O que eu gostaria de fazer com isso?
3. Essa máquina me proporciona um poder que posso aprender a usar com facilidade?

Eles não estavam procurando tecnologia por si só. Ken Segall, o diretor de marketing de longa data, destacou:

> É importante ver através dos olhos dos outros. Como cliente, veja como você se sente em relação a toda a experiência, desde a publicidade até a compra, até aprender e usar o produto ou o serviço. Faça a si mesmo uma pergunta crítica: a experiência é tão boa que você contaria para seus amigos, familiares ou colegas sobre ela? Se não, por quê? Por exemplo, se o processo de compra parece confuso, pode ser que estejamos oferecendo muitas opções, o que pode realmente ter efeito contraproducente, paralisando os clientes.[44]

O MELHOR TESTE: O USO REAL

A Microsoft ocupa um terreno intermediário: enfatiza a cocriação, mas com uma reviravolta ligada à sua dependência de tecnologia avançada. Não basta vender um produto uma vez; se os clientes não estiverem realmente usando-o, então a empresa está aquém de seu potencial, e uma hora as vendas vão cair. A obsessão pelo cliente não termina com a venda, e isso se torna ainda mais importante à medida que as empresas de software migram de compras de produtos para assinaturas.

Brad Anderson, vice-presidente corporativo para clientes empresariais e mobilidade da Microsoft, explica o foco da empresa na usabilidade: "Todos conhecemos organizações e empresas cuja receita parece saudável, mas estão perdendo clientes. Se os clientes realmente adoram o que você está construindo, eles estão usando".

Consequentemente, sob a liderança do CEO Satya Nadella, a empresa depende de painéis de controle que enfatizam o uso. "Qual é o crescimento nos últimos sete dias? Qual é o crescimento do último mês? O que as pessoas estão usando? O que elas não estão usando? Tudo é fundamentado 100% no cliente."[45]

Ao contrário das ofertas limitadas da Apple, a ampla gama de produtos da Microsoft obriga o departamento de pesquisa e desenvolvimento da empresa a depender de dados do usuário, não apenas de ideias internas. No entanto, para orientar a inovação, os dados capturam não o que os clientes querem, mas o que realmente estão usando. Isso significa também identificar o que não estão usando.

Se os produtos são de alta qualidade, por que os clientes os usam durante tão pouco tempo? O desenvolvimento de produtos impulsionado por dados do usuário deve visar às necessidades que não estão sendo atendidas.

OBCECADOS COM A EXPERIÊNCIA COMPLETA

Podemos aprender tanto com a Apple quanto com a Microsoft ao nos afastarmos da pesquisa de mercado convencional. Se você se comprometer a criar algo inovador e poderoso para os clientes, com tecnologia avançada, na forma de um produto fácil de comprar e usar, eles agradecerão, porque eles não sabiam quanto precisavam disso.

A Tesla opera de maneira semelhante, mais próxima da imaginação empática da Apple. Evitando em grande parte a pesquisa de mercado, a empresa desenvolveu um produto avançado e de alta qualidade e, em seguida, facilitou a compra e o uso. O destaque de venda da Tesla pode ser sua ampla gama de inovações tecnológicas, "um sofisticado computador sobre rodas".[46] Mas quando o carro chega à sala de exposições, tudo se resume ao que o produto pode fazer *pelo cliente*. Nas salas de exposição da Tesla, são os clientes, e não a tecnologia, que têm o poder.

Em sua essência, Tesla e Apple constroem máquinas complexas e poderosas. Nas lojas, eles mascaram seus produtos com um manto de simplicidade e facilidade. A Tesla não se preocupa se os clientes entendem a incrível conquista que é uma linha de veículos totalmente elétricos; o que importa é se os clientes saem da loja com um carro encomendado que, além de poder ser carregado na tomada, opera melhor do que os carros que tinham antes.

Esse tipo de obsessão pelo cliente se baseia em ajudar as pessoas a obterem produtos inovadores que elas nunca souberam que poderiam existir e que funcionam em sua vida.

A inovação proveniente da obsessão pelo cliente não se limita à linha de produtos; o progresso pode ocorrer também no próprio atendimento ao cliente. Assim, a Apple dedica bastante tempo e atenção à experiência de atendimento ao cliente em suas lojas físicas e on-line. No entanto, manter a simplicidade requer equilíbrio. A Apple treina os funcionários da loja para seguir cinco etapas ao abordarem um cliente:[47]

> *Abordar* os clientes com uma saudação personalizada e calorosa.
> *Investigar* educadamente para entender as necessidades do cliente.
> *Apresentar* uma solução para o cliente levar para casa no dia.
> *Ouvir* e resolver problemas ou preocupações.
> *Encerrar* com uma despedida afetuosa e um convite para retornar.

O passo do meio (apresentar) é a chave para o serviço no caso de produtos que, por natureza, podem ser confusos. Os funcionários são treinados para apresentar soluções, não para resolver problemas. A maioria deles não consegue consertar um celular que não se conecta ou uma tela de computador com falhas. Eles são treinados para ouvir o problema, pegar o item defeituoso, enviá-lo a um centro de reparos e substituí-lo enquanto você espera. A Apple deseja que cada pessoa que entra na loja saia feliz com um produto Apple, e isso certamente inclui os clientes existentes, cuja lealdade é considerada a melhor do mundo.

A própria Apple Store foi uma jogada audaciosa, lançada apesar do fracasso de lojas da Gateway e outras empresas de computadores pessoais. O Genius Bar e a abertura geral da loja eram inovadores na época.

Empresas obcecadas por seus clientes acabam identificando necessidades não atendidas e mudanças no mercado, para que possam ajustar suas ofertas antes que ocorra uma crise. Os clientes podem sentir essa obsessão, e, por sua vez, ficarem obcecados pela marca. Apple, Tesla e outros inovadores contínuos obcecados por clientes trabalham por essa lealdade todos os dias, garantindo que seus clientes se sintam apoiados para comprar qualquer produto inovador do qual sequer sabiam que precisavam.

A MISTURA DE INOVAÇÃO INTERNA COM COCRIAÇÃO NA AMAZON

A maioria das empresas obcecadas por clientes que não está comprometida com produtos de alta tecnologia tende a evitar a arriscada imaginação empática. Elas preferirão a cocriação. No entanto, ainda nesses casos, há um enorme potencial de valor mesmo em uma forte dose de imaginação empática.

O melhor exemplo é a Amazon, cuja obsessão pelo cliente tem sido um pilar do negócio desde a sua fundação. O mais admirável é como ela manteve essa obsessão enquanto se tornava uma das maiores empresas do mundo. A Amazon oferece tanto uma máquina de varejo confiável quanto vários produtos e serviços inovadores.

Como descrito no capítulo anterior, a Amazon tinha como objetivo atender a uma necessidade comum: usar a internet para fornecer às pessoas o que elas desejam, com mais rapidez do que qualquer outra empresa. Em uma carta aos acionistas em 1998, Jeff Bezos afirmou simplesmente: "Temos a intenção de construir a empresa mais centrada no cliente do mundo".[48] Bezos, e agora seu sucessor, Andy Jassy, trabalharam para manter essa postura mesmo com o crescimento exponencial da empresa. A mentalidade empreendedora da Amazon (ver capítulo 5) ajuda a criar urgência, mas o foco nos clientes é a base.

Cocriação. Isso acontece ao focar a seleção, a conveniência e os preços baixos, com atenção especial ao que funciona e ao que não funciona. A internet possibilita resultados rápidos em uma variedade de experimentos, então a empresa prontamente inova em áreas onde os clientes pedem mais em questão de quantidade e melhoria. Como apontou Bezos: "Para ser inovador, você precisa experimentar. Se quer mais invenção, precisa fazer mais experimentos".

A empresa não se concentra em vendas ou lucro, mas em ajudar os clientes a comprarem. Novamente, nas palavras de Bezos em 1997: "Não ganhamos dinheiro quando vendemos coisas", mas "quando ajudamos os clientes a decidirem o que comprar". Por exemplo, Bezos negou o pedido de um investidor para remover avaliações negativas no site, pois considerava que fornecer avaliações completas dos produtos garantia uma melhor experiência de compra.[49]

Inovação empática. No entanto, a empresa também se atreve a inovar de maneiras fundamentais, porque sabe que os clientes nunca estão satisfeitos. Há um perigo em melhorias incrementais, porque é fácil relaxar, abandonar a disciplina exaustiva.

Vamos supor que, depois de transformar seu negócio atual, você esteja fazendo tudo certo. Identificou uma necessidade do consumidor, talvez apenas um nicho, mas descobriu como atendê-lo melhor, mais rápido ou gastando menos do que qualquer outra pessoa. Implementou um sistema simplificado de feedback do cliente, mas raramente o utiliza, porque identifica a maioria dos pontos problemáticos antes que o cliente sinta qualquer desconforto. Seus clientes adoram você, seus funcionários acreditam na missão da empresa e seus concorrentes estão tão lá para trás que você esqueceu o nome deles. Você pensa: "Dá para ficar melhor do que isso?". E é melhor que diga "sim".

Em primeiro lugar, poucas empresas realmente alcançam todos os aspectos mencionados há pouco. Um exemplo mais realista o colocaria em uma situação semelhante à da Amazon por volta de 2005. Também em 2007, 2017 e talvez agora. Em 2005, a Amazon aparentemente estava indo bem, crescendo de forma constante. A Amazon Web Services tinha dois anos, e a empresa havia oficialmente entrado na China por meio da aquisição da Joyo, que, na verdade, acabou não dando muito certo.[50] A empresa recebeu novo capital, e as pessoas estavam empolgadas com novas aquisições, expansões e outras melhorias nos negócios não orientadas para o cliente. No entanto, Bezos voltou imediatamente aos clientes ao introduzir o Prime, que oferecia aos assinantes frete grátis na maioria dos produtos, bem como acesso gratuito ou com desconto à mídia digital da plataforma.

Anunciado durante uma teleconferência, o Prime serviu para lembrar acionistas e também funcionários que a missão da empresa não havia mudado, que "nossa base de consumidores é nosso ativo mais valioso, e a alimentaremos com inovação e trabalho árduo".[51] Os clientes não haviam pedido especificamente por algo como o Prime, mas Bezos e seus colegas usaram a imaginação empática para desenvolvê-lo e fazer os números funcionarem.

Frequentemente, o fortalecimento por meio da inovação é o caminho que empresas altamente bem-sucedidas tomam após completarem a missão inicial. Elas sempre podem aprimorar seu produto dominante do momento, mas há uma recompensa emocional em lançar algo novo, além do lembrete para manter a disciplina. Bezos disse: "Devemos estar comprometidos com a melhoria constante, a experimentação e a inovação em cada início. Adoramos ser pioneiros, está no DNA da empresa, e isso é uma coisa boa, porque precisaremos desse espírito pioneiro para ter sucesso".[52]

A alegria de uma empresa obcecada pelo cliente está em criar ciclos de feedback positivos e evitar cair na complacência. Empresas bem-sucedidas são sempre suscetíveis à complacência; se os concorrentes não estão logo atrás de você, tenha certeza de que seus clientes estão assumindo essa posição.

A obsessão da Amazon ficou clara repetidas vezes. Fundamental para seu processo de inovação é trabalhar retroativamente com base na experiência que o cliente queria ter. Em vez de se concentrar em conquistas de engenharia ou vendas, os funcionários precisam se concentrar no que os clientes obtêm de qualquer investimento. O objetivo é imaginar um produto ou um serviço combinando empatia e dados do cliente, e então inovar a fim de superar as barreiras para oferecer essa coisa. Nada fica no caminho.

Quando a AWS percebeu que as necessidades de seus clientes estavam mudando, ela se empenhou em projetar chips personalizados para seus servidores, não mais dependendo dos fabricantes de chips. A empresa não tinha interesse em competir no design de chips; ela apenas viu uma maneira de oferecer uma experiência melhor ao cliente sem aumentar os custos.[53]

Em 2007, a empresa lançou o Kindle, um dispositivo eletrônico de leitura com preço inicial de 399 dólares, seguido, um ano depois, pela aquisição da Audible, uma plataforma de audiolivros rapidamente integrada ao Kindle. Em seguida, em 2017, a Amazon adquiriu a Whole Foods, com 471 lojas e clientes muito leais.[54] Todas essas ações ofereceram benefícios aos clientes da Amazon. Kindle e Audible combinaram recursos exclusivos e tarifas para membros do Prime. Com a Whole Foods, a empresa não apenas reorganizou as lojas, adicionou algumas placas e esperou colher os lucros. Ela capitalizou em sua base avançada de tecnologia e implementou serviços Prime que permitiam aos clientes pedir delivery de mantimentos. Parece que toda inovação feita pela Amazon volta, direta ou indiretamente, para melhorar as ofertas aos seus clientes.

Essa inovação incansável, apesar do já grande sucesso da empresa, não decorre de uma decisão racional, mas da obsessão pelos clientes que Bezos infundiu em toda a empresa, seja ela antiga, nova ou recém-adquirida. Contrastando com a Amazon, temos a Blockbuster. Como será descrito no capítulo 5, esta última parou de inovar em grande parte após atender a uma necessidade específica do público, aperfeiçoar a entrega e adquirir uma base de clientes aparentemente leais.

Não ocorreram escândalos, problemas legais ou então qualquer outra causa típica para o final desastroso da Blockbuster. Ela fornecia aos clientes exatamente o que eles queriam: um lugar conveniente para procurar, alugar e devolver filmes. Enquanto o mundo da tecnologia estava florescendo e a definição de conveniência alcançava novos patamares, a Blockbuster caiu na complacência com melhorias incrementais. Sem paixão pelos clientes, ela não conseguia se motivar para realizar o árduo trabalho da inovação contínua. A pequena inovação que ela tentou fazer envolveu extensões semelhantes a outras empresas, como parques temáticos.

A Amazon não apenas prega a obsessão pelo cliente, mas capacita os funcionários com ferramentas para servir aos clientes diretamente. Os funcionários têm fácil acesso aos dados e software a fim de criar novas experiências para os clientes. Nesse sentido, o investimento na AWS compensa, pois os servidores baseados em nuvem reduzem o custo da inovação.

Empresas obcecadas por seus clientes oferecem algo que realmente acreditam que os clientes merecem; algo que, a princípio, é um produto ou um serviço, mas rapidamente se torna um item essencial, uma necessidade e, por mais assustador que pareça, uma parte *básica* de sua vida. E quando é que o básico já foi suficiente para alguém? Os clientes precisam de mais, e as empresas obcecadas por clientes se sentirão na obrigação de oferecer mais.

No momento em que se recusa a lutar para oferecer mais aos clientes, você perde. Seu produto se torna uma expectativa, e você só vai satisfazer ou decepcionar seus clientes, nunca impressioná-los. A apatia se torna mútua.

Bezos reafirma isso:

> Uma vantagem — talvez sutil — de um foco impulsionado pelo cliente é que ele auxilia em um certo tipo de proatividade. Quando estamos no nosso melhor, não esperamos pressões externas. Somos impulsionados *internamente* a melhorar nossos serviços, adicionando benefícios e recursos, antes mesmo de ser necessário. Reduzimos preços e aumentamos o valor para os clientes antes de ser necessário. Inventamos antes de ser necessário.

OBSESSÃO EM TODA A ORGANIZAÇÃO

Pode parecer fácil para os executivos se tornarem obcecados pelos clientes. Mas como espalhar essa obsessão por toda a organização? Para que as ofertas sejam verdadeiramente orientadas para os clientes, todos os funcionários, conscientemente ou não, precisam vestir a camisa.

A Haier, por exemplo, se beneficia de sua extrema descentralização. Os funcionários têm uma grande autonomia, combinada com acesso aos clientes. Atender bem os clientes é o ponto principal da microempresa, então a Haier essencialmente cria um imperativo estrutural para atender os seus clientes-alvo.

Para seus muitos funcionários de distribuição, a Amazon depende de um software que os obriga a trabalhar de acordo com valores orientados para o cliente. Todo centro de distribuição tem dados tão específicos que cada andar, seção e funcionário podem ter sua carga de trabalho ideal para o dia detalhada em uma taxa de unidades processadas com sucesso (selecionadas ou embaladas) por unidade de tempo, até intervalos de quinze minutos.[55] Seu desempenho real, em comparação com a taxa desejada, torna-se o principal impulsionador de promoções, avaliações e demissões. Independentemente de um funcionário realmente se importar com os clientes, o trabalho exige que ele aja em prol do interesse deles.

A aplicação interna da obsessão pelo cliente pode parecer rigorosa, mas diminui a quantidade de gerentes frustrados correndo em círculos, desprezando e gritando incentivos forçados. Quanto mais uma empresa pode contar com seu propósito existencial, mais suave essa aplicação se torna. Na divisão de varejo da Apple, os funcionários realizam o que muitos considerariam um trabalho estressante, mal remunerado e provavelmente sem futuro.[56]

Mas, graças aos programas de treinamento da empresa, os clientes veem pouco dessa realidade. A contratação para uma mentalidade de serviço certamente tem influência, mas a maior parte do entusiasmo e cuidado que os funcionários demonstram vem do treinamento. A empresa convence a maioria dos funcionários de que seu trabalho não é vender tecnologia, mas desempenhar obedientemente seu papel em "enriquecer a vida das pessoas".[57]

O treinamento leva semanas e, às vezes, meses, antes que os funcionários estejam prontos para atuar no atendimento. Grande parte desse treinamento é prático e técnico, mas uma porção surpreendentemente grande é dedicada a dizer aos novos contratados que "eles estão fazendo algo muito grandioso, além de apenas vender ou consertar produtos". Com ecos de um ritual religioso, os recém-contratados são iniciados em uma cerimônia especial. Funcionários antigos os aplaudem pelo que em breve estarão capacitados a fazer. Os aplausos duram minutos e terminam com gratidão antecipada pelas vidas que os novos contratados vão enriquecer. A Apple paga um salário no máximo mediano para os funcionários das lojas, mas a retenção é alta devido a essa crença em servir aos clientes.

De maneiras tangíveis e intangíveis, as empresas podem promover essa obsessão entre seus funcionários. Qualquer empresa que faça um produto de qualidade deveria ser capaz de convencer os funcionários de que o produto beneficiará substancialmente a vida dos clientes. Em situações em que, talvez devido à escala ou apenas à distância do produto, alguns funcionários se sintam desconectados do mercado, a empresa pode encapsular a obsessão pelo cliente e as práticas ideais dos funcionários em uma meta de desempenho única e mensurável.

ATENDIMENTO AO CLIENTE SILENCIOSO

Além da atitude dos funcionários, empresas obcecadas pelos clientes se preocupam em satisfazer os consumidores. Elas investem em infraestrutura para alcançar altos níveis de satisfação, não apenas por meio dos já conhecidos centros de atendimento telefônico, mas também ao buscar potenciais pontos de incômodo. Os clientes adoram saber que suas reclamações estão sendo ouvidas, mas nada supera a experiência de não ter reclamação nenhuma. Erros acontecem em todos os lugares, no entanto, empresas obcecadas trabalham para evitar que esses problemas prejudiquem a experiência do cliente.

A Amazon se certifica de que os clientes não sofram com erros da empresa e, em seguida, trabalha para evitar que esses erros se repitam. Quando um pedido está atrasado, a empresa, sempre que possível, faz um upgrade para envio acelerado. Isso é caro, mas satisfaz os clientes, que muitas vezes sequer percebem o atraso.

Em seguida, ela utiliza seu extenso banco de dados interno para identificar o centro de atendimento, o andar, a função e o gerente responsáveis pelo atraso. Investigadores identificam a raiz do problema, e a organização ajusta o tempo de envio, a logística e as equipes de gestão conforme necessário. Para o cliente, todo esse procedimento passa despercebido, sem inconvenientes.[58]

Somente uma empresa obcecada investiria na infraestrutura técnica e na liberalidade para gerar esse serviço ao cliente nos bastidores. A Amazon possui um departamento de atendimento ao cliente convencional, mas utiliza a infraestrutura combinada com seu compromisso contínuo para prever e corrigir a maioria das reclamações recebidas. Para enfatizar o ponto, Bezos dedicou páginas da carta aos acionistas de 2012 a descrever casos em que o serviço ao cliente da empresa previu ou resolveu reclamações, como parte da justificativa do contínuo investimento da Amazon em infraestrutura voltada para o cliente. Tudo isso é "motivado pelo foco no cliente, em vez de reação à competitividade".

Esses investimentos vão além de ofertas específicas, como expansões da Kindle Owners' Lending Library e do Prime Instant Video. Empresas obcecadas querem compensar problemas que você mal percebe, por princípio, com ações como reembolsos proativos.

Suponha que você pagou 2,99 dólares por um filme no Amazon Prime Video. Você experimentou algumas interrupções devido a um *buffering* maior que o normal, mas ainda assim conseguiu assistir ao filme, deu uma boa avaliação e seguiu em frente com sua vida. Do nada, você recebe um e-mail: "Notamos que você teve problemas na reprodução do seguinte filme alugado no Amazon Prime Video: _____. Pedimos desculpas pelo inconveniente e emitimos um reembolso no valor de: 2,99 dólares. Esperamos vê-lo novamente em breve".

Algo semelhante acontece com clientes empresariais. Como descrito antes, a Amazon foi pioneira em servidores baseados em nuvem com a AWS. A iniciativa foi enormemente bem-sucedida e lucrativa. Mas, em vez de descansar sobre os louros, a empresa também estabeleceu o AWS Trusted Advisor, um serviço de software que monitora continuamente como os clientes estão usando o conjunto de serviços, fazendo recomendações automáticas para melhorar o desempenho, a segurança ou economizar dinheiro.[59]

A Tesla demonstra nível semelhante de dedicação ao aprimoramento da experiência do cliente sem esperar reclamações. Embora não seja tão perfeita quanto a Amazon, a empresa utiliza suas atualizações de software e outros esforços automatizados para lidar com pontos de incômodo previsíveis antes que os clientes os experimentem de fato.

Às vezes, ela também espera intencionalmente para entrar em um mercado, mesmo que ele tenha demonstrado forte demanda. Como um ex-funcionário colocou, "você só tem uma chance de entrar em um mercado".[60] Um problema comum é que o novo mercado pode não ter carregadores elétricos. Em vez de arriscar e acabar oferecendo uma experiência inferior para os clientes, a Tesla frequentemente garante que sua equipe instale carregadores suficientes antes de iniciar as entregas na área, mesmo que isso signifique um atraso.

Assim como Bezos e Jobs, Musk e seus colegas da Tesla são fiéis à obsessão pelo cliente. Arriscam perder vendas em curto prazo para preservar o compromisso da marca com os consumidores. A experiência do próprio carro permanece inalterada, e eles têm a esperança de que os veículos valham a espera.

OS DADOS SÃO IMPORTANTÍSSIMOS

O compromisso emocional é a base da obsessão pelo cliente. Entre outros benefícios, ele motiva os líderes a aprimorarem sua intuição acerca dos clientes. No entanto, também dependem fortemente de dados, em especial na cocriação em grande escala. Essas empresas veem os dados como uma ferramenta, não como um fim em si.

Em geral, pequenas empresas conseguem coletar dados sem grandes problemas. Seus líderes podem interagir com os clientes individualmente, em conversas reais. À medida que as empresas crescem, porém, eles lutam para manter essas interações, e nenhum indivíduo consegue guardar na cabeça as opiniões e os comportamentos de seus muitos clientes. Daí a necessidade de dados com análises sobre clientes atuais e potenciais.

A Amazon, a gigante nesse setor, é obcecada com coleta de dados. Ela utiliza uma variedade deles e os leva a sério. Além de validar experimentos, os dados garantem responsabilidade. Como observou um ex-gerente de armazém, há "muitos dados dos quais se esconder".[61] Os treinadores de gerenciamento da empresa enfatizam a necessidade de enfrentar e fazer uso mesmo de dados decepcionantes, e de aceitar o fracasso. Andy Jassy, sucessor de Bezos como CEO, diz: "Se você inventar muito, falhará mais vezes do que deseja. Ninguém gosta dessa parte, mas faz parte do jogo". Adam Selipsky, que assumiu a AWS após Jassy, incentiva os funcionários a focarem mais o potencial de uma ideia para resolver problemas dos clientes do que a probabilidade de sucesso.[62]

Os dados são essenciais para o relacionamento com os clientes e vitais para atender adequadamente às suas necessidades, fazendo com que queiram comprar da empresa e respondendo às necessidades em mudança antes que os concorrentes preencham a lacuna. Isso é o que acontece com os 350 designers da Zara. Todas as manhãs, eles examinam os dados de venda das lojas de todo o mundo para determinar quais itens estão vendendo e adaptar seus designs. Eles também recebem feedback qualitativo de funcionários de vendas capacitados, como "os clientes não gostam do zíper" ou "ela gostaria que fosse mais comprido". Eles ainda podem se inspirar em passarelas e outros desfiles de moda, mas são os dados dos clientes que impulsionam seus designs.

Quando a Zara cria uma peça, os fabricantes contratados na Europa e no Norte da África lançam apenas pequenos lotes dela, que representam testes rápidos e breves em lojas próximas. Os dados de venda desses lotes determinam se devem ser encomendadas grandes quantidades e se elas devem ser distribuídas de acordo com a demanda prevista para a peça.

A Zara se destaca ao investir em análises para reconhecer os diferentes clientes que compram em cada loja, a nível de bairro, e não regional. A empresa descobriu que o mercado de bairros ao redor do mundo tem mais probabilidade de compartilhar semelhanças do que lojas na mesma cidade. Compradores na Quinta Avenida, em Manhattan, compartilham mais semelhanças com os clientes localizados em Ginza, em Tóquio, do que com aqueles no SoHo, nas proximidades. Estes, por sua vez, compartilham semelhanças com a base de clientes de Shibuya, Tóquio.[63]

....

A obsessão pelo cliente se manifesta de diversas maneiras, mas sua base é um compromisso profundo com o bem-estar dos usuários. Seja na cocriação ou na imaginação empática, ela fornece às organizações um objetivo tangível e uma disciplina vital que desencoraja a complacência.

Essa dedicação é de fato uma obsessão, pois os investimentos individuais com base no retorno sobre o investimento (ROI, na sigla em inglês) ou em outras métricas racionais são difíceis de justificar. No entanto, essas ações se somam a uma cultura que cria envolvimento nos lugares em que a empresa mais racional, focada apenas em números, afastaria os funcionários. Para manter a inovação ágil, as empresas precisam do entusiasmo contínuo que surge mais prontamente da obsessão pelo cliente.

4. CRIE O EFEITO PIGMALIÃO

Como seu amante descreve você, assim você é.
— JEANETTE WINTERSON

Steve Jobs era uma pessoa completamente antipática. Desagradável e temperamental, era conhecido por demitir pessoas publicamente e estacionar em vagas para deficientes. Colegas faziam questão de dar a volta mais longa nos prédios para não passar perto de seu escritório e levar uma bronca. As pessoas tinham medo dele. No entanto, de alguma forma, Jobs conseguiu conquistar um número suficiente delas para criar uma cultura de design inovador, que levou a Apple a se tornar a empresa mais valiosa do mundo em 2023. Uma pista para o sucesso de Jobs está em seu foco no recrutamento, em que seu comprometimento com resultados se destacava. Um dia, Daniel Walker, então diretor de talentos da Apple, tentava convencer Patty Shu a se juntar à sua equipe como recrutadora principal. Shu, na época uma importante mercadóloga na Williams-Sonoma, estava cética quanto a isso. Mas, na saída, ela esbarrou com Jobs.

Shu se apresentou e explicou que estava pensando na proposta de liderar as contratações para a empresa, e Jobs a olhou e disse: "É uma tarefa grande… você vai aceitar?".

Shu confessou: "Não sei. Provavelmente não". Mas então ela aproveitou a oportunidade para fazer uma pergunta a Jobs: "O que você espera da equipe do Dan? O que você quer que ele faça?".

Jobs respondeu: "Peço a Deus para ter talentos tão incríveis que eu não saiba o que fazer com eles. Isso seria o paraíso para mim".

Sua resposta intensa e focada, cheia de convicção, conquistou ambos. Não apenas Shu se juntou à Apple, mas, a partir desse dia, Walker disse que a contratação de "talentos incríveis" se tornou sua missão. Recrutar ficou mais difícil, mas o foco de Jobs em entregar excelentes produtos criou uma cultura que superou suas dificuldades pessoais e inspirou colegas a realizar um ótimo trabalho. Ele teve uma espécie de efeito Pigmalião em toda a empresa em expansão, conquistando pessoas que talvez nunca conhecessem Jobs pessoalmente.

PROBLEMA DE ESCALA

Os dois capítulos anteriores elogiaram empresas por seu compromisso existencial e sua obsessão com os clientes. Mas essas qualidades são difíceis de promover por meio de interações pessoais diretas. À medida que a empresa cresce e os funcionários se multiplicam aos milhares, como ela pode criar culturas que impulsionem agilidade e inovação?

A solução vem de uma fonte antiga, o poema épico *Metamorfoses*, escrito em 8 d.C. pelo poeta romano Ovídio. A extensa obra conta a história do mundo desde a criação do universo até a morte de Júlio César. Narrada através do quadro mítico-histórico de Ovídio, ela se concentra em como as pessoas criam e mantêm a mudança.

Entre contos de realizações heroicas está a simples história de Pigmalião, um escultor de Chipre que tinha desprezo pelas mulheres ao seu redor. Em sua frustração, ele esculpiu sua mulher ideal em marfim. Após dedicar seu coração e sua alma à escultura, ele a chamou de Galateia e a presenteou com joias e roupas finas. Ele tinha se apaixonado por ela.

Em um festival em homenagem a Afrodite, a deusa do amor, Pigmalião ofereceu sacrifícios e desejou uma noiva que fosse "a viva imagem da minha estátua de marfim". Ao retornar para casa, ele beijou sua estátua. Os lábios dela estavam quentes, e ele descobriu que Afrodite havia atendido ao seu desejo — a estátua havia se tornado uma mulher real. Pigmalião se casou com Galateia, teve uma filha e viveu o resto da vida com a mulher dos seus sonhos.

A chave da história é que Pigmalião imbuía em Galateia as melhores características que ele podia imaginar. Seu comprometimento profundo e sua atenção aos detalhes permitiram que ele criasse algo além do humanamente possível.

Steve Jobs, Jeff Bezos e Elon Musk fizeram o equivalente moderno em suas empresas. Em vez de criar colegas ideais, eles usaram seu entusiasmo para inculcar características e preocupações específicas nos funcionários, muito além de sua equipe mais próxima. Sua influência se estendia por toda a organização.

Ao fazer isso, resolveram o problema de escala. Seu comprometimento existencial e mentalidade empreendedora poderiam converter algumas dezenas de gestores e outros colegas para a mentalidade empreendedora, mas não alcançar uma organização grande. Em vez disso, precisavam promover pessoalmente uma cultura empresarial forte. Com inovação contínua, é essencial ter uma cultura empresarial forte e orientada para o desempenho.

Não é surpresa para ninguém que os esforços de um CEO têm importância. Pesquisadores na Califórnia analisaram dados anônimos de pesquisas feitas com funcionários de empresas da Fortune 1000 (ranking anual das maiores empresas dos Estados Unidos) e os vincularam aos resultados financeiros. Eles descobriram que a personalidade do CEO tinha um efeito estatisticamente significativo na lucratividade corporativa.[64]

Ao longo deste livro, menciono ideias, valores e mentalidades que os fundadores de empresas bem-sucedidas personificam. Os CEOs que conseguem alcançar um efeito Pigmalião em toda a sua organização não apenas incorporam esses valores em sua gestão e suas responsabilidades cotidianas, mas também no tecido de sua empresa por meio da cultura corporativa.

A curadoria de uma cultura organizacional se torna mais difícil à medida que uma empresa cresce. Fundadores e CEOs podem facilmente moldar aqueles ao seu redor, especialmente aqueles com quem interagem pessoalmente, mas é quase impossível moldar uma organização inteira. É isso que torna os Pigmaliões modernos tão especiais: eles influenciam a mentalidade de toda a empresa. Sua influência se espalha. Ao incorporar atributos específicos no DNA de uma empresa, os Pigmaliões corporativos esculpem os funcionários com quem *não* interagem.

Esse comprometimento profundo é essencial. Para alcançar o efeito Pigmalião em toda a organização, os líderes não só devem incorporar esses valores em sua gestão, mas também no tecido da empresa. Isso é especialmente difícil à medida que uma empresa cresce. Para os Pigmaliões modernos, sua influência se espalha por toda parte. Ao esculpir atributos específicos no DNA de uma empresa, eles moldam os funcionários que nunca veem.

RECRUTAR TALENTOS DE ALTO POTENCIAL

Muitos empreendedores bem-sucedidos enfatizam a necessidade de colegas talentosos, mas Jobs e outros Pigmaliões levaram essa preocupação a outro patamar. Jobs afirmava que recrutar era seu trabalho mais importante. Ele sabia que uma empresa era tão forte quanto a soma de suas partes; seu carisma sozinho não criaria um negócio bem-sucedido sem uma equipe forte. Da mesma forma, Jeff Bezos escreveu que "estabelecer um alto padrão em nosso processo de contratação foi, e continuará sendo, o elemento mais importante para o sucesso da Amazon.com".[65]

Elon Musk estava à frente da SpaceX e da Tesla (e, ao mesmo tempo, desenvolvia uma start-up de energia solar), e mesmo assim estava obcecado com a contratação. Até 2015, quando a Tesla tinha 12 mil funcionários, ele tinha de aprovar pessoalmente cada contratação. A recrutadora Marissa Peretz disse que sua equipe precisava fornecer resumos de cada pessoa contratada para uma nova fábrica de 2 mil pessoas, desde os zeladores e funcionários da cafeteria até os montadores.[66]

O caso mais interessante é o da Advanced Micro Devices, que estava à beira da falência em 2014. O conselho elevou Lisa Su a CEO, e ela sabia desde o início que precisava reerguer a empresa.

Com um doutorado em engenharia elétrica em Stanford, que tratava de inovações no design de semicondutores, ela tinha credibilidade para atrair talento técnico. Desde o início, dedicou parte de seu tempo a conquistar pessoas de alto potencial, vendendo a experiência na AMD como uma oportunidade de "aprender muito e causar um grande impacto". Como relatou mais tarde, "o que você pode fazer com sua inteligência é ótimo, mas o que você pode fazer quando reúne dez pessoas inteligentes, ou cem, alinhadas com uma visão, é incrível".

Ela buscava aqueles que quisessem "correr riscos, fazer algo muito especial na indústria e lutar com menos recursos e mais liberdade". As propostas deram resultado. O preço das ações da AMD aumentou trinta vezes, e a empresa recentemente ultrapassou a líder de longa data do setor, a Intel, no mercado de computação de alto desempenho.[67]

VINCULAR "ADEQUAÇÃO" A UMA CULTURA EMPRESARIAL DISTINTA

Musk não estava preocupado apenas com indivíduos — ele queria estabelecer expectativas para todos que subiam a bordo. Em 2010, quando a empresa ainda pequena precisava desesperadamente de mais engenheiros, designers e talentos em software, Musk dobrou a aposta. Foi atrás de Arnnon Geshuri, então diretor de recursos humanos do Google, e disse a ele para contratar apenas campeões em suas áreas que se encaixassem bem com a cultura da Tesla.

No papel, isso pode não parecer muito diferente da forma como outras empresas contratam. Mas na maioria das empresas, a *adequação cultural* geralmente acaba significando *adequação pessoal* — e julgamentos rápidos do gestor quanto a com quem prefeririam sair para o happy hour. Querer socializar com um futuro colega de trabalho não é inerentemente problemático para o sucesso de uma empresa, mas pode ser, quando se torna o fator decisivo entre candidatos talentosos.[68]

Musk, ao contrário, queria pessoas que prosperassem sob a intensa pressão que ele impunha às suas equipes. Um executivo sênior que reportava a Elon Musk até recentemente disse que era quase como se a empresa ostentasse sua cultura: "Devido à ambição e aos objetivos, as pessoas trabalham em um ambiente de alto desempenho. [...] Existe essa cultura e expectativa de que sim, essas metas são impossíveis, mas o mundo precisa que as alcancemos".

Partindo de expectativas elevadas, Musk definiu uma boa adequação cultural: alguém que não só suporta uma pressão tremenda para poder criar soluções que ninguém jamais pensou anteriormente, mas também que não está disposto a aceitar um "não" como resposta. O executivo da Tesla destacou que as pessoas absorvem essas expectativas por meio de um batismo de fogo: "Se você diz 'isso não é possível', essa não é uma resposta produtiva o suficiente para a conversa. Musk aprendeu ao longo do tempo que pode dispensar essa pessoa e encontrar alguém que ofereça um não produtivo".

Geshuri e outros envolvidos na contratação podiam, dessa forma, definir nitidamente a "adequação", por mais difícil que fosse conseguir encontrar talentos à altura. Para eles, resistência e disposição para enfrentar desafios importavam tanto quanto a habilidade em si, inspirando os funcionários a abraçar o foco inabalável de Musk na excelência em engenharia.

Em 2014, Musk disse:

> O que estou realmente procurando é evidência de habilidade excepcional. A pessoa enfrentou problemas realmente difíceis e os superou? Você quer se certificar de que, se houve uma realização significativa, ela foi mesmo a responsável ou foi outra pessoa? Em geral, alguém que realmente teve de lutar com um problema o entende e não esquece.

Como muitos talentos se candidatam à Tesla para ajudar na transição para os carros elétricos, a empresa pode achar complicado diferenciá-los. A diferença entre candidatos bons e ótimos pode ser difícil de ver, mas Musk estabelece critérios claros em torno da superação de problemas difíceis. Ao estabelecer uma visão específica do que seus funcionários devem ser e deixar claro que sua visão não é uma declaração aspiracional, mas um requisito, ele direciona sua equipe de contratação a identificar os candidatos ideais.[69]

Ao longo do tempo, a cultura se torna predominante, e os líderes precisam fazer menos esforço para reforçá-la. Musk é conhecido por ser exigente, mas outros inovadores ágeis também têm uma cultura igualmente distinta que impulsiona o recrutamento.

Sob os cofundadores Reed Hastings e Marc Randolph, a Netflix fez questão de incentivar os funcionários a tomarem decisões independentes. As pessoas compartilham informações aberta, ampla e deliberadamente; são extraordinariamente francas entre si; e fogem de regras. A empresa também é rápida em demitir pessoas que não podem ou não querem fazer o mesmo.

Em algum momento, esse forte senso de identidade se espalha. Assim como na Tesla, as pessoas que escolhem trabalhar na Netflix sabem no que estão se metendo e, em geral, desejam integrar esse tipo de ambiente — um processo de colocar-se à disposição que apenas fortalece o efeito Pigmalião.[70]

De fato, um forte senso de identidade como empresa ajuda não apenas a escolher entre os recrutas, mas também a reforçar o efeito Pigmalião. Quando a cultura da sua empresa é declarada de maneira pública e se torna amplamente conhecida, como acontece na Tesla e na Netflix, pessoas talentosas que *são* adequadas vão querer trabalhar com você.

APRENDER COM ESPECIALISTAS, NÃO COM GESTORES

Um forte senso de identidade é essencial para o efeito Pigmalião moderno, mas requer a contratação de pessoas por sua experiência e motivação, não apenas por suas habilidades. Os gestores tendem a presumir que as pessoas podem aplicar suas habilidades em uma empresa ou outra, mesmo quando as culturas são completamente diferentes.

Na Apple, Steve Jobs queria criar produtos visionários e revolucionários. No entanto, isso exigia aprendizado constante. Para incentivar a aprendizagem, ele precisava de gestores que seus subordinados respeitassem. Isso significava contratar especialistas, não apenas gestores profissionais.

Jobs teve de aprender isso da maneira mais difícil. Em 1983, ele rodeou John Sculley durante meses em sua posição como executivo número dois na Pepsi, e dizem que lhe perguntou diretamente: "Você vai querer vender água açucarada pelo resto de sua vida? Ou quer vir comigo mudar o mundo?".

Jobs pensava que os talentos de marketing de Sculley catapultariam a Apple para uma posição de liderança no que dizia respeito a computadores pessoais. No entanto, alguns anos após assumir como presidente, Sculley convenceu o conselho de que ele devia substituir Jobs como CEO. Jobs disse à BBC: "O que posso dizer? Contratei a pessoa errada e ele destruiu tudo pelo que trabalhei por dez anos".

Muitas empresas cometem o erro de contratar ou promover funcionários com boas habilidades organizacionais, mas pouca experiência em sua área de foco.

Como Jobs admitiu: "Passamos por aquela fase na Apple em que pensamos: 'Ah, vamos ser uma grande empresa, vamos contratar uma gestão profissional' [...]. Não funcionou de jeito nenhum. Eles sabiam como gerenciar, mas não sabiam fazer nada".

Em seu retorno à Apple, ao restituir à empresa sua identidade original, Jobs incentivou uma cultura na qual especialistas lideravam especialistas. Ele queria criar um ambiente propício à aprendizagem, o que não poderia acontecer se a gestão fosse feita por profissionais: "Se você é uma pessoa excelente, por que quer trabalhar para alguém com quem não pode aprender nada?".[71]

Como Joel Podolny e Morten Hansen apontaram:

> A Apple não é uma empresa na qual gerentes gerais supervisionam gerentes; ao contrário, especialistas lideram especialistas. Supõe-se que é mais fácil treinar um especialista para gerenciar bem do que treinar um gerente para ser um especialista [...]. Especialistas em hardware gerenciam hardware, especialistas em software gerenciam software, e assim por diante. Desvios desse princípio são raros e se desdobram em todos os níveis da organização através de áreas de especialização cada vez maiores. Os líderes da Apple acreditam que o talento de classe mundial quer trabalhar para e com outros talentos de classe mundial em uma especialidade. É como se juntar a uma equipe esportiva na qual você pode aprender e jogar com os melhores.[72]

Jobs afirmava que os melhores gerentes eram especialistas que nunca quiseram gerenciar, mas decidiram fazê-lo porque tinham a expertise necessária para criar inovações notáveis. Essa expertise induziria os subordinados a respeitá-los, a ouvi-los e a aprender com eles. Portanto, os gerentes precisavam ser especialistas respeitados. Ao depender de especialistas em vez de gestores profissionais, a Apple inculcou a aprendizagem na cultura da empresa. E a aprendizagem é essencial para a inovação contínua.

Algumas pessoas viam Jobs como um controlador obsessivo porque ele prestava muita atenção aos detalhes dos produtos da Apple. No entanto, ele respeitava demais a expertise dos funcionários para dizer a eles o que fazer. Em vez disso, investiu em conhecer os colegas e fazê-los entender seu ponto de vista. Ron Johnson, que criou as extremamente bem-sucedidas lojas de varejo da Apple sob a liderança de Jobs no início dos anos 2000, achava a abordagem de Jobs diferenciada:

> Jobs expressava suas opiniões na frente de todos, e você sempre sabia o que se passava na cabeça dele. Quando comecei a trabalhar na Apple, ele me ligava todas as noites, durante um ano, às oito da noite. Dizia: "Ron, quero que você me conheça tão bem que saiba como penso". Acho que a coisa mais incompreendida sobre Jobs é: ele era a pessoa que mais delegava que já conheci. Ele tinha tanta clareza no que acreditava, era tão claro em seu propósito, que você realmente podia trabalhar com muita liberdade.[73]

Ao contratar para uma função específica, é fácil escolher alguém com experiência prévia nesse tipo de trabalho. No entanto, muitas pessoas que se encaixam nessa descrição falham em criar um ambiente no qual os funcionários queiram aprender e crescer uns com os outros. Steve Jobs sabia que, se quisesse criar uma cultura de inovação, precisava estabelecer uma cultura em que os funcionários quisessem aprender uns com os outros e estivessem dispostos a ouvir o que seus superiores tinham a dizer.

Durante sua vida, Jobs criou produtos visionários e revolucionários como quase nenhuma outra pessoa jamais o fez. Para desenvolver novos produtos e levá-los ao mercado, Jobs sabia que o conjunto de habilidades necessário para realizar o impossível era fluido e exigia aprendizado constante. E criar uma cultura empresarial na qual especialistas liderassem especialistas ajudava a apoiar, treinar e reter talentos notáveis.

CRIAR UM SENTIMENTO DE PERTENCIMENTO
Mesmo quando as empresas contratam pessoas que se encaixam na cultura, ainda precisam que esses talentos diversos, e muitas vezes determinados, colaborem entre si. Isso significa criar um sentimento de pertencimento.

A AMD se destaca ao alcançar tanto a diversidade quanto a colaboração. Ela está entre as empresas mais diversas e acolhedoras do mundo, especialmente para mulheres e pessoas LGBTQIAPN+, não apenas porque quer atrair mais talentos, mas porque acredita que a diversidade, a equidade e a inclusão são o caminho para extrair o melhor de seus funcionários e promover uma força de trabalho criativa. A empresa se esforçou para aumentar o número de engenheiras mulheres e engenheiros de grupos sub-representados.

Métricas e marcos para conseguir aumentar essas contratações fazem parte da estratégia geral da empresa, juntamente com a meta de que 70% dos funcionários participem de grupos de recursos ou outras iniciativas de inclusão até 2025. A empresa também cultivou relações com faculdades historicamente negras e instituições que atendem à comunidade hispânica.

Esses grupos de recursos atendem a diversos segmentos demográficos e oferecem mentorias para novos funcionários. Pesquisas internas sugerem que a maioria dos funcionários tem orgulho de trabalhar na AMD. As pesquisas investigam o desempenho dos funcionários (comprometimento com a AMD, com sua equipe e seu trabalho), a qualidade do gestor (capacidade da gestão de se envolver com os funcionários por meio de interações e decisões diárias) e o Índice de Pertencimento e Inclusão (um ambiente de trabalho no qual todos são tratados de forma justa, têm acesso igual a oportunidades e recursos, e podem contribuir plenamente para seu sucesso). Como referências, a empresa utiliza dados de outras empresas, bem como seus próprios dados de anos anteriores.[74]

Outras empresas encontraram força ao criar uma cultura à qual as pessoas sentem que pertencem. A CEO e fundadora do Bumble, Whitney Wolfe Herd, enfatiza que os conceitos antigos de como o escritório devia operar beneficiavam uma força de trabalho predominantemente masculina, com apenas um dos pais trabalhando.

Ao contrário da maioria das empresas de tecnologia dominadas por homens, a equipe do Bumble é 85% feminina. O horário de trabalho é flexível, e os pais podem levar os filhos ao escritório quando precisarem.

Os funcionários são reembolsados por serviços de bem-estar, como mensalidades de academia, sessões de terapia, meditação e até acupuntura. Esses benefícios têm incentivado e inspirado mulheres talentosas a se juntarem à empresa.[75]

Estabelecer um ambiente de trabalho onde todos prosperam permite que a empresa aproveite ao máximo o talento que recruta. O talento de ponta quer entrar, e depois, permanecer. Seja incentivando mais mulheres na organização ou colaborando com faculdades e universidades historicamente negras, a diversidade e a inclusão são indispensáveis a qualquer negócio.

Quando as pessoas se sentem parte de uma comunidade de apoio no trabalho, elas se envolvem mais em suas funções e são mais produtivas. Por outro lado, a falta de comunidade é um dos principais fatores no esgotamento profissional. No entanto, talentosos inovadores de alto desempenho nem sempre são fáceis de conviver. (Jobs era apenas uma versão extrema desse problema.) Eles têm determinação, ambição, agressividade, inteligência e opiniões fortes, sempre buscando subir o próximo degrau. Juntos, eles causam uma tensão tremenda que pode estimular ainda mais a criatividade. O perigo é que metas internas e conflitos pessoais possam sobrecarregar as tentativas de inovação ágil.

O desafio é transformar uma equipe de indivíduos competitivos em uma comunidade e alinhá-los a um objetivo comum. Assim, o crucial para os esforços de inclusão é desenvolver mecanismos robustos para tomada de decisões e resolução de conflitos. Aqui, transformar gestores em treinadores, mediando disputas em vez de impor regras e criar a noção de favoritismo, é útil. Como Bill Campbell enfatizou em sua mentoria com Jeff Bezos, Eric Schmidt e outros líderes de tecnologia, o trabalho de um gestor é desfazer empates e fazer as pessoas melhorarem.[76]

MERECER SEU LUGAR

Contratar é apenas metade da batalha. Além das práticas rigorosas de contratação, as empresas Pigmalião reforçam sua cultura com requisitos de desempenho agressivos. Entrar na empresa é apenas o começo para ganhar seu lugar na equipe.

A Tesla leva a sério a expectativa de desempenho alto, se não impossível. Em 2017, a empresa se tornou notícia em todos os Estados Unidos quando demitiu centenas de funcionários de uma só vez. Em vez de culpar tendências econômicas, condições de negócios ou folhas de pagamento abarrotadas, a Tesla deixou claro que os trabalhadores foram dispensados devido ao desempenho insatisfatório. Musk queria enviar uma mensagem aos seus funcionários: ou prosperem ou serão demitidos. A empresa afirmou que a maioria dos demitidos atuava em cargos administrativos ou comerciais.[77]

Na Amazon, os funcionários também devem atender a expectativas elevadas para permanecer na empresa. Nos centros de atendimento, os trabalhadores que empacotam e classificam pacotes para entrega são continuamente rastreados e monitorados. Os gerentes esperam que eles atinjam metas cada vez mais ambiciosas. Se não o fizerem, correm o risco de perder o emprego.

Cyrus Afkhami, ex-gerente de um centro de atendimento nos Estados Unidos, descreveu uma cultura de trabalho agressiva: "Se você não atingir as metas, recebe três advertências, e se não melhorar até a terceira advertência, é demitido". A empresa deu aos funcionários inúmeras oportunidades para irem bem. "Todas as semanas, os recursos humanos ou o chefe do meu chefe se reuniam com os funcionários para garantir que estivessem se saindo bem, especialmente os 10% mais mal avaliados." Uma cultura empresarial em que os funcionários são constantemente colocados à prova traz o melhor de alguns, mas pode ser brutal. Com a ajuda do setor de recursos humanos, os gerentes orientam bastante os funcionários para melhorar o desempenho, sugerem maneiras de progredir e ouvem seus feedbacks; também realizam muito treinamento.

A melhoria contínua é comum sob líderes Pigmalião. Lisa Su, na AMD, estabeleceu a regra dos 5%, que pede aos funcionários que melhorem 5% a cada trimestre. Ela quer que o progresso seja tanto alcançável quanto impactante. Os funcionários não precisam fazer o impossível, mas ainda assim devem conquistar seu lugar na empresa. Ter um futuro na AMD exige resultados — a serem medidos apenas pela evolução contínua e pelo aprimoramento pessoal.

Na Netflix, os funcionários conquistam seu lugar com o Keeper Test, uma forma indireta de indicar baixo valor para a organização. Os gestores se perguntam: se alguém de sua equipe assumisse um cargo semelhante em uma empresa rival, quanto eles ou outros membros da empresa lutariam para mantê-los onde estão? Uma pontuação baixa não significa demissão imediata, disse Jessica Neal, ex-diretora de talentos da empresa, mas os gerentes precisam intervir. "Mesmo que a resposta seja que você não lutaria para mantê-los, você não os demitiria — talvez eles não estejam na função certa ou você não tenha dado feedback a eles, e essa situação é gerenciável e pode ser revertida."

Essa pressão obriga as pessoas a internalizarem a cultura da empresa. Na Amazon, os funcionários não podem parar de melhorar; na Tesla, devem inovar sempre. Eles demonstram a cultura da empresa abertamente, e isso cria uma enorme pressão para que todos os outros sigam o exemplo, mesmo que não estejam em perigo imediato de demissão.

CONFIAR NOS FUNCIONÁRIOS

Uma maneira de aumentar a influência, paradoxalmente, é dar autonomia aos funcionários. Livres para seguir seus instintos, eles acabam abraçando a organização como um todo e sua cultura muito mais do que se trabalhassem sob diretrizes específicas.

O capítulo 2 descreveu como a Haier se descentralizou em microempresas em 2012 para atender melhor aos diversos mercados. Mas essa mudança foi apenas a culminação do impulso de longa data da empresa em direção à autonomia dos funcionários. Até aquele ponto, a Haier já mantinha uma estrutura organizacional relativamente horizontal, com poucos gestores intermediários. As microempresas foram além, atuando como equipes autogerenciadas que desempenhavam muitas funções diferentes. Cada uma funciona como uma unidade independente, responsável pelo seu próprio lucro e prejuízo, proporcionando a cada divisão autonomia para tomar decisões em relação aos negócios e atender às necessidades dos clientes.

A empresa gerencia as microempresas sobretudo por meio de metas internas; cabe a cada unidade atingir uma meta e competir nos mercados interno e externo. Em vez de prescrever planos de ação, a Haier inspira a inovação proporcionando ao funcionário comum liberdade e apoio para testar suas habilidades. Unidades que ficam aquém estão sujeitas a aquisição ou dissolução. Como observadores apontaram: "A Haier não oferece empregos aos funcionários — oferece a eles uma plataforma para se tornarem empreendedores".[78]

A Haier confia em seus funcionários, e estes, por sua vez, aproveitam ao máximo sua criatividade e promovem inovação de longo prazo. Após 2012, o preço das ações da Haier mais que triplicou, transformando-a na maior empresa de eletrodomésticos do mundo.

Steve Jobs colocou da melhor forma: "As pessoas mais incríveis são autogerenciáveis. Uma vez que sabem o que deve ser feito, elas descobrirão o que fazer, sem precisar de gerenciamento. O que elas precisam é de uma visão comum. [...] Isso é liderança". CEOs Pigmalião são líderes que inspiram em vez de gerenciar seus funcionários, dando-lhes espaço para crescer.

Mesmo sem uma estrutura descentralizada, a influência Pigmalião depende da confiança, incluindo a de que seus funcionários permanecerão na empresa. A Netflix até incentiva os funcionários a se candidatarem a empregos em outros lugares para que conheçam a realidade de mercado e continuem felizes em sua posição atual. Isso significa que a Netflix paga um alto preço por alto desempenho. Se você não quiser mais trabalhar lá, a empresa não vai prendê-lo. Aqueles que saem provavelmente são os que não estão sob influência do Pigmalião. De fato, ela oferece uma generosa indenização em vez de segurar os trabalhadores.[79]

A confiança provavelmente se tornará um diferencial ainda maior no futuro próximo. Preocupada com a produtividade, especialmente com o trabalho remoto, a maioria das empresas introduziu softwares de monitoramento para os funcionários que trabalham no escritório. No passado, as empresas podiam dizer que confiavam em seus funcionários enquanto ainda tinham gerentes que os supervisionavam. Quando uma empresa exige monitoramento eletrônico, é impossível manter essa fachada de confiança. Veremos uma grande divisão entre empresas que acreditam na autogestão e, portanto, atraem funcionários ambiciosos, talentosos e confiantes que abraçam o propósito ou a visão dela, e empresas que contratam pessoas em busca apenas de um salário, pois sua paixão está em outro lugar.[80]

MENTORIA

As empresas Pigmalião são conhecidas por suas expectativas elevadas e sua confiança, mas ajudam as pessoas a alcançarem metas difíceis fornecendo recursos, mentoria e outros apoios. A maioria das empresas oferece algum tipo de treinamento e desenvolvimento — em 2020, elas gastaram 87 bilhões de dólares, o que equivale a 1.200 dólares por funcionário em um ano. No entanto, as empresas Pigmalião vão além de eventos ou palestras isoladas para desenvolver um novo conjunto de habilidades. Seus programas contínuos concentram-se em uma mentalidade específica, um conjunto de valores ou atitudes que capacitam os funcionários a alcançarem o sucesso.

Além desses programas gerais, as empresas Pigmalião levam a mentoria a sério. Dois terços das empresas da Fortune 500 têm programas formais de mentoria, em que executivos são em geral "espontaneamente forçados" a desenvolver talentos juniores de maneira hierárquica. Isso não é receita para uma influência significativa, não é um efeito Pigmalião. Relacionamentos não são significativos a menos que sejam simultaneamente buscados por ambas as partes.[81]

A mentoria Pigmalião se concentra na mentalidade, na atitude e na perspectiva que levam os funcionários à grandeza. As empresas querem que a mentoria seja desafiadora, mas altamente recompensadora para ambas as partes, e dedicam tempo e esforço a fortalecer esses relacionamentos. O objetivo é a mentoria se espalhar por toda a organização, não apenas por meio dessa atividade em si, mas também influenciando como os gerentes agem e falam sobre a empresa. É assim que se obtém um efeito Pigmalião em grande escala.

Embora não seja uma atribuição da mentoria convencional, o relacionamento de Steve Jobs com seu então diretor operacional, Tim Cook, deu o tom na Apple. Após o diagnóstico de câncer em 2003, Jobs passou anos cultivando sua equipe e preparando Cook para assumir seu posto. Com a morte de Jobs oito anos depois, Cook celebrou seu legado de desafiar as pessoas e capacitá-las a "ver o potencial", não apenas do mundo, mas também delas mesmas. Cook já havia trabalhado na IBM por doze anos e passado um tempo na Compaq. Mas ele absorveu a cultura que Jobs tinha buscado criar, especialmente a busca implacável pela excelência, que via como única. Quando Cook assumiu, a Apple valia menos de 400 bilhões de dólares. Hoje, vale mais que o quíntuplo desse valor.[82]

Na Amazon, Bezos escolhia um "conselheiro técnico" a cada ano para acompanhá-lo em suas atividades. A proximidade permitia a ele preparar futuros líderes com uma mentalidade para assumir projetos de alto valor. Foi assim com Greg Hart, líder da equipe que lançou a Alexa, hoje presente em milhões de lares.

Além das interações individuais, os líderes podem influenciar toda a organização simplesmente circulando pelo ambiente. Apenas estar próximo de um CEO é uma experiência significativa para muitos funcionários, e quando conduzida de maneira que demonstra valores, isso fortalece a cultura da empresa.

O CEO da Zara, Amancio Ortega, é conhecido por comer na lanchonete principal e passear pelos corredores para dar uma mão sempre que necessário. Ele quebra a hierarquia da empresa, de modo que estar na mesma sala que o CEO não seja mais um sonho distante. Esses passeios são oportunidades para seus funcionários o verem, aprender com ele e crescer. Na maioria das empresas, os funcionários podem admirar o CEO, mas raramente o veem. Não na Zara, onde as frequentes aparições de Ortega suavizam a rigidez da hierarquia.

Muitos programas de desenvolvimento de talentos são eventos únicos com pouco impacto duradouro nos funcionários. Nas empresas Pigmalião, os funcionários são continuamente moldados pelos colegas em uma cultura que enfatiza o desenvolvimento pessoal.

DAR VOZ AOS FUNCIONÁRIOS

É difícil tornar a mentoria uma atividade de grande escala, mesmo que seja adotada pelos gestores de médio escalão. Outra técnica Pigmalião é convidar os funcionários a contribuírem com suas próprias histórias de propósito. Esses funcionários podem não internalizar o compromisso existencial do fundador e dos líderes seniores, mas ainda podem ser influenciados pelo propósito central de sua organização. Ao oferecerem histórias em suas próprias palavras, eles se moldam no que as organizações precisam, estabelecendo uma conexão emocional.

A KPMG, uma das quatro grandes empresas globais de auditoria, buscava aumentar o engajamento entre seus 27 mil parceiros e funcionários em todo o mundo. Os líderes desenvolveram a declaração de propósito "inspirar confiança, empoderar mudanças", com o slogan "na KPMG, nós moldamos a história!". Em seguida, criaram o "desafio das 10 mil histórias", convidando todos a desenvolverem pôsteres destacando projetos de importância histórica ou social em resposta à pergunta "o que você faz na KPMG?".

Em uma exibição surpreendente do desejo reprimido dos funcionários de expressar o significado de seu trabalho, foram enviadas 42 mil histórias ao longo de quatro meses, ultrapassando significativamente a meta. Essas histórias variavam desde "nós defendemos a democracia" (reconhecendo o resultado das eleições na África do Sul) e "eu combato o terrorismo" (combatendo a lavagem de dinheiro) até "eu ajudo as fazendas a crescer" (ajudando os credores a justificar empréstimos a fazendas familiares).

Um ano após a iniciativa, a empresa subiu dezessete posições na lista das "cem melhores empresas para trabalhar" da *Fortune*, liderando pela primeira vez entre a concorrência. Embora o engajamento tenha aumentado globalmente na empresa, pesquisas internas constataram os maiores avanços em grupos cujos gestores falaram extensivamente sobre o propósito, enquanto grupos cujos líderes mal mencionaram a iniciativa tiveram pouco ganho. O programa em si não foi suficiente; era preciso que os gestores reforçassem a mensagem para alcançar o efeito de Pigmalião completo.[83]

AVALIAÇÕES DE DESEMPENHO
Esse tipo de avaliação é comum em grandes empresas e, teoricamente, permite que os gestores forneçam reconhecimento detalhado e críticas construtivas. No entanto, na prática, ela causa mais prejuízo do que benefício, pois os funcionários se concentram em impressionar os gestores em vez de focar o desempenho em si. A Microsoft piorou esse problema com um sistema de curva forçada, no qual os gestores classificavam os funcionários em uma curva em forma de sino, sendo cada classificação destinada a um número fixo de funcionários.

Como lembrou um funcionário,

> Se você estava em uma equipe de dez pessoas, entrava no primeiro dia sabendo que, não importava quão bom todos fossem, duas pessoas receberiam uma ótima avaliação; sete, avaliações medianas; e uma, uma avaliação terrível. [...] Isso leva os funcionários a se concentrarem em competir entre si em vez de competir com outras empresas.

Outro descreveu sabotagem, seja direta ou sutilmente retendo informações para impedir que os colegas avançassem nas classificações. Sem confiança, os gestores não conseguiam influenciar ninguém.[84]

Até a empresa finalmente abandonar a prática em 2012, pesquisas indicavam com frequência aos líderes que os funcionários simplesmente não queriam trabalhar juntos. As avaliações de desempenho e o sistema de curva forçada de avaliação minaram os esforços da empresa em construir uma comunidade em torno de valores compartilhados. O novo processo de gestão de desempenho enfatizou o trabalho em equipe e o crescimento dos funcionários. E a colaboração — sem mencionar a satisfação e a produtividade — aumentou logo em seguida.

Empresas que adotam a abordagem de Pigmalião preferem feedback direto em vez de avaliações ocasionais. A Tesla mantém uma avaliação de desempenho anual, mas os funcionários afirmam que ela é simplesmente rotina, pois os gestores fornecem feedback de forma contínua ao longo do ano. Como apontou um ex-funcionário da Tesla, os gestores focam o momento:

> Se as pessoas estão se destacando, diga a elas imediatamente. E diga na frente dos outros. Se você precisa reservar um tempo para fazer isso, está errado [...]. É preciso uma cultura de excelência que esteja constantemente fornecendo feedback para que as pessoas sintam que estão crescendo o tempo todo.

Funcionários em diversas organizações compartilham da mesma preocupação com as avaliações de desempenho. Em uma pesquisa da Gallup, apenas 14% dos funcionários concordaram fortemente que sua avaliação os inspirava a melhorar. Se os gestores não estão fornecendo feedback regular, então o feedback chega tarde demais; assim, "quando o funcionário está ouvindo elogios ou correções, os problemas são coisa do passado — ou foram resolvidos ou estão no passado distante". No entanto, quase metade dos funcionários afirmou receber feedback dos gestores apenas algumas vezes por ano, mesmo que outras pesquisas sugiram que os trabalhadores que recebem feedback semanal, em vez de anual, acham esse feedback mais significativo e motivador, tornando-os mais engajados no trabalho em geral.[85]

Embora pareça intuitivo fornecer feedback imediato aos funcionários, poucas empresas realmente o fazem. Os gestores preferem o controle e a deliberação que as avaliações anuais (ou trimestrais) proporcionam, mesmo que isso desencoraje reações imediatas. Depois que a Apple aboliu suas avaliações de desempenho anuais, o então diretor de talentos, Daniel Walker, chamou-as de "a coisa mais estúpida que as empresas estadunidenses fazem". Ele as considerava um tremendo desperdício de tempo, visto que existem maneiras mais eficazes de transmitir feedback aos funcionários.

Da mesma forma, a Netflix abandonou as avaliações formais em prol de conversas informais durante todo o ano, mesmo com um quadro de funcionários superior a 10 mil. Muitos especialistas em recursos humanos não conseguem acreditar que uma empresa do tamanho da Netflix não realiza avaliações anuais. No entanto, a ex-diretora de talentos Patty McCord, em um artigo de 2014, observou: "Se você falar de maneira simples e honesta sobre o desempenho de forma regular, pode obter bons resultados, provavelmente melhores do que uma empresa que atribui notas a todos em uma escala de cinco pontos".

Jessica Neal, diretora de talentos da Netflix de 2017 a 2021, admitiu que esse feedback frequente pode ser "frio e mecânico". Ainda que muitas pessoas possam se intimidar diante da política da Netflix, ela afirmou que outras a consideram empolgante. "Elas sabem que vão trabalhar duro e realizar um ótimo trabalho. Ninguém quer ser prejudicado por pessoas que não farão o mesmo."

Isso contrasta fortemente com a ExxonMobil, que se apega a várias normas do século XX, incluindo avaliações de desempenho anuais e classificação interna. Como descreve a *Businessweek*, "os entrevistados descreveram uma organização presa no passado, cuja cultura insular e baseada no medo, antes um farol dos Estados Unidos corporativos, tornou-se um obstáculo para a inovação, a tomada de riscos e a satisfação profissional".

Os repórteres destacam a lentidão da empresa em investir em tecnologias inovadoras, como perfuração de óleo de xisto, e a saída de funcionários "cansados de não inovar". A empresa também desencoraja a colaboração e a segurança psicológica, enquanto paga uma compensação acima da média para convencer pessoas talentosas a permanecerem em seus cargos.[86]

As avaliações de desempenho anuais ainda podem promover o efeito Pigmalião, mas apenas se estiverem intimamente ligadas à cultura da empresa. A Amazon verifica regularmente o desempenho dos funcionários, mas sobretudo para promover os valores da empresa. O processo começa com o funcionário discutindo três valores da Amazon que ele ou ela alcançou naquele ano e três outros para trabalhar no ano seguinte. O gerente então fornece feedback integrando os valores e o desempenho. Esse processo leva as pessoas a internalizarem os valores da empresa e alinharem seus objetivos com esses valores.

O que importa não é o sistema de avaliações de desempenho, mas a disposição dos gestores em fornecer feedbacks frequentes, de preferência imediatos, aos funcionários. O feedback que ocorre apenas algumas vezes por ano ou que coloca os funcionários uns contra os outros enfraquecerá, e não ampliará, a influência dos líderes.

....

Quando uma empresa atinge certo tamanho, muitos funcionários dão o negócio por garantido e focam se beneficiar o máximo que podem, muitas vezes por meio de um ambiente de trabalho agradável. O resultado é a mediocridade, por mais agradável que seja, pois as pessoas evitam o trabalho difícil e o confronto que acompanha a inovação contínua. Líderes dedicados a agregar valor, no entanto, continuam trabalhando duro mesmo com o sucesso, e influenciam o restante da organização muito além de seus subordinados diretos. Com recrutamento, gestão de desempenho e diversas estratégias culturais, eles criam um efeito Pigmalião que mantém toda a organização ágil e criativa.

PARTE 2
SEJA FEROZ

5. ESTIMULE A MENTALIDADE EMPREENDEDORA

Podemos ter a amplitude e a capacidade de uma grande empresa, e o espírito e o coração de uma pequena. Mas precisamos escolher isso.
— JEFF BEZOS, CARTA AOS ACIONISTAS EM 2016[87]

Em 1994, a IBM era alvo fácil de zombarias. A Big Blue havia ficado tão para trás na revolução do PC, proporcionando enormes lucros para Intel e Microsoft, quanto na transformação da TI, concedendo o domínio do mercado para a EDS e a Andersen Consulting. Embora o CEO Lou Gerstner mereça algum crédito por sua posterior e bem-sucedida transição para o fornecimento de serviços, os verdadeiros líderes nesse processo foram pessoas no meio da hierarquia, como David Grossman, um funcionário instalado nos escritórios da empresa em um prédio na Universidade Cornell.

Graças ao seu acesso a um supercomputador, Grossman foi uma das primeiras pessoas no mundo a usar o rudimentar navegador Mosaic para o mundo gráfico da web. Pouco depois, os Jogos Olímpicos de Inverno de 1994 começaram na Noruega, e a IBM era a principal patrocinadora de tecnologia. Na web, Grossman descobriu que a Sun Microsystems havia criado um site não autorizado das Olimpíadas que apresentava o *feed* de dados da IBM sob sua própria bandeira. Ele não ficou surpreso — a maioria de seus colegas da IBM ainda usava terminais *mainframe*, não estações de trabalho Unix. Mas isso era humilhante, e o impulsionou em direção a uma mentalidade empreendedora.

Seus esforços iniciais não foram promissores. Ele entrou em contato com o marketing corporativo e recebeu uma resposta só dias depois — de alguém que aparentemente não estava por dentro da web. Ele persistiu e convenceu o marketing a enviar uma ordem de *cease-and-desist* (cessar e desistir) à Sun, que fechou o site não autorizado.

Ele poderia ter parado por aí, mas agora estava em uma missão. Grossman dirigiu por mais de três horas até a sede, e chegou carregando uma máquina Unix. Logo, ele assumiu a responsabilidade de demonstrar os primeiros sites a qualquer um interessado. A resposta geral foi morna, mas ele conquistou um aliado no departamento de estratégia, John Patrick. A dupla recrutou outros funcionários da IBM empolgados com a web emergente e decidiu se infiltrar na empresa em vez de gerenciar uma equipe maravilhosamente isolada. Gerstner, simpático à ideia, lhes deu cobertura, mas deixou o ataque por conta deles.

Com a chama competitiva acesa, Patrick e Grossman moveram-se rapidamente para superar a concorrente Digital Equipment. Isso incluía gastos. "Era um dinheiro que eu não tinha", lembrou Patrick, "mas eu sabia que poderia encontrá-lo de alguma forma. Se você não ultrapassa ocasionalmente sua autoridade formal, não está ultrapassando os limites". Eles apresentaram alguns primeiros sites em encontros de gestores, incluindo um feito pelo filho de seis anos de Grossman.

Eles conquistaram talentos essenciais fazendo acordos com gestores: "Se você me deixar usar seu melhor programador por um mês, vamos construir um produto na internet que mostrará a conquista do seu departamento".

Ainda assim, eles continuaram a enfrentar ceticismo de veteranos que desencorajavam novas ideias. "Muitos diziam: 'Como se ganha dinheiro com isso?'. E eu: 'Não faço ideia. O que sei é que esta é a forma mais poderosa de comunicação, tanto dentro quanto fora da empresa, que já existiu.'"

Patrick e Grossman também enfatizavam que a internet era uma oportunidade para toda a empresa, não algo destinado a um nicho específico. Na conferência Mundo da Internet, de junho de 1995, Patrick disse aos seus colegas que, pelos próximos três dias, eles eram a equipe de internet da IBM — não representantes de divisões paroquiais. Enquanto a Microsoft ainda menosprezava a web, considerando-a um meio inseguro para o comércio eletrônico, a IBM estava investindo pesadamente. Em 1996, as Olimpíadas de Verão tiveram um site oficial, feito pela IBM. Um ano depois, os investidores perceberam que a empresa finalmente estava na vanguarda e o preço das ações disparou.

Assim como nas start-ups, Grossman e Patrick agiram de maneiras não muito corporativas. Eles começaram de forma simples e buscaram crescer rapidamente. Mantiveram a mente aberta, sem se prender a uma única forma de pensar. Assumiram riscos, cometeram erros e os corrigiram rapidamente. "Apenas o suficiente" era o bastante.[88]

A JORNADA DO HERÓI

Pessoas comuns, levando vidas comuns, encontram algo que as chama para um propósito mais elevado. Cada uma responde ao chamado do seu jeito e encontra um mentor que a guia ao longo do que se torna uma busca para além da vida ordinária. Nessa jornada, essas pessoas enfrentam desafios, fazem aliados e uma hora chegam a um ponto de crise no qual precisam refletir sobre si mesmas e encontrar força interior, em seu compromisso com o propósito, para ter sucesso. Após esse sucesso, elas retornam à vida ordinária. Mas essa vida ordinária agora mudou para melhor, e outras pessoas as veem — profundamente transformadas — como salvadoras.

Essa é a essência da jornada do herói, uma história arquetípica que Joseph Campbell destilou de culturas ao redor do mundo. Em *O herói das mil faces* (1949), ele enfatizou a imprevisibilidade inerente da jornada, e a possibilidade de que ocorresse na vida de todos. "Se você pode ver o caminho à sua frente, passo a passo, saiba que não é seu caminho", ele apontou. "O seu próprio caminho você faz com cada passo que dá."

O capítulo 2 descreveu o comprometimento existencial necessário para que as empresas prosperem em nossa era atual de incertezas e rápido avanço tecnológico. Este capítulo, por outro lado, expõe as consequências práticas desse comprometimento e como ele pode energizar não apenas alguns líderes, mas muitos funcionários. O desafio é transformar esse comprometimento no tipo de mentalidade que ajuda as start-ups a terem sucesso apesar de obstáculos imensos.

A mentalidade empreendedora é semelhante ao que acontece na jornada do herói e é essencial para grandes organizações nos dias de hoje. As empresas precisam de pessoas que abracem o comprometimento e ousem superar as restrições corporativas para enfrentar um grande desafio. Essas pessoas são heróis que trabalham incansavelmente para realizar o que foram chamadas a fazer. Elas demonstram resiliência diante de desafios e um foco intenso no dia a dia no que estão realizando. Não apenas compareçem ao trabalho todos os dias — estão em uma aventura épica, lutando e superando obstáculos de maneira criativa para cumprir destemidamente o propósito de sua vida. E capacitam sua empresa a fazer o que não é possível na vida corporativa convencional.

O PROBLEMA DO DIA 2

Como destaquei no capítulo 1, as empresas estabelecidas não são feitas para algo épico. Elas estão voltadas para a previsibilidade, fabricando produtos e serviços de alta qualidade e acessíveis em escala. Não querem heróis — querem uma vida comum. A menos que estejam prestes a falir, sua cultura favorece pessoas obedientes e focadas, que seguem o que elas e seus colegas fizeram no passado. A inovação é aceitável, desde que não mexa nas estruturas; nada que desestabilize o sistema e crie ineficiências.

A maioria das empresas estabelecidas abraça o que Jeff Bezos chama de "dia 2" — quando uma empresa demonstrou com sucesso seu modelo de negócios e agora pode se concentrar em executar esse modelo em escala. Infelizmente, o dia 2 leva a vários comportamentos que tornam a empresa vulnerável na atual era de disrupção.[89] A empresa faz o seguinte:

- Foca desafios internos;
- Toma decisões burocráticas, baseadas em consenso;
- Investe em capacidades enraizadas;

- Teme o fracasso e reduz suas ambições;
- Cria estruturas organizacionais em camadas ou silos;
- Prefere equipes grandes com muitas dependências;
- Prioriza valor imediato e de curto prazo.

Bezos alertou as empresas contra as consequências dos indicadores — métricas ou processos que, por si mesmos, não têm valor, mas indicam progresso na adição de valor real. Ele apontou: "À medida que as empresas ficam maiores e mais complexas, há uma tendência de gerenciar por indicadores. Isso vem em muitas formas e tamanhos, é perigoso, sutil e muito típico do dia 2. Um exemplo comum é ver o processo como um indicador".

Os processos são apenas um meio para um fim, em geral utilizados para tornar a gestão escalável. No entanto, à medida que as empresas crescem e os gestores se distanciam do atendimento aos clientes, os processos se tornam um fim em si mesmos, muitas vezes tão complicados que a maioria dos funcionários não sabe como navegar fora deles. Comprometem o serviço ao cliente para atender aos requisitos do processo. Concentram-se em insumos, não em resultados, e perdem de vista a conexão.[90]

Em algum momento, a chama que fez a empresa decolar se apaga. As pessoas tratam a empresa como algo garantido e começam a buscar seus próprios interesses. Fazem o que precisam para permanecer no emprego, como funcionários dedicados. Muitas recorrem à "demissão silenciosa", direcionando sua energia e sua criatividade para outros lugares. Líderes avessos ao risco acreditam que a empresa é grande e podem parar de pensar em sua possível falência, quanto mais em prevenir-se contra ela. Nesse estado paradoxal, eles dependem passivamente de seus "proprietários" dispersos, ou investidores, bem como das variações do mercado. Não aplicam todo o seu pensamento crítico aos desafios iminentes, nem implementam soluções rapidamente. Perderam a energia que impulsionou a empresa para o sucesso.

A Blockbuster, descrita no capítulo 3, é um exemplo clássico. Começou como uma start-up inovadora, revolucionando o sistema de códigos de barras para permitir que as locadoras de vídeo rastreassem 10 mil fitas VHS em vez de cem. Seus líderes ousaram construir um centro de distribuição maciço que possibilitou uma expansão rápida com seleções personalizadas para as características demográficas locais. Foi assim que se tornou uma empresa multibilionária, a maior cadeia de locação de vídeos, com 400 lojas.[91]

Mas, em seguida, a empresa entrou no dia 2. Competiu principalmente adquirindo concorrentes e experimentando ideias não originais, como um parque temático. Quando a concorrente em ascensão Netflix se aproximou com uma oferta de venda por meros 50 milhões de dólares, os líderes da Blockbuster riram dela. Acreditavam que sua empresa era tão grande e poderosa que poderia simplesmente criar sua própria forma de enviar DVDs pelo correio. De fato, eles lançaram a Blockbuster Online, mas não conseguiram evitar vinculá-la às lojas físicas, o que condenou o experimento.

A Blockbuster atingiu seu auge em 2004, com 9 mil lojas, mas seis anos depois declarou falência. Seus líderes culparam todos, menos eles mesmos. O CFO Tom Casey apontou para a Grande Recessão, que explodiu justamente quando a empresa estava absorvendo altos níveis de dívida contraída para financiar aquisições.

"A Blockbuster herdou mais de 1 bilhão de dólares em dívidas, e do jeito que o mercado de dívida estava em 2008-2009, não tínhamos a capacidade de investir no crescimento de assinantes, como a Netflix fez", disse Casey.

> Se você comparar as duas empresas naquele período, a Blockbuster tinha mais de 7.500 lojas no mundo, um negócio de envio de DVDs pelo correio, um negócio digital em crescimento. A Netflix tinha um negócio pelo correio e um pequeno negócio digital que realmente não oferecia muito. Portanto, apenas em termos de métricas e composição de negócios, ambas eram muito parecidas, tentavam crescer em assinantes — uma empresa com o capital para crescer e a outra sem.[92]

A Netflix tinha muito mais do que uma dívida baixa. Ela tinha a mentalidade empreendedora, inovando continuamente. Enquanto isso, a Blockbuster operava com o mesmo modelo de negócios nos 25 anos de sua existência. Ela se destacava em oferecer aos clientes o que eles inicialmente queriam: um local fácil para procurar, alugar e devolver filmes. Ela acumulou uma quantidade impressionante de recursos ao longo dos anos, mas quando a internet chegou, a Blockbuster ficou presa na vida comum.

Por outro lado, veja o DBS, originalmente Development Bank of Singapore, e depois privatizado. Um dos maiores bancos de Singapura, ele poderia ter continuado a crescer. Mas, em 2009, embarcou em uma transformação digital, que pretendia adicionar capacidades digitais e partir para o ataque. Bidyut Dumra, atual chefe de inovação do banco, colocou da seguinte forma:

> Se quiséssemos ser digitais até o cerne e agir como uma empresa de tecnologia, precisávamos aprender com os melhores. Esses eram Google, Apple, Netflix, Amazon, LinkedIn e Facebook. Nossa missão era nos tornarmos o D em GANDALF. Esse tem sido um incrível chamado à mobilização para nossos funcionários. Começou a fazer as pessoas perceberem o que era possível e nos fez pensar em como poderíamos nos transformar em uma empresa de tecnologia. Para isso, redesenhamos a organização para ter cultura e mentalidade empreendedoras. Estabelecemos plataformas de aprendizado, introduzimos novas formas de trabalhar, redesenhamos espaços e promovemos parcerias de ecossistema para incentivar nossos funcionários a conquistar um espírito de experimentação e inovação. Criamos um ambiente que abraça a experimentação. Para isso, o investimento em nosso pessoal é imperativo e a requalificação é fundamental.[93]

No entanto, a maioria das empresas está como a Blockbuster no dia 2. Seus líderes perderam a energia que os impulsionou. Estão agora momentaneamente suspensos antes de caírem — e seus funcionários ainda mais. Dados de pesquisas da Gallup sugerem um envolvimento surpreendentemente baixo: apenas 36% dos funcionários estadunidenses que responderam à pesquisa relataram estar engajados no trabalho, e isso é na verdade melhor do que os 20% em empresas no resto do mundo. A pesquisa avaliou o engajamento com base nos funcionários relatando clareza de expectativas, oportunidades de desenvolvimento e a importância das opiniões no trabalho.[94]

Os resultados da pesquisa sugerem que muitos funcionários não têm uma missão clara para estabelecer expectativas e metas, assim como plano de carreira. Eles podem ter opiniões sobre melhorias, mas veem a empresa como desinteressada. Eles percebem quando a empresa em que trabalham está apenas pedindo para que mantenham a operação atual — apenas mais vida comum.

Essa falta de engajamento será devastadora para grandes empresas à medida que a geração millennial assumir o controle da força de trabalho até 2030. Esse grupo prioriza trabalhos significativos que estejam alinhados com suas crenças. A geração subsequente, a Z, parece ter uma orientação semelhante. Eles desejam uma carreira desafiadora e capacitadora, algo que empresas presas no dia 2 não conseguem oferecer.[95]

Funcionários talentosos, portanto, tenderão a escolher organizações com uma mentalidade empreendedora, uma tendência que provavelmente foi acelerada com a pandemia de covid-19, levando todos a repensar sua carreira. Que desperdício terrível dos vastos recursos concedidos a grandes empresas estabelecidas! Veremos mais exemplos de antigos ícones culturais como Xerox e Nokia, que poderiam ter se tornado forças transformadoras no mercado em que já foram sucesso — mas não mais.

A Pan Am foi outra empresa presa no dia 2, cuja trajetória foi interrompida muito antes da ascensão da internet. Pioneira na aviação, tornou-se a maior companhia aérea internacional nos anos 1950. Foi a primeira companhia aérea estadunidense a voar com aeronaves a jato, possibilitando voos longos sem escalas e levando as viagens aéreas às massas.[96]

Mas, por causa desses mesmos voos longos, a Pan Am sofreu um golpe especialmente duro com o aumento do preço do petróleo na década de 1970 e novamente com a desregulamentação das companhias aéreas. Para se recuperar, ela expandiu de forma pouco criativa no mercado doméstico, adquirindo outras companhias aéreas, mas sem sucesso. Gradualmente, vendeu ativos e acabou declarando falência em 1991.

Depois de muitos anos de lucro, os executivos da Pan Am e de outros lugares ficaram complacentes e satisfeitos com a conveniência. Eles não fizeram o trabalho árduo de repensar sistemas que haviam funcionado bem por anos, mas que agora estavam desatualizados. A liderança estava dispersa, isolada entre si e da realidade. Como não podiam igualar o pensamento criativo dos concorrentes, que desafiavam sua posição no mercado, perderam oportunidades de mudar de direção e sobreviver. Tampouco envolveram seus funcionários, incluindo potenciais Davids Grossman, para fazerem o mesmo.

ORIGENS HUMILDES

Como as empresas podem agitar as coisas depois que se acomodaram confortavelmente no dia 2? Para começar, lembrando às pessoas não apenas de seu propósito (capítulo 2), mas também do caráter provisório de sua posição atual. Ninguém precisa dizer aos membros de uma start-up que sua empresa está em terreno instável, mas as pessoas em empresas estabelecidas não sabem disso e, especialmente, não sentem essa incerteza. Nesses casos, um bom jeito de começar é contando histórias.

Uma dessas histórias pode ser a da própria empresa, que provavelmente começou como um pequeno empreendimento. Melhor ainda é uma história pessoal. Amancio Ortega, fundador da Zara, compartilha uma história de sua infância no Norte da Espanha que o impulsionou a uma mentalidade empreendedora. Uma tarde, depois da escola, ele acompanhou a mãe até a mercearia de sempre. Ainda não era alto o suficiente para ver por cima do balcão, mas ouviu um homem dizer à mãe: "Josefa, sinto muito, mas não posso lhe dar mais crédito".

Ser impedido de comprar comida, uma necessidade básica, o abalou profundamente. Ele lembra que aquela tarde influenciou decisões que tomou ao longo de sua carreira, levando-o a interromper seus estudos precocemente e trabalhar como assistente de vendas em uma alfaiataria. Ortega foi impulsionado por uma história de origem que manteve sua energia. Em vez de encarar a vida como uma sequência de dias com vários acontecimentos, ele se lançou na "universidade da vida". Ortega conta que, à medida que a Zara crescia, ele nunca se esqueceu desse acontecimento. Assim como o herói tem origens humildes que fundamentam sua busca, pessoas com mentalidade empreendedora precisam de uma razão pessoal para perseverar.[97]

Jeff Bezos também teve uma origem humilde e teve que forjar seu próprio caminho. A mãe o teve ainda na adolescência, enquanto cursava o ensino médio. Em Albuquerque, em 1964, ser uma adolescente grávida era extremamente difícil — a escola tentou até expulsá-la —, e foi preciso muita determinação. Quatro anos depois, ela se casou com o pai adotivo de Bezos, que era igualmente incansável, tendo imigrado de Cuba sob o governo de Fidel Castro vestindo um casaco feito de panos de prato costurados por sua mãe. Ambos deram prioridade ao trabalho e a melhorar de vida. Jeff Bezos lembra de viagens familiares canceladas no último minuto porque a fábrica em que o pai trabalhava precisava dele. Refletindo sobre sua infância, ele credita sua resiliência a ver os pais superarem obstáculos.

Essas experiências deram a Bezos a determinação para realizar coisas grandiosas, enquanto o avô materno o ensinava a explorar o mundo e abrir seu próprio caminho. O avô tinha uma fazenda no Texas onde ele e o jovem Jeff passavam os dias cuidando da propriedade e do gado. Bezos se lembra até de o avô aplicar vacina no gado com seringas caseiras. Essas origens instilaram um forte senso de responsabilidade em Bezos, lhe ensinando que era preciso tomar iniciativa, trabalhar duro e nunca deixar de ser curioso.[98]

PROPÓSITO MISSIONÁRIO

Essa determinação, junto a um propósito profundo, capacita as pessoas a continuarem buscando metas ambiciosas. Afinal, a maioria das start-ups não está tentando apenas ganhar mais do que o custo de capital. Elas têm grandes intenções. Para espalhar esse sentimento além dos fundadores ou líderes, as grandes empresas precisam de pessoas não apenas comprometidas com um propósito existencial, mas com um senso de participação na trajetória da empresa. Essas pessoas acreditam que, se não desempenharem bem seu papel, a empresa não vai alcançar seu nobre propósito. São missionárias, não mercenárias. Bezos explicou a diferença: "Os mercenários estão tentando valorizar suas ações. Os missionários amam seu produto ou serviço, amam seus clientes e estão tentando construir algo grandioso. A grande contradição é que geralmente são os missionários que ganham mais dinheiro".[99]

Ortega também afirma que ganhar dinheiro é uma motivação insuficiente para ele. Algo mais profundo o impulsiona, a chave para sua capacidade de "continuar e continuar, sem cansar".[100]

Steve Jobs, cujos pais pertenciam à classe operária, tinha uma poderosa vontade de tornar a tecnologia da computação acessível às pessoas comuns. Isso ajudou a criar o revolucionário computador pessoal Apple II, e impulsionou a Next, seu empreendimento após sair da Apple. Em um dos primeiros discursos para os funcionários da Next, ele disse:

> Mais importante do que construir um produto, estamos no processo de arquitetar uma empresa que, esperançosamente, será muito mais incrível — o total será muito mais do que a soma de suas partes, e o esforço cumulativo de aproximadamente 20 mil decisões que todos vamos tomar nos próximos dois anos vai definir o que é a nossa empresa. Uma das coisas que fez a Apple ser incrível foi que, nos primeiros dias, ela foi construída com o coração, não por alguém que chegou e disse:

> eu sei como construir uma empresa; aqui está o que você faz, blá-blá-blá. Um dos meus maiores desejos é que construamos a Next com o coração e que as pessoas [...] sintam isso. Estamos fazendo isso porque temos paixão, porque realmente nos importamos com a educação. Não porque queremos ganhar dinheiro rápido, não porque simplesmente queremos fazer isso.

Jobs destacou o objetivo maior, dizendo que "precisa haver alguém que seja o guardião da visão, porque há toneladas de trabalho a fazer [...] e ajuda se houver alguém dizendo 'bem, estamos um passo mais perto'". Ele percebeu que uma missão ou um propósito mais profundo impediria a empresa de tomar más decisões, então precisava de pelo menos um pequeno grupo de pessoas com senso de participação para manter esse propósito vivo.[101]

DAR MEIA-VOLTA PARA EVITAR O DIA 2

A maioria das pessoas que está nas organizações já superou algum desafio na vida. Essas experiências personificam o que Jeff Bezos chamou de dia 1, um senso de urgência que permanece mesmo à medida que a empresa cresce.

Se as pessoas sentem que a organização está se acomodando no dia 2, em crescimento complacente, elas podem mudar de rumo para retornar ao dia 1 com iniciativas desafiadoras voltadas para os primeiros princípios de sua visão existencial.

Aqui, ajuda seguir o ciclo enxuto de uma start-up: construir, medir e aprender. As empresas podem projetar, lançar, avaliar e iterar sobre produtos novos e antigos graças a esse ciclo interminável. Cada etapa envolve desenvolver um produto minimamente viável e testar hipóteses contra reações de mercado, depois incorporar novas hipóteses em uma versão ajustada.

As pessoas podem seguir o ciclo como mestres do seu destino, livres para buscar o que precisa ser feito, mesmo que seja bastante diferente do que foi feito antes. A metodologia da start-up enxuta tem a vantagem de funcionar com orçamentos apertados, o que facilita para os líderes darem às equipes de produto a autonomia de que precisam. Essas equipes agora podem agir com audácia, como convém à sua jornada de herói, e pedir perdão em vez de permissão.

Para promover essa agilidade, a mentalidade empreendedora depende da simplicidade. Uma organização enxuta, operando nos níveis mínimos de complexidade, é muito mais fácil de entender do que uma empresa cheia de filiais, comitês e gestores. Steve Jobs disse: "Às vezes você precisa subtrair", mas é preciso coragem para manter uma empresa grande e bem-sucedida simples quando sua intuição diz para expandir a hierarquia de forma a lidar com seu impacto crescente. A simplicidade obriga as pessoas a serem continuamente inovadoras, em vez de jogar dinheiro e estrutura nos desafios.

A Zara favorece fortemente a simplicidade. Ortega prefere esclarecer problemas e decidir direta e rapidamente. Ele não se dá bem com longas exposições técnicas — "Para que servem?", pergunta. Ele prefere a abordagem pragmática, que direciona as pessoas para os problemas. Sua capacidade de simplificar ideias complexas é uma qualidade extraordinária, algo que ele fez durante toda a vida.[102]

DECISÕES DESCENTRALIZADAS

> *Use o coração e a intuição, bem como dados empíricos, ao tomar uma decisão importante. Deve haver disposição para correr riscos; é preciso ter instinto. Todas as boas decisões têm que ser tomadas dessa forma.*
> — JEFF BEZOS[103]

Ao buscar a simplicidade, a mentalidade empreendedora também trata a tomada de decisões como uma habilidade vital para cada funcionário. Empresas grandes tomam centenas de decisões diariamente, mas cada uma pode acelerar ou desacelerar seu crescimento. Com uma mentalidade empreendedora, cada funcionário pode tomar decisões importantes. É assim que a Zara funciona, e isso ajuda a manter a organização responsiva e responsável. Em outras varejistas do setor de vestuário, os compradores têm todo o poder, mas a Zara dá à equipe de vendas a maior parte dessa autoridade. Eles não precisam lidar com ordens como "você tem de comprar 50 mil metros de denim" quando a moda da temporada não é jeans. Não há uma equipe financeira dando ordens a uma equipe comercial; as pessoas que tomam decisões são aquelas em contato com os clientes.[104]

Antes da Zara e do *fast-fashion*, roupas e tendências da moda eram destinadas a durar em longo prazo. Novos estilos surgiam apenas de vez em quando, e a maioria das pessoas comprava roupas aqui e ali. As marcas dominantes da época eram de luxo e elogiadas por sua longevidade. A produção não ocorria com frequência ou rapidez. As estratégias de compressão da Zara transformaram a indústria da moda.

Como já são precárias, as start-ups buscam a verdade completa dos clientes, mesmo que isso leve a caminhos difíceis. Elas não têm rede de segurança, e são flexíveis o suficiente para que a verdade as ajude a crescer. Sua curiosidade inata permite que ouçam completamente os clientes.

Enquanto a Amazon tentava expandir, Bezos procurou os clientes para descobrir o que eles queriam ver, em vez de simplesmente escolher o que ele acreditava que venderia. Visto quão pessoal o negócio era para ele, seria conveniente vender um produto pelo qual ele fosse apaixonado. Mas a paixão de Bezos era, na verdade, fazer pleno uso da internet para mudar a vida das pessoas. Foi com base nesses dados que ele construiu sua visão do que a empresa se tornaria: um lugar onde as pessoas poderiam comprar as coisas de que precisavam, coisas tão específicas que não estavam em nenhuma prateleira. Especialmente nos primeiros dias da Amazon, ele manteve o olhar no longo prazo e abriu mão dos lucros pelo crescimento, apesar de muitas críticas. E ele tinha uma estratégia ambiciosa para impulsionar a conveniência do cliente a um preço baixo: "Não cobramos mais porque não conseguimos descobrir como tornar mais barato. Nós inventamos para tornar mais barato".[105]

Ao longo da história da Amazon, Bezos escolheu a verdade em detrimento da praticidade corporativa. Ele ultrapassou o pensamento convencional sobre o crescimento de um negócio, expandindo continuamente a seleção para atrair clientes. Continuou dizendo que, quando você se concentra nos insumos do negócio, os resultados, como receita e lucro, cuidarão de si mesmos.[106] O mesmo comprometimento com a verdade ajuda a evitar que empresas com a mentalidade empreendedora acabem no dia 2. A Amazon sofreu críticas pesadas quando começou a veicular anúncios em seu site para recuperar a lucratividade. A empresa correu o risco de desviar os clientes de sua página, mas a jogada se encaixava com a ética de Bezos de oferecer muitas opções aos clientes. Então, quando os anúncios se revelaram uma fraqueza, pois escondiam a estagnação da receita de vendas, Bezos teve a coragem de retroceder, remover esse "cobertor de segurança" e incentivar os líderes a buscarem outras oportunidades.[107]

Mudanças estruturais podem ajudar a promover uma mentalidade empreendedora em grandes organizações, especialmente ao concentrar decisões e responsabilidades em pequenas equipes, em vez de em grandes divisões. Estas últimas frequentemente falham em tomar a iniciativa devido à sua complexidade, então a mentalidade empreendedora desaparece, e a autopreservação assume o controle. A reestruturação para remover a complexidade, enquanto ainda é promovida alguma coordenação com outras equipes, é a solução. No entanto, a implementação de uma reestruturação vai depender de se os líderes têm um compromisso profundo — um senso existencial do que nós, como organização, devemos fazer para ter sucesso. A abordagem de microempresa da Haier, descrita no capítulo anterior, é uma dessas abordagens.

Decisões descentralizadas exigem prontidão para dar seguimento a essas decisões, uma vez que não se pode delegar. E, uma vez que você identifica o problema e a solução, vai querer executá-la rapidamente. As start-ups fazem isso sempre, mas grandes empresas também podem fazer, se não se estabelecerem firmemente em suas operações. Essa prontidão para agir também constrói resiliência porque a organização pode se movimentar rápido em vez de adiar o inevitável.

REGRESSAR À MENTE DE PRINCIPIANTE

Outro aspecto-chave da mentalidade empreendedora é a capacidade de olhar para os desafios e as oportunidades do mercado com olhos livres de compromissos e preconceitos passados. A maioria dos líderes corporativos chega à sua posição após anos ou décadas seguindo uma ou duas estratégias específicas com agressividade. Eles adotam um ponto de vista e o seguem implacavelmente, e sua busca disciplinada lhes garante promoção.

O problema é que o mundo está tão instável que as empresas precisam se abrir a novas maneiras de abordar o mercado. Elas precisam de líderes com uma "mente de principiante", que vejam o mundo sem as categorias e soluções desenvolvidas ao longo dos anos em uma indústria específica.

As melhores mentes de principiantes estão nas crianças. Elas ainda não aprenderam o que não pode ser feito, então sua imaginação corre solta. Algumas conseguem ter ideias malucas até a vida adulta, mas têm a inteligência e a disciplina para concretizá-las, como Elon Musk. Outros adultos podem manter um pouco da mente de principiante se buscarem carreiras corporativas não tradicionais, talvez trabalhando fora da indústria por muitos anos antes de ingressar em uma hierarquia.

Talvez seja pedir muito que a maioria dos líderes desaprenda o que construiu ao longo de uma carreira aparentemente bem-sucedida. Mas as empresas podem forçar uma espécie de mente de principiante com processos que desafiam a mentalidade convencional. A Toyota, por exemplo, utiliza a técnica dos "cinco porquês" para chegar à raiz de um problema. Como será explicado nos capítulos seguintes, várias empresas fazem questão de desafiar as "negativas improdutivas" — razões preguiçosas pelas quais algo difícil não pode ser feito. O objetivo não é humilhar as pessoas, mas fazer com que líderes e outros colaboradores deixem de lado ideias que limitam o que a empresa pode fazer para responder às possibilidades.

DIFUNDIR A MENTALIDADE PARA TODOS OS FUNCIONÁRIOS

Enquanto mudanças estruturais e baseadas em processos podem ajudar, o carisma também é importante. A mentalidade empreendedora de empresários como Jeff Bezos e Amancio Ortega muitas vezes se torna contagiosa. Esses empresários são consumidos pelo trabalho, e seu comportamento é facilmente notado e rapidamente copiado por aqueles ao seu redor. Outros se adaptam porque o empresário é magnético. Esses líderes inspiram confiança, pois os funcionários veem que acreditam neles e na empresa. Para ajudá-la a crescer, o empresário está dando tudo o que pode, e os funcionários querem fazer o mesmo.[108]

Algumas pessoas ficam para trás, incapazes de acompanhar. Mas a intensidade da mentalidade empreendedora geralmente atrai mais do que repele pessoas que dão o seu melhor. Isso incentiva os funcionários da empresa a acompanharem o ritmo estabelecido pela liderança.

Em empresas mais estabelecidas, a mentalidade não precisa vir do alto escalão. A IBM tinha parado no tempo no início dos anos 1990, mas graças a dois funcionários de nível médio, abraçou a internet mais rapidamente do que a Apple ou a Microsoft.

O empreendedorismo agora capturou a imaginação cultural, mas a maioria das pessoas não está disposta a viver de adrenalina e esperança, esperando que uma oferta ganhe tração. Grandes empresas podem semiatender às pessoas com o "intraempreendedorismo", no qual os funcionários trabalham dentro da segurança de uma grande empresa enquanto constroem algo empolgante. Como na IBM, as pessoas podem moldar o futuro de maneira significativa, desde que adotem a mentalidade empreendedora — e os líderes as incentivem.

Afinal, as empresas não precisam de fundadores carismáticos para manter uma mentalidade empreendedora. Como argumentaram Chris Zook e James Allen, da Bain, a mentalidade está relacionada a "atitudes e comportamentos compartilhados pelas organizações mais persistentemente bem-sucedidas com os trabalhadores mais dedicados e dispostos".[109]

O encorajamento é essencial, independentemente do histórico do funcionário. A Minnesota Mining and Manufacturing, mais conhecida como 3M, começou em 1902 fabricando lixa. Mas William McKnight, que ascendeu nas vendas e se tornou gerente-geral em 1914, queria diversificar a empresa. Então começou a observar Richard Drew, um jovem de 23 anos que havia abandonado a faculdade de engenharia e estava ajudando no laboratório de lixa. Drew havia notado a frustração dos pintores com a fita adesiva, que deixava resíduos ou arruinava o trabalho subjacente. Com o apoio de McKnight, Drew trabalhou por dois anos para encontrar um adesivo apropriado.

O processo foi tão longo e desgastante que McKnight chegou a enviar um memorando a Drew dizendo: "Acho que seria melhor se você voltasse ao seu trabalho e ajudasse o sr. Okie com a lixa impermeável". Mas Drew não desistiu e, algum tempo depois, criou o primeiro produto inovador da 3M, a Scotch Masking Tape.[110]

O Google é famoso por promover o "intraempreendedorismo" com sua regra de 20% do tempo: os engenheiros podem dedicar uma média de oito horas por semana durante o expediente a projetos pessoais que podem beneficiar a empresa. Embora menos eficaz com o passar do tempo, a regra levou a alguns sucessos, como o AdSense. E intraempreendedores, como Salar Kamangar, foram essenciais para enfrentar o desafio crucial da empresa: monetizar sua ferramenta de busca, líder do setor, com o AdWords.

Ainda mais impressionante é a Whirlpool, uma corporação centenária com 70 mil funcionários que manteve um espírito pioneiro de inovação. Até 1999, o CEO David Whitwam e outros trabalhavam duro para tirar a empresa do dia 2. Isso significava investir em novas ofertas que atraíssem clientes, mesmo que fossem custosas.

Mais importante ainda, eles criaram "sessões estruturadas de ideias" para qualquer funcionário que tivesse vontade de contribuir com ideias para produtos.[111] A empresa também desenvolveu um software para que qualquer funcionário enviasse suas ideias a pessoas relevantes que pudessem facilitar o trabalho nessas possibilidades.

Desde a fase de ideias, a Whirlpool segue um processo formal para que os funcionários se sintam capacitados a trabalhar na ideia e levá-la adiante, mostrando clara vantagem no desenvolvimento de um produto dentro de uma grande empresa estabelecida, em comparação com fazê-lo sozinho, sem supervisão ou assistência. O processo da empresa começa no desenvolvimento de ideias, passa por testes e experimentação, e flui para a comercialização em larga escala.

Os presentes nas sessões de ideias oferecem "descobertas" de novos *insights* dos consumidores, informações competitivas ou tecnologia. Eles mantêm a empresa informada quanto ao que o mundo exige em termos de produtos, sendo uma valiosa verificação da realidade, mesmo quando as descobertas não levam diretamente a novas ofertas.

Melhor ainda, a empresa é realista quanto aos resultados da inovação, assim como uma start-up está ciente de que pode falhar. A Whirlpool espera uma "taxa de sobrevivência": apenas 10% das ideias vão atingir a comercialização em larga escala. A Whirlpool mantém registros meticulosos das ideias que não dão certo, pois entende que podem ser úteis posteriormente e ajudar em projetos futuros. Isso representa o tipo de experimentação em massa e registro de progresso que não é viável em uma start-up.

A ênfase da empresa na inovação, apesar do alto custo de energia, tempo e dinheiro dos funcionários, reflete sua compreensão de que o crescimento lucrativo é essencial para uma empresa de seu porte e sua idade — e que depende do empoderamento dos funcionários. Como equilibrar o apoio corporativo e a inovação livre é um desafio, não muito diferente do que as start-ups enfrentam na busca por capital, mas a empresa tem a seguinte divisão: os inovadores devem seguir 70% do processo de P&D usual com métricas de desempenho-padrão e revisão executiva. Os 30% restantes se assemelham a um ambiente de start-up, onde as equipes têm liberdade para explorar ideias, estruturas e técnicas de acordo com o que melhor se adapta ao objetivo. Embora o financiamento seja abundante, as equipes devem competir abertamente por ele.[112]

A MENTALIDADE DA TESLA

A Tesla, empresa de carros elétricos, nunca caiu no dia 2, mesmo duas décadas após sua fundação e uma enorme capitalização de mercado. É um caso excepcional, mas ainda ilustrativo.

A mentalidade empreendedora começou com seu propósito existencial: acelerar a conversão do mundo para a energia limpa. Com crescentes preocupações com a mudança climática, esse propósito deu urgência ao que já era um desafio enorme: entrar na indústria automobilística. O cofundador e CEO Elon Musk ficava dizendo aos funcionários: "Veículos elétricos são a chave para mitigar os piores efeitos das mudanças climáticas na humanidade". Ao fazer isso, ele se colocou na jornada do herói, incentivando os outros a internalizar sua motivação.

Com esse foco no propósito existencial, a Tesla resistiu à tentação de construir complexidade, apesar do sucesso excepcional. Adicionou apenas as divisões de bateria e energia solar, que se encaixam perfeitamente no propósito. A empresa ainda carece de grande parte da burocracia de organizações muito menores, como relações públicas.

Para alguns funcionários, as palavras de Musk eram suficientes. Mas e quanto aos outros, especialmente quando o carro elétrico que eles desenvolveram parece estar muito à frente de seus concorrentes? Como Musk e outros líderes promoveram essa mentalidade para a força de trabalho em rápido crescimento? A resposta é: pedindo aos colegas para fazer o impossível, mas de maneira que os fizesse se sentir capacitados, não impotentes. Estavam trabalhando com "110% de esforço", o que fazia com que os outros temessem ficar para trás. As pessoas se sentiam responsáveis pelos altos padrões, em vez de sobrecarregadas.

A maioria dos funcionários da Tesla não trabalha diretamente com Musk, mas a empresa possui normas que promovem a inovação sem uma mudança completa na mentalidade de potencialmente milhares de pessoas. Utilizando as dinâmicas culturais descritas no capítulo anterior, a Tesla disseminou a mentalidade empreendedora por toda a organização.

Uma dessas dinâmicas diz que as pessoas devem abordar um problema com base nos primeiros princípios, não seguindo a sabedoria convencional ou as melhores práticas. Essa é a única maneira de resolver os desafios pelos quais a empresa é famosa. Outra é que um funcionário deve ir diretamente à fonte da informação necessária, não importa quão baixo seja o cargo dele e quão alto seja o da fonte. Inversamente, Musk é conhecido por ir diretamente até um funcionário, em busca da informação necessária, em vez de passar por seu supervisor. Quando recebe relatórios das equipes, ele se envolve no processo, desafiando-as e trabalhando em soluções como se fosse um membro delas.

Por meio dessas normas, Musk exemplifica a participação no trabalho, a agilidade mental na busca da verdade e a dedicação à execução rápida. Gestores e funcionários imitam esse comportamento, criando uma cultura poderosa que evita o dia 2.

Outra norma marcante é a recusa em aceitar limitações. Musk já foi conhecido por demitir funcionários se derem um "não improdutivo" a uma solução proposta. A jornada da Tesla envolveu alcançar o que anteriormente era considerado impossível, e empurrar os limites faz parte da estratégia da empresa. As demandas ousadas de Musk obrigam as pessoas a se afastarem de sistemas de pensamento que tornam a tarefa impossível e a ter a resiliência para continuar tentando.[113]

....

Essa é a essência da mentalidade empreendedora. Ela leva as pessoas em uma jornada do herói, superando desafios intimidadores ao reunir uma energia que não percebiam ter. Não é para todos, mas muitas pessoas talentosas acham isso emocionante. E, juntas, elas podem sacudir uma empresa madura, tirando-a de seus hábitos.

6. GERENCIE O RITMO DA MUDANÇA

*Música é ritmo, e todo teatro é ritmo.
Trata-se de cadência, mudança e pulsação,
quer você esteja apresentando uma peça
de Shakespeare ou um musical.*
— DIANE PAULUS, DIRETORA ESTADUNIDENSE

O torneio de basquete da NCAA de 2018 estava prestes a começar, e o treinador da Universidade da Virgínia, Tony Bennett, estava bastante confiante em relação à sua equipe. Em um ano que deveria ser de reconstrução, os inicialmente não classificados Cavaliers conseguiram conquistar facilmente o título da conferência e acabaram sendo a equipe cabeça de chave no torneio.

Liderados pelos futuros jogadores da NBA Kyle Guy, De'Andre Hunter e Ty Jerome, os Cavaliers tiveram uma temporada excepcional, com um desempenho sem precedentes. Scott Gleeson, repórter do USA Today, elogiou a equipe por sua "ofensiva que controla o tempo e a defesa líder nacional".

No entanto, a equipe acabou tropeçando em seu primeiro jogo no torneio contra os pouco conhecidos Retrievers, da Universidade de Maryland, em Baltimore. Depois de um primeiro tempo equilibrado, a UMBC derrotou a Virgínia no segundo tempo.

Gleeson analisou o motivo:

> A Virgínia foi derrotada em transição, algo que raramente acontece. Os Cavaliers permitiram que o adversário penetrasse na área e chegasse à cesta com uma taxa mais alta do que em qualquer jogo nesta temporada. Tudo, incluindo sua estratégia defensiva, estava lento. [...] Os Retrievers ditaram o ritmo desde o início.

Virgínia havia sido uma das equipes mais eficientes durante toda a temporada, mas se tornou complacente e não fez o trabalho extra para controlar o ritmo. Um recém-chegado menos talentoso veio jogando com mais intensidade, e a Virgínia não conseguiu acompanhar. Não se tratava apenas de velocidade. A maior surpresa na história do basquete universitário foi toda baseada em ritmo.[114]

POR QUE O RITMO É IMPORTANTE

O mundo dos negócios envolve mais do que apenas velocidade. Também se trata de ritmo — controlar o ritmo da atividade, acelerando ou desacelerando conforme necessário. Mover-se rápido o tempo todo não é sustentável, mas muitas empresas se contentam com uma velocidade relativamente constante e um tanto relaxada. Empresas inovadoras têm uma cultura de ritmo acelerado. Elas seguem regras simples para aumentar rapidamente o ritmo quando surge uma oportunidade, e mesmo quando desaceleram, continuam alertas.[115] Como Bob Sutton destaca, quando as empresas continuam se movendo rapidamente, "as pessoas ficam confusas, chateadas, e as coisas dão errado por todos os lados". A chave é pausar ou desacelerar em alguns momentos, especialmente quando há complexidade ou alto risco.[116]

Vamos passar do basquete universitário para o mundo animal. Na lista de animais mais amados, os leões sempre estão no top 10. Eles parecem ser o tempo todo os mocinhos: pense em *O Mágico de Oz, As crônicas de Nárnia, O rei leão* e vídeos emocionantes de crianças "rugindo como um leão". É comum associá-los à força, e por um bom motivo: são uns dos animais mais ferozes do reino animal. O leão é uma força poderosíssima, mas por quê?

Os leões são mestres do ritmo. Durante a maior parte da vida, eles são calmos. Quem avista leões provavelmente os vê relaxando, embora sejam fisicamente tão fortes que inspiram respeito. Essa justaposição entre força e serenidade é como qualquer pessoa gostaria de ser: poderosa, mas calma.

Um grupo de leões que vive e caça junto é chamado de bando. É um termo apropriado: os leões são fortes e inspiradores, com habilidades para se orgulhar. Liderando o bando estão as leoas: elas tomam a frente nas caçadas e cuidam dos filhotes na sociedade matriarcal que é a vida dos leões. (Os machos focam proteger o território do bando de leões rivais.) Os filhotes admiram as leoas, pois são liderados pelo exemplo.[117]

O RITMO DE UM LEÃO

Podemos aprender muito com os leões, especialmente sobre ritmo. Quando um bando parte para a caça, as leoas sabem variar o ritmo. Elas começam de forma paciente, muitas vezes perseguindo a presa por longos períodos. Da mesma forma, empresas ágeis e inovadoras não lançam produtos às pressas. Elas dedicam tempo a descobrir o que os clientes querem e como capitalizar isso — e então atacam.

O ritmo muda abruptamente. Quando as leoas saem do esconderijo para perseguir a presa, elas não têm tempo a perder. Disparam em direção ao alvo, trabalhando juntas para não dar à presa nenhuma chance de escapar. Se as leoas vacilarem em sua perseguição, a caça vai ser em vão; se os líderes perderem o ritmo, a organização falha. O ritmo em uma organização deve começar do topo e se espalhar a partir daí.

Uma caçada, portanto, envolve dois segmentos distintos e duas velocidades diferentes. A perseguição é a mais longa: as leoas seguem furtivamente a presa, muitas vezes um grande grupo de animais, decidindo como se posicionar e em quais animais mirar. Elas planejam, tramam e tomam decisões estratégicas. Em seguida, vem a ação. As leoas correm atrás da presa de maneira implacável, a uma velocidade impressionante, de até oitenta quilômetros por hora! Elas tomam decisões extremamente rápido, sem parar para respirar até alcançarem a presa.

Portanto, o ritmo envolve tanto decisões quanto movimento. Essa é a primeira regra. Jeff Bezos delineou algo semelhante nos negócios quando distinguiu entre decisões do tipo 1 e do tipo 2.

A decisão do tipo 1 corresponde à perseguição, o que Bezos chamou de "portas de uma via". Essas são decisões de grande magnitude com baixa reversibilidade. Envolvem muitos dados e deliberação, pois os riscos são altos. A empresa ainda está na ofensiva, mas vai com cuidado.

Já as decisões do tipo 2 são altamente reversíveis e menos importantes individualmente. Podem ser tomadas por uma pessoa habilidosa rapidamente, com dados limitados. Qualquer uma das leoas no bando pode alcançar a presa primeiro, mas cabe aos líderes decidir qual presa perseguir em primeiro lugar.

Escolher o alvo é um compromisso significativo — se a presa for muito rápida, muito grande ou estiver muito longe, o bando não terá outra chance. A presa escapa e os leões ficam com fome. Quando é hora de atacar, a análise já foi feita, e decisões rápidas são essenciais. As leoas confiam no instinto e nos reflexos para alcançar sua presa.

Discernir entre esses tipos de decisão pode ser a diferença entre uma organização lenta e uma rápida. Errar uma decisão do tipo 2 pode ser um contratempo, enquanto pensar demais é desastroso. O oposto é verdadeiro para decisões do tipo 1, quando a deliberação é apropriada — embora mesmo essas decisões não possam ser adiadas por muito tempo; em algum momento, a organização precisa se mover. Retardar funcionários habilidosos em uma organização, com medo de ultrapassar os limites, é a receita para a estagnação.

Como Kathy Eisenhardt descobriu na indústria de computadores em rápida evolução, as empresas precisam agir razoavelmente rápido, mesmo para decisões estratégicas. Elas ainda refletem bastante, com uma grande quantidade de informações, mas com heurísticas disciplinadas que as impedem de adiar as decisões.[118]

Imagine que você está liderando uma nova equipe de corrida. As decisões do tipo 1 dizem respeito a qual tipo de corrida participar, qual carro comprar e quem formará o núcleo da equipe: o piloto, o chefe mecânico, entre outros. Essas decisões moldam o futuro da equipe e exigem cuidadosa consideração.

Deveria a equipe passar cinco horas decidindo a cor de seu logotipo? Não, essa é uma decisão de cinco minutos, e para uma ou duas pessoas, do tipo 2. Para obter o carro mais rápido, a equipe precisa se mover no ritmo adequado. Algumas horas extras dedicadas ao motor podem fazer a diferença em uma corrida disputada, e o mesmo vale para um novo produto no mercado.

ESCOLHER OS MOMENTOS DE ACELERAR CONSCIENTEMENTE

A segunda regra é permanecer pronto para acelerar de forma consciente. Essas acelerações frequentes são parte essencial do desenvolvimento ágil de produtos. O objetivo é avançar rapidamente na criação de um produto minimamente viável ou algum outro resultado que possa fornecer informações vitais sobre o que os clientes desejam. Pressões de tempo extremas obrigam as equipes a superarem a habitual cautela e incapacidade de escolher entre recursos plausíveis que atrasam a maioria dos projetos. Uma aceleração limpa o ar — as equipes não têm tempo para ficarem presas a detalhes, e sabem que qualquer coisa que produzirem será rudimentar. Momentos de aceleração obrigam os desenvolvedores de produtos a se mexerem rápido para obter as informações de mercado mais importantes.

Mas os momentos de aceleração também fazem sentido em organizações ágeis e inovadoras quando surgem ameaças ou oportunidades. As equipes precisam desenvolver e implementar rapidamente uma nova ideia ou estratégia, sem ficarem presas em deliberações do tipo 1. Antes desse ponto, as equipes (ou líderes) estavam observando e planejando cuidadosamente seu ataque (ou sua defesa). De repente, é hora de agir, e rápido.[119]

Para funcionar, as equipes em aceleração precisam de mais liberdade das responsabilidades do dia a dia. Devem se concentrar nos desafios de uma tarefa bem delimitada, com decisões rápidas. Os líderes precisam apoiar as equipes para que os funcionários se concentrem nos problemas imediatos.

Aqui, a inspiração é o mundialmente famoso jogador de futebol Lionel Messi, um argentino que atualmente joga nos Estados Unidos. Quando os analistas avaliaram seus movimentos em um jogo típico, descobriram que ele corria muito mais do que outros jogadores e raramente fazia isso nos primeiros minutos de jogo. Ele não estava conservando energia apenas, mas também avaliando o campo e a outra equipe, enquanto formulava estratégias para o ataque. Ele corria pouco para poder correr mais rápido no momento certo — e conseguia marcar mais gols do que qualquer outro jogador de sua época. Ele era um mestre em acelerar no momento apropriado.[120]

Assim como Messi, as empresas não podem acelerar o tempo todo. Quando as equipes diminuem o ritmo de forma consciente, mas permanecem comprometidas com o objetivo urgente, elas podem ir mais fundo e, em última análise, alcançar mais rápido o que desejam. A velocidade operacional pode diminuir (quão rápido elas se movem), mas a velocidade estratégica aumentará (quão rápido elas entregam valor). Elas trabalham nas decisões do tipo 1 antes de explodir em uma aceleração do tipo 2.[121]

RITMO É MAIS DO QUE VELOCIDADE

Podemos aprender mais com os leões do que apenas ir rápido ou devagar. Aqui estão algumas lições extras:

Permaneça alerta. As vantagens do ritmo dependem de estar alerta para oportunidades e evitar a complacência. Os leões precisam descansar e se recuperar após uma caçada para recarregar a energia, para que possam se dedicar ao máximo na próxima. Mas as leoas sempre devem estar atentas às oportunidades. Da mesma forma, os indivíduos precisam de descanso e recuperação para evitar o esgotamento, e assim poderem se dedicar ao máximo ao próximo desafio no trabalho. No entanto, enquanto as pessoas descansam, as organizações como um todo nunca podem dormir. Daí a mentalidade do dia 1 da Amazon, descrita no capítulo anterior.

Foi por isso que a equipe de basquete da Virgínia perdeu em 2018. Eles tinham ajustado o ritmo de maneira brilhante na temporada regular, economizando energia para quando fosse importante. Eles desafiaram as expectativas e alcançaram grande sucesso. Mas então ficaram complacentes e pararam de reagir rápido o bastante, justamente quando mais precisavam. Perderam para uma equipe mais fraca do que as outras que eles haviam derrotado naquele ano, e sua temporada acabou. Eles estavam com uma mentalidade de dia 2 naquele jogo, e isso lhes custou caro.

Essa vigilância vai além de ser capaz de lidar com uma ameaça ou uma oportunidade imediata. Em 2014, a Amazon estava reformulando seu sistema de entrega, construindo centros de triagem para melhorar a eficiência de suas entregas nos feriados. A chave para o processo era um fluxo constante de pacotes todos os dias. Mas as principais transportadoras da empresa, a UPS e a FedEx, se recusavam a fazer entregas aos domingos.[122]

O executivo da Amazon Dave Clark encontrou uma solução inteligente: um acordo histórico com o Serviço Postal dos Estados Unidos (USPS, na sigla em inglês) para fazer entregas aos domingos, contornando o conflito com a UPS e a FedEx. Fazer entregas durante o fim de semana reduziu significativamente os custos. No entanto, a Amazon não ficou satisfeita.

O contratempo levou a empresa a remodelar todo o seu sistema de entrega, desenvolvendo vínculos com prestadores de serviço independentes. Não só a maioria das entregas custaria menos, mas a empresa dependeria menos das grandes transportadoras parceiras. A inovação do USPS representou grande melhoria em relação a como as coisas eram antes, mas a gestão não se acomodou e parabenizou a si mesma. Eles viram uma oportunidade para mais e agiram.

Se os leões parassem de caçar por muito tempo, simplesmente morreriam de fome. Mesmo que a última caçada tenha sido a presa mais deliciosa de todas, não parariam de caçar. Outros animais conseguiriam sua presa, e eles não sobreviveriam. Um negócio precisa da mesma mentalidade, ou morrerá de complacência. Uma empresa com um ritmo excelente que não se torna complacente alcançará um sucesso incrível. Basta olhar para a Amazon agora.

Os líderes precisam equilibrar oportunidade com resistência a longo prazo, então precisam estar alertas para a organização também. Uma força de trabalho saudável é muito mais produtiva do que uma esgotada, e as empresas devem monitorar os níveis de energia para extrair o máximo dos funcionários. O Bumble, "aplicativo feminista de namoro", teve um 2021 movimentado, com a estreia no mercado de ações e um crescimento massivo no número de usuários. Por isso, a fundadora e CEO Whitney Wolfe Herd disse aos 700 funcionários em todo o mundo para tirarem uma semana de folga paga em junho e ficarem completamente off-line. Ela sabia que, para manter a organização sedenta por sucesso, seus funcionários não poderiam estar cansados. As organizações continuam se movendo, mas os funcionários precisam de descanso.

Mantenha-se paranoico. Quando estão caçando, as leoas se preocupam que a presa possa escapar. Elas não são arrogantes nem pensam que venceram antes que a caçada termine; perseguem implacavelmente a presa até alcançarem seu objetivo. Se agissem com o mesmo senso de paranoia saudável, as pessoas permaneceriam focadas. Essa paranoia as motiva a permanecerem alertas. As empresas que perdem a paranoia se tornam complacentes, e o mesmo acontece com as pessoas. A paranoia é fundamental para o ritmo. Garante que você o mantenha.

Veja o sucesso da Intel quando a internet surgiu. O CEO Andrew Grove não deixou a empresa confiar demais em sua posição no mercado em computação pessoal. Ele acreditava que o medo, mesmo um toque de paranoia — uma suspeita de que o mundo está se voltando contra você —, era um antídoto saudável para a complacência que o sucesso muitas vezes gera.[123]

Grove regularmente questionava a si mesmo e tentava novas abordagens para os problemas. Decisões do tipo 2 ainda precisam ser tomadas instintivamente, mas suspeitar constantemente de que você não está usando os métodos ideais é saudável para acompanhar as mudanças. Os maiores colapsos ocorrem quando uma empresa se recusa a reconhecer que seus métodos estão desatualizados.

Essa paranoia manteve a Intel pronta para se adaptar ao mercado em rápida evolução, e ela sobreviveu, enquanto muitos dos primeiros gigantes da internet não. Um fracasso proeminente por complacência, como descrito no capítulo sobre a mentalidade empreendedora, é o da Blockbuster. Como comentou um observador, "eles estavam ocupados demais ganhando dinheiro com suas lojas para imaginar um tempo em que as pessoas não mais os desejariam ou precisariam deles".[124]

Imagine que você é o piloto da equipe de corrida descrita anteriormente. Dando uma volta de treino em uma pista vazia, você pode dirigir muito bem. Agora, imagine dar uma segunda volta, na qual, se não dirigir rápido o suficiente, não se classificará para o campeonato. Você provavelmente dirigiria muito mais rápido, já que um desempenho ruim pode tirá-lo da jogada.

Isso não quer dizer que a ameaça de repercussões negativas seja a maneira certa de motivar as pessoas a se moverem mais rápido. A ameaça de punição muitas vezes é pior do que incentivos para acelerar o trabalho, e eu não recomendo nenhum dos dois. Muito melhor é uma paranoia geral e intencional que todos abracem.

Pense na equipe de basquete da Virgínia. Uma equipe propositalmente paranoica teria enfrentado o oponente mal colocado com total atenção e teria vencido, provavelmente com bastante facilidade. A Virgínia perdeu a paranoia que a fez se destacar durante toda a temporada, então perdeu o controle do ritmo.

Olhe de forma ampla. Uma razão pela qual chamamos os leões de "reis da selva" é sua visão ampla e ilimitada. Eles examinam o ambiente, procurando ameaças e oportunidades, enquanto outros animais se concentram em seu arredor imediato.

Em 2017, a Amazon se tornou a empresa que mais vendeu assistentes virtuais no mundo, impulsionada pelo sucesso doméstico de seu software Alexa e da linha de produtos Echo. No estilo típico da Amazon, o projeto se desenvolveu em velocidade vertiginosa, com equipes em todo o país focadas na Alexa. A empresa até ofereceu a cada novo contratado a oportunidade de trabalhar em seu cargo pretendido ou mudar para uma posição na divisão Alexa.[125]

Mas isso não foi o suficiente. O Google acabara de lançar seu próprio assistente virtual, e os líderes da Amazon queriam mais sucesso. Eles mantiveram uma visão ampla e ilimitada. Após receber um e-mail tarde da noite perguntando por que os assistentes virtuais não estavam sendo vendidos em outros países, Bezos colocou equipes para trabalhar na venda internacional da Alexa na manhã seguinte. Ele nunca deixou a Amazon parar de crescer.

Ao combinar ambição e paranoia, você se recusa a aceitar os prazos usuais. Quando as pessoas esperam concluir um projeto em cinco semanas, pergunte por que não podem fazer em uma. As empresas com o melhor ritmo sempre se movem mais rápido do que os outros pensam ser possível, em parte porque economizam energia para quando importa. Um veterano da indústria automobilística que se juntou ao império de Musk disse: "O que levou uma reunião única e cinco dias na Tesla teria exigido um processo de seis meses na Renault ou na Audi".[126]

Os leões não param até dominarem seu território. Você não quer que sua empresa esteja em algum lugar no meio da cadeia alimentar, ou presa pelas decisões de outra pessoa como um gato doméstico. Você quer que sua empresa esteja no topo de seu setor. Não se limite.

CONTROLAR O RITMO PARA MANTER A AGILIDADE

Como uma organização em dificuldades pode ganhar ou recuperar o controle sobre o ritmo? Vamos ver como a equipe de basquete da Virgínia respondeu àquela chocante derrota precoce no torneio de 2018. Ela não só teve uma forte temporada regular em 2019, como chegou até a final do torneio da NCAA e se tornou campeã nacional. (Para constar, não sou fã do time; eles apenas fornecem um exemplo interessante.)

Após o torneio de 2018, o treinador Bennett sabia que algo tinha de mudar. O ritmo da equipe era sólido — a defesa se destacava, e o ataque já operava como um leão, movendo-se lentamente e atacando sempre que oportunidades surgiam. Mas ele instituiu jogadas regulares para desencorajar a complacência. Adicionou flexibilidade ao plano de jogo para deixar seus jogadores obterem melhores oportunidades no ataque.[127]

Scott Gleeson relatou que:

> Os Cavaliers ainda jogavam mais devagar do que qualquer outra equipe no basquete universitário, mas misturando o ataque de bloqueio com bola com o sistema bloqueador-movimento, eles conseguiram transformar sua já grande defesa em um ataque de elite. Bennett não vai comprometer sua defesa e está mais do que satisfeito em jogar metodicamente no ataque, mas não tem medo de fazer ajustes.

Com esses ajustes, a equipe recuperou o controle do ritmo e permaneceu invicta no torneio de 2019.

A flexibilidade é a chave para muitas empresas no controle do ritmo e na sustentação da agilidade para responder a mercados em constante mudança. A Zara faz isso muito bem. Suas lojas mudam mais de um terço de seu estoque toda semana e o repõem a cada três dias. Enquanto outras lojas definem as coleções apenas uma vez para toda a temporada, a Zara frequentemente adequa seus produtos ao que as pessoas pedem.[128]

Operando com margem de lucro baixa para cada item de roupa, a Zara ganha uma grande participação de mercado que gera lucro com o volume. O rápido reabastecimento permite que as lojas abandonem produtos com baixo desempenho ou desatualizados com pouco custo, permitindo que se adaptem e melhorem mais rapidamente do que seus concorrentes. Fazer isso é essencial na indústria de roupas, na qual as tendências não param de mudar, mas o conceito se aplica a qualquer setor. O modelo presume que metade ou mais das ofertas serão bem-sucedidas, então uma empresa não fica sobrecarregada; ela tem descanso suficiente para lidar com substituições para aquelas ofertas que decepcionam.

A Tesla é outra empresa que se destaca em se adaptar a novas tendências ou demandas no mercado. Sua cultura de responsividade com pouca burocracia (ver capítulo 5) permite que ela se adapte aos clientes com mais rapidez do que seus rivais. Os trabalhadores com frequência recebem e-mails de Musk, mesmo no meio da noite, atualizando-os com novos desenvolvimentos ou preocupações e exigindo ação. Com sua rápida resposta, a empresa capitaliza a mudança e obtém uma enorme vantagem competitiva.[129]

Uma empresa que carece de flexibilidade e ritmo, e portanto falhou espetacularmente, foi a BlackBerry. No início dos anos 2000, a BlackBerry lançou o primeiro smartphone e foi uma grande força no mercado. Dominou a nova indústria — mas então relaxou e deixou de continuar inovando. Quando a Apple e outros concorrentes adotaram telas sensíveis ao toque e câmera com nova tecnologia, a BlackBerry não conseguiu mudar o ritmo e acelerar para se adaptar, e perdeu sua enorme vantagem de pioneira.[130]

DAR DESTAQUE AOS MELHORES

Muitas organizações, uma vez que têm um conjunto de produtos ou serviços populares, têm a tendência de investir em todos eles de forma igual. Mas organizações orientadas pelo ritmo, como a equipe da Virgínia, sabem que isso não é o ideal. Elas dão às estrelas um tempo de jogo desproporcional.

Em 2019, os três jogadores principais dos Cavaliers retornaram ao time, e cada um teve uma média de trinta e três minutos, ou 83% de um jogo de quarenta minutos. Apenas mais dois jogadores tiveram uma média maior que vinte minutos, e o restante do elenco, menos de dez minutos.

Essa ênfase em jogar com as estrelas é comum entre equipes universitárias e profissionais, mas subestimada nos negócios.[131]

Para maximizar os retornos sobre o capital e permanecer relevante no mercado, as empresas não devem temer desviar recursos de produtos que apresentem desempenho inferior. Qualquer nova oferta precisa de um compromisso inicial, com período para experimentação e aprendizado por meio do fracasso, mas, depois de um tempo, organizações eficazes precisam desistir de projetos abaixo da média e focar os recursos em outros lugares. Isso não se aplica apenas a ofertas com receitas decepcionantes, mas também às que não conseguem acompanhar os requisitos não mercadológicos. Apegar-se ao passado retarda sua capacidade de acompanhar o presente.

Não é surpresa que a Zara faça isso bem. A Inditex, empresa-mãe da Zara, fechou um décimo de suas lojas porque elas não conseguiam acompanhar os padrões internos da companhia. Isso é fundamental para manter o ritmo, porque as peças da organização devem se encaixar.[132]

Essa lógica também se aplica aos funcionários. Na Netflix, como descrito no capítulo 4, apenas pessoas que apresentam alto desempenho podem continuar na organização; todos as outras são incentivadas ou forçadas a sair. É melhor as pessoas saírem do que a empresa gastar mais recursos naqueles que provavelmente não se encaixarão. Como disse um funcionário, "estar em um time dos sonhos não é a coisa certa para todos, e tudo bem".[133]

A Tesla tampouco hesita em alterar seu quadro de funcionários. E isso é um adicional à atenção dada à contratação, como descrito no capítulo 5. Pessoas que não conseguem acompanhar o ritmo da empresa em geral são forçadas a sair, menos pelo RH e mais pela cultura da empresa. O ritmo é tal que ninguém quer decepcionar ninguém. As pessoas podem acompanhar o ritmo ou seguir em frente.

A Amazon, uma organização muito maior, com muitos funcionários semiqualificados, altera o quadro de funcionários quando necessário, ao mesmo tempo que fornece mais apoio. Os centros de atendimento têm métricas avançadas de rastreamento para ver quem está ficando para trás e quem está se saindo bem. Os supervisores e o RH prontamente entram em contato com os 10% inferiores para ajudar a melhorar a eficiência. A maioria desses 10% melhora depois de um tempo.[134]

CONSTRUIR DE DENTRO PARA FORA

Controlar o ritmo é difícil. Requer ajustes rápidos em tempo real, que por sua vez dependem de uma confiança substancial entre os participantes-chave. Isso é melhor feito construindo talentos internamente. Todas as três estrelas do time de Virgínia chegaram ao campus como calouros, não transferidos, e já tinham pelo menos uma temporada juntos.

As empresas podem fomentar essa mesma confiança por meio da integração vertical, para que fornecedores e distribuidores sejam colegas em vez de contratados. Quanto mais do processo você controla, mais rápido pode ajustar a velocidade e aproveitar as oportunidades. A terceirização pode reduzir os preços e aumentar a eficiência por meio da especialização, e todas as empresas devem abraçá-la para ter sucesso nos dias de hoje. Mas as organizações devem evitar a terceirização de atividades que podem ser cruciais para o sucesso futuro. Ou, se contratar uma terceirizada for lhe economizar muito, você pode fazer um trabalho extra para se integrar aos fornecedores e construir confiança.

Assim, a Apple tomou uma decisão importante na década de 2010: trabalhar com um fabricante contratado para desenvolver sua própria linha de chips de computador. O CEO Tim Cook disse que a empresa tinha uma "estratégia de longo prazo de possuir e controlar as tecnologias primárias por trás dos produtos que fabricamos". A Amazon também desenvolveu seus próprios chips em vez de comprar de fornecedores estabelecidos, como a Intel.[135]

ESTABELECER UMA CADÊNCIA

Acelerações e desacelerações contínuas podem causar estragos no plano das pessoas, sem mencionar seus nervos. A maioria das empresas ágeis e inovadoras tem políticas para promover um ritmo que seja pelo menos um pouco ordenado.

Uma política comum é "batimentos cardíacos, não algemas". O objetivo é acompanhar o desenvolvimento externo, combinando esse "batimento cardíaco", para que os desenvolvedores não fiquem tão para trás a ponto de necessitarem de "algemas" para não perderem uma oportunidade. Outra abordagem é combinar dinâmicas internas prováveis; e uma terceira é instituir verificações rápidas, mas regulares. O objetivo é estabelecer uma estrutura semipreditiva que permita mudanças repentinas, conforme necessário.[136]

Outra abordagem é aumentar a flexibilidade mantendo estruturas soltas. A Amazon, por exemplo, tem uma equipe de liderança sênior em constante mudança. Outras empresas tendem a ter uma equipe executiva bem fixa, com seis a oito executivos liderando as principais unidades e funções da empresa. Essa estabilidade facilita a política do escritório, mas cria feudos que impedem a coordenação e o ajuste rápido, necessários para alcançar novas possibilidades — e se mostra altamente disruptiva quando ocorrem crises.

A "equipe S" da Amazon tem cerca de 20 executivos, cujos membros mudam frequentemente, de acordo com as necessidades e oportunidades do momento. Essa equipe define estratégias, molda a cultura e responde a crises. Portanto, tem muito poder, mas sem a autoridade de uma colocação fixa na equipe. Com mudanças frequentes, pode ser difícil manter a equipe alinhada, mas a empresa se obriga a transformar cada questão em um memorando de seis páginas. Um membro da equipe S faz hora extra para condensar uma questão em um memorando que todos possam ler, assimilar e discutir rapidamente. A clareza e o alinhamento garantem que, quando a empresa muda seu ritmo, o faz com total e forte comprometimento.[137]

A flexibilidade facilita para as empresas estabelecerem um ritmo que corresponda às suas capacidades no momento — mas não as aprisiona quando as circunstâncias mudam. Para evitar que as pessoas recorram a explicações cansativas e lentas, a Apple capacita os funcionários a continuarem fazendo perguntas para obter um "conhecimento profundo", a fim de entenderem o que realmente está acontecendo. Qualquer pessoa pode dissecar um problema se não estiver satisfeita com as respostas fornecidas.

ESTRUTURA ORGANIZACIONAL E PROCESSOS

Aqui estão algumas maneiras estruturais de permitir que as empresas controlem o ritmo. Afinal, a estrutura e os processos de uma organização têm muito a ver com determinar quão rapidamente ela pode ajustar sua velocidade. Não existe *o* segredo, já que diferentes modelos funcionam melhor em diferentes indústrias, culturas e ambientes. Mas alguns imperativos se aplicam independentemente de sua forma específica.

Eliminar barreiras. Todas as organizações desenvolvem burocracias à medida que crescem além do ponto em que todos os funcionários se conhecem. Mas empresas perpetuamente inovadoras reduzem as fricções que retardam os ajustes tão importantes. Essas fricções incluem não apenas silos, mas também tarefas desafiadoras, exaustivas ou contenciosas que agregam pouco valor.

Isso foi especialmente verdadeiro para a Microsoft. Antes de Satya Nadella se tornar CEO em 2014 (ver capítulo 2), os engenheiros pensavam que suas ideias não estavam se traduzindo em sucesso. Como Nadella lembrou, "eles vieram para a Microsoft com grandes sonhos, mas parecia que tudo o que realmente faziam era lidar com a alta administração, executar processos exaustivos e discutir em reuniões".

Nadella reduziu as hierarquias e libertou os engenheiros da maioria dos controles institucionais para que pudessem realizar seus sonhos. Como ele apontou, "eles se tornaram a corrente principal da Microsoft, em vez de lutar batalhas diárias como renegados". E a empresa podia recorrer a eles para abordar oportunidades e ameaças repentinas, muitas vezes com a ajuda de suas ideias.

O mesmo aconteceu na Netflix, segundo Jessica Neal, ex-diretora de talentos da empresa:

> Não vi muitas organizações descobrirem como permitir que pessoas talentosas entrem na empresa e se sintam verdadeiramente capacitadas e valorizadas, como se fossem as proprietárias. Acho que a maioria das empresas, conforme cresce, fica assustada com o caos, então começa a implementar processos, políticas e regras que acabam retardando tudo e todos. Mas então o que acontece é que aqueles com melhor desempenho ficam realmente frustrados, porque só querem seguir com suas ideias, então vão para outro lugar. A Netflix contratou as melhores pessoas, as capacitou para fazer um ótimo trabalho e não dificultou para elas fazerem as coisas acontecerem.[138]

Em particular, a empresa confia que os funcionários assinem contratos e cobrem despesas em níveis que a maioria das empresas não aceitaria, para que não se afundem em detalhes e possam se concentrar em acelerar ou desacelerar conforme necessário. Essa liberdade continuou mesmo quando o número de assinantes deixou de crescer em 2022, obrigando a Netflix a reduzir custos de outras maneiras.[139]

Elimine ineficiências. Além de restrições diretas, existem ainda uma variedade de práticas que tendem impedir o trabalho eficiente. Grandes equipes, por exemplo, muitas vezes são difíceis de coordenar e podem levar ao excesso de deliberações e decisões lentas. Daí a regra das duas pizzas da Amazon: a maioria dos projetos pode envolver no máximo dez pessoas — um grupo que pode ser alimentado razoavelmente bem por duas pizzas.

Esse limite dá às equipes o suficiente para um atrito criativo, mas não tanto para os atritos não criativos de lidar com muitas vozes. Isso significa que as equipes podem se concentrar nos clientes, decidir rapidamente e canalizar sua energia de forma produtiva.

Muitas vezes, a mesma pessoa lidera várias equipes, o que ajuda com projetos complexos como a Alexa, para minimizar o conflito enquanto coordena o objetivo geral. As equipes ainda operam em grande parte de forma independente, mas algumas orientações direcionadas de líderes e superiores maximizam a colaboração entre elas. Afinal, quando têm menos restrições para seguir suas ideias, as equipes dedicarão mais energia a essas ideias — incluindo aplicá-las aos desafios atuais.

Agilidade é a marca registrada da cultura da Amazon. Seus líderes perceberam que o conceito de equipe de duas pizzas não estava funcionando fora do desenvolvimento de produtos, porque os líderes das equipes trabalhavam meio período em vários projetos — eles não eram responsáveis de ponta a ponta por um projeto. Então, as equipes de duas pizzas foram substituídas pelo líder de segmento único (em inglês *single-threaded leader*, ou STL). A Amazon descobriu que a chave para o sucesso e a agilidade nas equipes não era o tamanho da equipe, mas sim a qualidade e a amplitude de controle de seu líder. Eles fizeram com que cada líder se concentrasse em fazer o que fosse necessário para entregar o projeto. Como apontou o vice-presidente sênior de dispositivos, Dave Limp, "a melhor maneira de falhar ao inventar algo é torná-lo um trabalho de meio período de alguém".

Essas equipes STL tinham líderes que só podiam trabalhar em um projeto por vez. Mas um STL pode estar à frente do desenvolvimento de projetos bastante grandes, não apenas pequenas equipes. Ele ou ela tem a liberdade e a autonomia para avaliar os problemas de produto inovadores que precisam ser resolvidos e decidir quais e quantas equipes são necessárias, como as responsabilidades devem ser divididas entre as equipes e qual deve ser o tamanho de cada uma.[140] O resultado é uma inovação mais rápida devido a uma tomada de decisão mais rápida, com maior criatividade e maior responsabilidade.

Além disso, a Amazon encurta os períodos de treinamento e espera que as pessoas aprendam sobretudo trabalhando. Um ex-gerente em um centro de atendimento apontou que estava supervisionando algumas dezenas de pessoas dois meses após aceitar o emprego, mesmo sem ter experiência em gestão. Graças ao solidário departamento de RH, ele aprendeu enquanto trabalhava e rapidamente desenvolveu habilidades e responsabilidades. Por sua vez, o centro de atendimento conseguiu um novo gerente no trabalho muito mais rápido do que se ele tivesse tido um treinamento convencional. A empresa confia nas pessoas para se destacarem quando necessário.

Metas nítidas. Organizações que controlam o ritmo precisam de uma linha de chegada que possam atravessar. Como chegar lá dependerá das tendências cambiantes no mercado e na concorrência, mas metas nítidas ancoram a organização e facilitam a colaboração. É dessa forma que o Alibaba trabalha na vanguarda da tecnologia digital e do comércio. A empresa depende cada vez mais da inteligência artificial, guiada pela liderança. Essa clareza dá à empresa uma vantagem competitiva em um momento em que a tecnologia evolui muito rápido. Como explicou um funcionário:

> Evangelistas digitais devem entender como será o futuro e como suas indústrias irão evoluir em resposta às mudanças sociais, econômicas e tecnológicas. Eles não podem descrever passos concretos para realizar o objetivo de suas empresas porque o ambiente é muito fluido e as capacidades que serão necessárias são desconhecidas. Em vez disso, devem definir o que a empresa busca alcançar e criar um ambiente no qual os trabalhadores possam rapidamente criar produtos e serviços experimentais, testar o mercado e expandir as ideias que recebam uma resposta positiva. Líderes digitais não gerenciam mais; em vez disso, eles capacitam os trabalhadores a inovarem e facilitam o ciclo de feedback das respostas dos usuários às decisões da empresa.

É mais fácil para líderes existenciais fornecerem metas claras, e ao fazerem isso, cultivarem uma cultura de criatividade e inovação por meio de sua clareza. Para citar um mantra esportivo, "olhos limpos, coração cheio, não há como perder". Assim, um ex-executivo da Tesla apontou que Musk tem um foco extremo na clareza. Ele simplifica a visão externa em prioridades específicas, o que atrai talentos. Mas insiste que, se você está fazendo seu trabalho e contratando pessoas inteligentes, precisa ser claro quanto às regras do jogo. Ele define o objetivo, e com base nisso as pessoas têm de descobrir o que fazer.

Verificações frequentes. Reuniões grandes ou numerosas reduzem a produtividade. Mas encontros e atualizações regulares e rápidos mantêm as muitas atividades da organização no caminho certo, na velocidade adequada. A frequência das verificações dependerá da urgência ou da complexidade do projeto, e da cadência desejada.

Reuniões periódicas também ajudam a estabelecer um ritmo e a manter o passo. Podem contribuir para prazos que incentivam as equipes a trabalharem mais rápido do que teriam feito de outra forma. Alguns projetos podem ter apenas uma entrega final, mas atualizações regulares mantêm a liderança e as outras equipes informadas, garantindo um ritmo constante. Ainda que as equipes precisem de uma grande liberdade, todos devem ser mantidos informados e encorajados a avançar.

CONTROLAR O CAOS

Esse é o dilema dos negócios do século XXI: dar autonomia às equipes, mas coordená-las de forma que realizem algumas atividades rapidamente, e outras em ritmo sustentável. Toda empresa, assim como o time de basquete da Universidade da Virgínia no torneio da NCAA de 2018, é tentada a relaxar e a perder o controle de seu ritmo. Isso abre caminho para um concorrente inferior que pode vencer aproveitando as oportunidades. Quando o time da Virgínia recuperou seu ritmo no ano seguinte, não pôde ser parado.

A pandemia de covid-19 deu ao mundo uma oportunidade sem precedentes de ver quais empresas não conseguiram ajustar seu ritmo e quais conseguiram. Começando pela Peloton, que vende bicicletas ergométricas e esteiras. Com o fechamento das academias, a empresa viu um aumento repentino na demanda. Esse evento trágico poderia ter sido uma enorme oportunidade, mas a empresa não se mostrou à altura da situação. Podemos apontar três deficiências:

Reconhecimento falho. A Peloton não viu como a pandemia abalaria o mercado global e remodelaria a vida diária. Ela não estava observando seu ambiente com amplitude.

Reação lenta. Quando a empresa percebeu por fim que o mundo havia mudado, ainda se moveu com lentidão para mudar as operações. As razões não estão claras, mas inúmeras reuniões, barreiras estruturais, metas pouco claras — tudo isso pode ter contribuído. A empresa não estava suficientemente alerta ou paranoica para se mover com rapidez, então não conseguiu acompanhar o aumento na demanda.

Execução lenta. Em parte porque se moveu devagar, quando finalmente a empresa aumentou a capacidade de produção, sua cadeia de suprimentos ficou estrangulada. A Peloton também subestimou os riscos à saúde dos funcionários, que não podiam ser apressados como a empresa queria. O ritmo estava todo errado.

Embora a Peloton tenha evitado a falência, ela perdeu uma oportunidade de ouro. Em 2021, a empresa exagerou na compensação pelos atrasos de 2020, o que a deixou com um enorme excedente de produtos justamente quando as academias reabriram.

Para contrastar, olhe para a Etsy, uma plataforma de comércio eletrônico que conecta artesãos a consumidores. Ela teve uma experiência semelhante quando a demanda por máscaras, então um produto de menor importância, aumentou no início da pandemia. Os líderes da Etsy reagiram rapidamente, mobilizando os artesãos da plataforma para atender à demanda, e a receita da empresa decolou. A Etsy teve sucesso porque mudou de marcha e aumentou a produção em certas áreas para aproveitar uma oportunidade repentina — graças à sua ampla conscientização e agilidade.[141]

Assim como os Cavaliers em 2018, as grandes empresas têm muitas vantagens, mas serão ultrapassadas se perderem o ritmo. Não relaxe.

7. TRABALHE DE FORMA BIMODAL

Os CIOs não podem transformar sua antiga organização de TI em uma start-up digital, mas podem transformá-la em uma organização bimodal.
— PETER SONDERGAARD, EX-VICE-PRESIDENTE EXECUTIVO, GARTNER

Era 2008, e a SpaceX estava nas últimas. A empresa tinha uma estratégia audaciosa para desenvolver foguetes reutilizáveis, e seus três primeiros lançamentos do foguete Falcon falharam. Mas a quarta tentativa, em 28 de setembro, finalmente deu certo. Logo, a empresa estava pousando e reutilizando tanques de foguetes com regularidade.

Essas inovações atraíram bastante interesse, juntamente com os planos da empresa para a Starship e outros produtos inovadores. O fundador e CEO da empresa, Elon Musk, era famoso por previsões audaciosas que nunca saíam no prazo — mas ainda assim aconteciam. Como destaca a COO Gwynne Shotwell: "Miramos alto. Sempre alcançamos o que queríamos, nunca no prazo. Falhamos no cronograma, mas parece o 'fracasso' certo a se ter, comparado a não alcançar nada".[142]

Enquanto isso, grande parte da empresa trabalhava em ganhos incrementais. A missão da empresa era tornar as viagens espaciais acessíveis para que a humanidade pudesse se tornar uma espécie multiplanetária. Avanços como foguetes reutilizáveis eram essenciais, mas o mesmo podia ser dito de pequenas melhorias que diminuíam progressivamente o custo dos lançamentos sem comprometer a confiabilidade. O crescente corpo de engenheiros da SpaceX tinha grupos trabalhando nesses problemas assim como nos avanços tecnológicos. Sua maior conquista não foram apenas as inovações, mas a execução de uma operação que combinava as inovações com os avanços incrementais.

A VANTAGEM DO BIMODAL

Os dois capítulos anteriores, sobre a mentalidade empreendedora e o controle de ritmo, falaram de como certas empresas trabalham ferozmente para elevar seu nível. Elas atacam problemas com o fervor de missionários, não de mercenários, e variam seu ritmo a fim de reservar energia para agarrar oportunidades com rapidez. Organizações continuamente inovadoras em geral seguem dois ritmos: um ritmo constante e sustentável na maior parte do tempo, movendo-se deliberadamente com grandes decisões, e uma busca intensa e de alta velocidade em resposta a oportunidades ou ameaças. A maioria das empresas geralmente fica em inércia, na mesma velocidade, independentemente da situação. E aqui estamos observando outra divergência nas operações das empresas: bimodal *vs.* unimodal.

Os inovadores contínuos tendem a operar em dois modos: compressão para atividades previsíveis ou comoditizadas, e desenvolvimento experimental para áreas novas ou diferenciadas. Outras empresas normalmente se acomodam em um único modo, em geral uma versão mais leve da compressão, ficando aquém tanto na redução de custos quanto na criação de novos tipos de valor.

Desde pelo menos a década de 1990, as empresas vêm se desfazendo de ativos e atividades não essenciais. Por que cuidar do refeitório da sede ou do serviço de limpeza quando empresas especializadas farão isso melhor com custo mais barato? Muitas foram além, contratando serviços de marketing, manufatura, distribuição ou até mesmo desenvolvimento de produtos, quando não são intrínsecos à estratégia. Essa terceirização levou a uma onda de *downsizing* à medida que as empresas se concentravam em suas competências essenciais.

No entanto, muitas atividades permanecem e não podem ser totalmente terceirizadas, em geral, porque são muito complexas ou integradas às principais operações. A solução para empresas ambiciosas é a compressão, ou seja, acelerar tudo em nome da eficiência. Toda empresa tenta agregar eficiência às suas atividades à medida que aprende e se expande, mas a compressão adiciona pressão e disciplina ao processo. Muitas vezes, esse trabalho é essencial para o sucesso corporativo.

Operações previsíveis, nas quais a organização tem pouco a aprender, e a diferenciação tem retorno mínimo, podem representar grande parte dos custos de uma empresa. A compressão adiciona disciplina e urgência a esse processo, em especial nas operações complicadas que ainda não foram rotinizadas. O objetivo aqui é padronizar, automatizar e se esforçar para reduzir custos.

A compressão também funciona nos projetos com melhorias incrementais e mínima técnica ou incerteza no mercado. Os líderes podem pedir a essas equipes cronogramas detalhados de ponta a ponta.

Este capítulo, mais do que os demais, se baseia na minha própria pesquisa ao longo dos anos, em especial na indústria global de computadores. Na década de 1990, trabalhei com vários estudiosos de desenvolvimento bimodal. Minhas consultorias e pesquisas subsequentes confirmaram as descobertas publicadas naquela época.

O gráfico a seguir delineia claramente as diferenças entre os dois modos. Note que a imprevisibilidade, e não a complexidade em si, determina quanto confiar no desenvolvimento experimental. Inovadores ágeis relegam projetos complexos, mas previsíveis, para a compressão.

	Previsível	Imprevisível
Simples	✔	Foco no experimental
Complexo	Compressão	Compressão/foco no experimental

Eles seguem na direção oposta para a maioria de suas operações estratégicas principais. Aqui desconsideram completamente a eficiência e incentivam os gestores a buscarem múltiplas opções e hipóteses. Sua abordagem experimental enfatiza a aprendizagem e a descoberta, embora ainda com foco e objetivos específicos a serem cumpridos, para garantir disciplina e responsabilidade.

Projetos inovadores não terão cronogramas detalhados. Em vez disso, os supervisores buscarão cronogramas flexíveis com momentos definidos para discutir descobertas e novos caminhos. Líderes inteligentes precisam distinguir esses projetos nitidamente daqueles que se beneficiam da compressão, para que a mesma equipe não trabalhe de ambos os modos.

Muitas empresas têm adotado uma abordagem bimodal superficial, cortando custo nas operações enquanto aumentam o orçamento para inovação. Mas o bimodal não se trata de uma divisão clara entre operações contínuas e desenvolvimento de produtos. Algumas operações aparentemente comuns podem ser altamente estratégicas ou diferenciadoras e se beneficiar de uma abordagem experimental. Quanto ao desenvolvimento de produtos, grande parte é na verdade altamente derivativa ou incremental e pode se beneficiar da compressão. E o orçamento é apenas uma parte da gestão de projetos. A maioria das empresas adota a abordagem mais fácil de executar todos os seus projetos da mesma forma, buscando eficiência enquanto incentiva a inovação de forma genérica, se ela parecer promissora.

Eis como o bimodal difere da abordagem de duplo ritmo descrita anteriormente. Mudanças de velocidade podem afetar toda uma organização, dependendo da ameaça ou da oportunidade. A abordagem bimodal divide a organização em atividades a serem comprimidas e atividades a serem desenvolvidas experimentalmente. Essa divisão continua ao longo do tempo, separada de mudanças de curto prazo na velocidade.

Aqui está como aplicar cada modo.

Para compressão: defina um plano claro para a atividade, delegue-a a gerentes responsáveis, reduza os custos ao longo do tempo de acordo com uma curva de aprendizado e consolide atividades relacionadas. Trata-se de pegar um processo que a empresa já conhece bem e fazê-lo ainda melhor.

Para uma atividade experimental: desenvolva várias opções, teste cada uma e defina marcos frequentes sob a orientação de um líder para garantir aprendizado e progresso. O foco aqui está na descoberta, então abertura e curiosidade são essenciais, não disciplina rígida.

Consequentemente, a compressão funciona bem para o desenvolvimento de produtos derivativos, enquanto o modo experimental é melhor para o desenvolvimento de novos produtos ou plataformas. O quadro a seguir reúne esses pontos.[143]

	Compressão	Foco no experimental
Aprendizado-chave	Complexidade	Incerteza
Imagem do desenvolvimento de produto	Série complexa de etapas	Caminho nebuloso através de mercados em mudança
Estratégia para o produto	Racionalizar plano (ainda ação deliberada)	Improvisar
Estratégia para velocidade	Racionalizar (plano), delegar (fornecedores), comprimir (CAD), comprimir (sobreposição), recompensa cruzada funcional	Buscar em mais frentes (iterações), descobrir erros (teste), foco (marco), visão geral (líder)

COMPRESSÃO

Compressão é um termo que se originou na engenharia civil e é aplicado em diversos setores para melhorar a eficiência e reduzir custos. Envolve a utilização de técnicas conhecidas, como o método do caminho crítico, a técnica de avaliação e revisão de programas (PERT, na sigla em inglês), a reengenharia e a engenharia simultânea. Nos fabricantes de automóveis, por exemplo, a compressão é comumente utilizada nas grandes linhas de montagem, mas também é popular no segmento de *mainframes* da indústria de computadores. É um nicho maduro em que clientes, concorrência e tecnologia são relativamente estáveis e a tecnologia evolui lentamente. Por mais que se fale em disrupção, muitas atividades corporativas ainda operam em ambientes relativamente estáveis (veja o quadro a seguir).

O processo funciona para qualquer operação previsível, por mais complicada que seja. Para acelerar a eficiência, as empresas devem gerenciar de forma agressiva, identificando oportunidades de melhoria e buscando essa melhoria com disciplina. Ao longo do tempo, podem simplificar as etapas, o que muitas vezes permite delegar mais para os fornecedores, mas serve principalmente para reduzir o tempo necessário para completar cada etapa. Simplificar também incentiva o desenvolvimento sobreposto. No geral, essa estratégia envolve a racionalização ou a engenharia do processo para simplificá-lo, e depois comprimi-lo para reduzir custo, tempo ou ambos.

Abordagem bimodal para o desenvolvimento de novos produtos

	Experimental	Compressão
Incerteza	Alta	Baixa
Definição de especificações	As especificações evoluem ao longo do tempo antes da definição final	As especificações são concluídas em poucos dias
Equipe inicial	Equipada apenas com funcionários-chave	Equipada com todos os funcionários envolvidos no desenvolvimento do produto
Marcos	Inicial: longos intervalos entre os marcos Depois: intervalos curtos	Intervalos curtos entre marcos bem definidos

É semelhante à "ofensiva apressada" no futebol americano. Após bastante prática, as equipes podem eliminar as reuniões, acelerar a contagem de saída e executar jogadas em desenvolvimento com bastante rapidez. As empresas reduzem tempo ou custo simplificando o processo, eliminando atrasos e comprimindo os passos do projeto. Vamos analisar os quatro passos-chave:

Planejamento e monitoramento. Acima de tudo, envolve uma atenção ao que é realmente necessário para a operação. Os planejadores podem usar sua visão abrangente para eliminar bastante atividades desnecessárias enquanto corrigem alguns passos que vão mal na prática. O planejamento comprime o tempo de desenvolvimento com um *blueprint* que organiza e coordena diferentes partes da equipe do projeto. Os planos têm benefício político também: enquanto reduzem os custos globais, facilitam o acesso aos recursos necessários, já que os executivos seniores são mais generosos com financiamento e pessoal quando os planos são detalhados.

A Amazon se destaca na compressão, especialmente em seus centros de atendimento. Esses armazéns, que separam, embalam e enviam produtos, funcionam com etapas sobrepostas e operam 24 horas por dia. Eles dependem da tecnologia assistiva para reduzir o tempo desperdiçado pelos funcionários e aumentar a produtividade. Softwares orientam os funcionários na seleção de produtos, pois "não devem ter que pensar muito sobre o que estão pegando".[144] Eles vão apenas aonde o software diz. Os centros, como um todo, têm horários de retirada críticos (CPTs, na sigla em inglês), que marcam exatamente quando determinadas cargas devem ser enviadas. Um planejamento e uma análise extensivos são feitos para calcular esses CPTs, de forma que os centros possam atender às metas.

Além dessas metas, a empresa acompanha métricas de tempo para cada funcionário e departamento a cada hora. Os planejadores usam essas métricas para programar as operações com antecedência, ao mesmo tempo que aumentam as metas à medida que os funcionários vão pegando o jeito. Esses tempos motivam os funcionários a acelerarem tudo no geral, e todo o sistema é um ciclo de feedback positivo de compressão. Os gerentes também têm reuniões de check-in individuais semanais para garantir que os problemas sejam resolvidos rapidamente. O sistema é tão intenso que "uma variação de um ou dois segundos no tempo médio para completar uma tarefa pode fazer a diferença entre receber elogios de um gerente ou uma advertência por causa do desempenho no trabalho".

Os trabalhadores (e sindicalistas) afirmam que os incentivos os pressionam a reduzir o tempo ao se envolverem em ações perigosas. De fato, as pressões induzem todos a aumentar o ritmo, superando a complacência e a negligência que frequentemente acompanham as atividades rotineiras. Mas, assim como a introdução da linha de montagem na Ford Motor Company em 1913, a intensidade estressa muitos funcionários que não são adequados para um trabalho tão estruturado e orientado.

Com essas informações de rastreamento, a equipe de recursos humanos de cada centro se reúne semanalmente com os gerentes para discutir os funcionários que estão entre os 10% com pior desempenho e como aumentar sua eficiência. Os trabalhadores que não atingem consistentemente o padrão recebem um aviso por escrito a cada semana; depois de três avisos, são demitidos. É um cenário extremo; o mais provável é que a colaboração com o gerente e o RH ajude os funcionários a identificarem a raiz dos problemas e melhorar de maneira substancial. A Amazon planeja minuciosamente o processo para lidar com o trabalho ineficiente à medida que ele surge e minimizar o tempo gasto na resolução de problemas extrínsecos.

Essa atenção cuidadosa também permitiu que a empresa saísse na frente na automação — complementando o trabalho humano com robôs. Em 2012, a Amazon comprou a Kiva Systems, usando seus robôs para rearranjar prateleiras com um sistema computadorizado. O ciclo "do clique ao envio" levava mais de sessenta minutos; os robôs da Kiva reduziram esse tempo para quinze minutos, e os armazéns agora podem armazenar um estoque significativamente maior. A Amazon ainda está a alguns anos de substituir completamente os selecionadores humanos, mas essa atenção elevada deu à empresa uma vantagem notável na redução do tempo e custo de envio. Com a compressão baseada em planejamento, tecnologia assistiva e análises, sua vantagem global no envio dos produtos para os consumidores pode ser difícil de superar.[145]

Delegar. Uma vez que conhecem o valor e a compressibilidade de cada tarefa em um processo, em geral os planejadores podem terceirizar algumas delas, incluindo o design. Isso libera as equipes de trabalho para se concentrarem em tarefas que envolvam suas competências. Os desenvolvedores internos podem se concentrar em um aspecto específico do design relacionado à marca, essencial para integrar o item ao restante da linha de produtos, enquanto deixam as demais tarefas para os fornecedores.

Para produtos previsíveis, como *mainframes* e minicomputadores, as empresas se beneficiaram ao envolver os fornecedores precocemente e de forma extensiva no processo de desenvolvimento. Era comum os fornecedores terem excelentes ideias de produtos e lampejos valiosos sobre questões de fabricação *downstream*. Padrões e interfaces bem conhecidos clareavam a delegação de tarefas do projeto.

Delegar também funciona internamente, como na aquisição de 49 bilhões de dólares da AMD de outra fabricante de chips, a Xilinx, em 2022. O capítulo 4 explicou que a AMD saiu da quase falência com uma estratégia audaciosa para superar a tecnologia do líder de mercado, a Intel. A estratégia teve sucesso quando a AMD lançou o chip mais avançado do setor, mas então a empresa não tinha os recursos para desenvolver uma linha completa de chips. Por isso, comprou a rival Xilinx para poder oferecer vários tipos de chips.

A AMD poderia ter tentado ampliar sua oferta por conta própria, mas a Xilinx acelerou o processo porque se concentrou no trabalho de compressão para apoiar os sucessos experimentais da AMD. A expansão conjunta, com a Xilinx lançando chips que mesclavam a tecnologia das duas empresas, executou a estratégia melhor do que se a AMD tivesse feito isso sozinha. A maior parte de delegar acontece na forma de terceirização, mas a aquisição é outra abordagem.

A AMD já havia feito a inovação fundamental no projeto dos chips, mas precisava levar esse avanço para uma ampla linha de produtos. Esse trabalho não era especialmente inovador, e a Xilinx poderia lidar com isso rapidamente e a um custo muito menor do que se a AMD tentasse se expandir sozinha. Os líderes da AMD apenas precisavam supervisionar as equipes e os gerentes vindos da Xilinx.[146]

Encurtar as etapas do projeto. As empresas podem comprimir com força bruta adicionando pessoal, exigindo horas extras e impondo metas de tempo rigorosas. Porém, é mais sustentável confiar na tecnologia, especialmente no desenho assistido por computador (CAD, na sigla em inglês). O CAD funciona particularmente bem para acelerar a inovação incremental com cálculos de engenharia mais velozes, maior reutilização de designs anteriores e comunicação mais fácil entre os designers.

A Apple se destaca em etapas de projeto mais curtas. Todo outono, a empresa lança um novo modelo do iPhone — a versão 14, por exemplo, foi lançada no outono de 2022. Um resenhista destacou o desafio da compressão: "O problema com tanta inovação fantástica é que as atualizações agora são tão iterativas que ficou difícil saber o que escrever sobre elas a cada ano".[147]

A maioria dos clientes não troca de iPhone todo ano, mas pessoas suficientes o fazem para tornar esse um grande evento — e isso coloca pressão sobre a empresa para incluir alguma inovação em cada novo modelo. No entanto, as mudanças precisam ser rápidas e disciplinadas para seguir o cronograma anual. Portanto, a Apple precisa encurtar agressivamente o ciclo de projeto. Caso contrário, com o mercado de smartphones agora saturado, a empresa pode ficar para trás.

Com a experiência e um cronograma rigoroso, a Apple se tornou especialista em compressão. Cada modelo começa com um planejamento extensivo para maximizar a eficiência. As etapas de design ocorrem simultaneamente, e os engenheiros trabalham em vários projetos para múltiplos modelos de telefone. Quando chega a hora e um novo modelo precisa ser lançado, a empresa disponibiliza atualizações periódicas para satisfazer os atuais proprietários de iPhone, enquanto ainda trabalha em novos recursos e tecnologias para lançamentos futuros. Ao mesmo tempo, uma equipe experimental separada explora possibilidades para avanços importantes.[148]

Quando a velocidade é essencial para uma vantagem competitiva, a sobreposição é essencial. A Zara enfatiza a sobreposição das etapas de produção porque seu modelo de negócios requer resposta rápida às tendências. Em qualquer momento, uma nova linha de roupas está a caminho das lojas, suas fábricas estão criando uma linha mais nova, pessoas na sede estão projetando uma linha mais nova ainda, e os funcionários da loja estão relatando preferências para o que será a linha mais nova de todas. Assim que uma peça de roupa é aprovada e produzida rapidamente, um novo estilo entra em produção — e os clientes querem algo novo uma semana depois disso.

Enquanto os concorrentes levam meses para projetar e produzir um novo estilo, a Zara faz isso em questão de dias. Assim que os designs são aprovados, a integração vertical da empresa dá vida à ideia rapidamente, sem intermediários que possam retardar o lançamento de novas roupas por meio de aprovações demoradas ou simplesmente favorecendo outros clientes. As lojas reduzem drasticamente o tempo de espera para os clientes, com o processo se desenrolando bem rápido em múltiplas etapas ao mesmo tempo.

O processo de alta velocidade da Zara ajuda na compressão de várias maneiras. Obriga a Zara a coletar dados em cada etapa, para que possa descobrir ineficiências e prever tendências melhor do que os concorrentes. A urgência geral incentiva os gestores a encontrarem e resolverem pequenos obstáculos que os colegas em empresas mais lentas podem ignorar.

A compressão tem feito maravilhas para a Zara, dando-lhe uma posição sólida na indústria da moda. Um artigo publicado há um tempo dizia que a Zara tem "uma capacidade incrível de detectar tendências de moda, absorvê-las e transformá-las em realidade a preços acessíveis. E tudo isso em apenas vinte dias!". Embora a margem em cada item seja baixa, a estratégia permite que a empresa venda o estoque pelo preço cheio e em volume tão alto que ela comanda uma grande parcela do mercado com lucros substanciais. Através da compressão, essa escala tornou difícil para os rivais ultrapassarem-na.

Embora alguns designs falhem, a Zara pode se adaptar rapidamente e minimizar as perdas. Após o Onze de Setembro, o clima sombrio dos estadunidenses os tornou pouco receptivos ao estilo floral que os designers e as marcas estavam promovendo. Enquanto a maioria das empresas passava dificuldades com vendas tímidas, a Zara rapidamente mudou para tons escuros e discretos que venderam muito melhor — e expandiu sua participação de mercado.[149]

Manter a inovação simples. Para manter um ritmo constante de melhoria, as empresas devem resistir à tentação de mudanças grandes e frequentes. A Nike dominou essa abordagem com seus estágios de design encurtados, e, com isso, possui a maior participação no mercado de tênis esportivos, com uma forte base de fãs. Os *sneakerheads*, como são chamados os superfãs de tênis, aguardam ansiosamente o próximo modelo dos icônicos Air Jordans da empresa. No entanto, a maioria dos modelos tem poucas inovações — muitas vezes apenas uma combinação de cores diferente ou outro design. Como a Nike consegue ganhar tanto dinheiro com lançamentos de tênis que dificilmente são melhores do que os modelos existentes?

Ela dominou a arte da compressão, não apenas o marketing. Sim, a Nike paga a um grande grupo de celebridades para lhes fazer propaganda. Também produz uma quantidade limitada de novos lançamentos para aumentar a demanda e os preços. Mas não poderia ter treinado os *sneakerheads* para se concentrarem em lançamentos regulares sem um investimento altamente disciplinado em compressão.

Como disse o jornalista da ESPN Scoop Jackson, "o modelo de negócios estabelecido pela prática do modelo Jordan de lançar algo novo todo ano, e numerá-lo em um mercado que permanece conectado a um único item, sempre foi revolucionário". Sem as técnicas de compressão empregadas pela Nike para manter esse nível de produção e evolução consistente, o modelo Jordan não continuaria a ter uma demanda tão alta.

Central para o seu sucesso está o extenso uso de planejamento pela Nike. A empresa define o lançamento dos modelos vários meses antes — os *sneakerheads* podem encontrar on-line a data de lançamento dos modelos de Air Jordans. Cada modelo geralmente é a "enésima" iteração de um modelo original: Air Jordan 6 Retro Low "CNY", Air Jordan 12 Retro "Playoffs", Air Jordan 4 Women's "Canvas", e assim por diante. Os consumidores sabem que cada lançamento não terá uma melhoria significativa em relação ao anterior, apenas provavelmente um ganho incremental em tecnologia. Mesmo assim, os superfãs ainda compram.

Quanto às etapas simultâneas e encurtadas, diferentes equipes de designers trabalham constante e simultaneamente em vários modelos e combinações de cores novas. Designs antigos são sempre reutilizados e ligeiramente melhorados para obter uma vantagem na produção. Dessa forma, os lançamentos podem ser escalonados com um curto intervalo entre eles, para que os consumidores nunca esperem muito tempo por um, o que os mantém engajados.

No início, os Air Jordans representavam um avanço significativo na tecnologia de calçados para atletas. Agora que ganhou tanta tração, a Nike se beneficia lançando periodicamente novos modelos com apenas melhorias incrementais. Através da compressão, e de um planejamento intensivo nas etapas de design, a Nike pode aumentar a demanda o máximo possível. Como resultado, a marca Jordan gera alguns bilhões de dólares em receita a cada ano.[150]

DESENVOLVIMENTO EXPERIMENTAL

Muitos projetos empresariais, no entanto, carecem de um caminho previsível. Inovar além de melhorias incrementais é uma jornada nebulosa por mercados e tecnologias em constante mudança. Nesse cenário, empresas ambiciosas devem recorrer ao desenvolvimento experimental, uma abordagem que surgiu no teatro e no jazz, em que a improvisação é uma forma de arte refinada. Descobrimos isso nos segmentos de alta velocidade da indústria de computadores, especialmente em modelos de notebooks e dispositivos portáteis.

Como a inovação é inerentemente imprevisível, o desafio-chave é acumular informações e um grau de previsibilidade para impulsionar o trabalho rapidamente. Assim, o processo começa criando e testando múltiplas opções, com marcos frequentes, dando às pessoas foco, motivação e descoberta suficientes para lidar com a incerteza. Enquanto a compressão se assemelha a uma ofensiva rápida no futebol americano, a abordagem experimental corresponde ao contra-ataque rápido no basquete. Os jogadores devem confiar na intuição e no trabalho em equipe, mas ainda dentro do contexto de regras e papéis. A estratégia experimental envolve quatro etapas:

Múltiplas opções. As equipes de desenvolvimento geram possibilidades como projetos paralelos, iterações sequenciais de projetos anteriores ou uma combinação dos dois. Estas podem se apresentar na forma de ideias simples e esboços, simulações virtuais de computador ou protótipos palpáveis, como maquetes e modelos de pré-produção. É semelhante a um time armando um contra-ataque rápido com vários jogadores em posição de marcar, dependendo da reação da defesa.

A ideia geral é acelerar o desenvolvimento do produto criando múltiplas opções de design. As opções fornecem flexibilidade para manter a equipe em movimento apesar dos contratempos. Se a opção principal não funcionar, os desenvolvedores podem mudar rapidamente para uma alternativa conhecida. Do ponto de vista emocional, as múltiplas opções fazem com que os desenvolvedores estejam menos presos a uma única abordagem, permitindo que mudem o design conforme a necessidade.

Gerar múltiplas opções é o oposto do planejamento para compressão. Em meados da década de 1990, minha equipe e eu estudamos 28 projetos de desenvolvimento de produtos de próxima geração em 14 empresas de alta tecnologia. A maioria das empresas não conseguiu concluir os projetos no prazo. Das empresas que estudamos, que tinham de 500 milhões a 10 bilhões de dólares em vendas anuais, apenas 4 viram seu projeto atender às expectativas de cronograma, especificação e participação no mercado. Os produtos de 5 empresas pareciam bem-sucedidos para observadores externos, mas não alcançaram o objetivo interno ou a aspiração de participação no mercado. Os novos produtos das cinco empresas restantes falharam completamente. Descobrimos que todos os casos de atrasos e dificuldades se originaram na fase de definição do desenvolvimento, antes que a organização se comprometesse com um design de produto específico. Múltiplas opções permitem que as equipes avancem sem resolver a incerteza.[151]

Acima de tudo, no entanto, os diferentes projetos dão aos desenvolvedores uma sensação intuitiva de como os parâmetros de design se desenrolam no mundo real. A maioria das pessoas tem dificuldade em avaliar uma única proposta em situações incertas, então forçar várias opções aumenta o conhecimento da equipe tanto das opções quanto da situação.

Embora agora busque a compressão em relação à maioria dos aspectos de seus celulares, a Apple enfatizou o desenvolvimento experimental na criação do iPhone original — especialmente as múltiplas opções. Dispositivo que revolucionou a forma como nosso mundo opera, o iPhone não surgiu do nada. A tela sensível ao toque, por exemplo, não era comum na época, então a Apple considerou outras opções. Até mesmo a grade de aplicativos, hoje o padrão, foi debatida e iterada. As equipes experimentaram diferentes possibilidades até finalmente encontrarem uma que se destacasse.

Quando os desenvolvedores se comprometeram com opções específicas, descobriram que o todo resultante era incoerente. Um designer lembrou que "os fragmentos poderiam ter sido impressionantes, mas não havia uma narrativa que unisse as partes díspares; era uma confusão de aplicativos e ideias". É assim que o modelo experimental às vezes funciona — equipes exploram várias ideias, iterações e inovações quase acabadas, com pouca atenção ao produto acabado e lucrativo. Steve Jobs deu à equipe do projeto um ultimato de duas semanas para um protótipo funcional. Essa exigência muitas vezes leva alguns projetos de desenvolvimento ao fracasso, mas não o iPhone.

Mesmo após o design inicial, a Apple tinha duas opções principais: fazer do iPhone uma versão em miniatura de um computador Macintosh ou transformar a tecnologia do iPod em um celular. De fato, a equipe se dividiu em dois projetos separados, e a competição se tornou intensa. Pessoas foram demitidas e abandonaram o projeto, e toda a situação era quase como uma guerra. Ambas as equipes tinham dificuldades. A equipe do iPod lutava para criar uma maneira de fazer chamada com touch screen, chegando a usar um botão giratório semelhante a um rádio em um momento determinado. Enquanto isso, a equipe do Mac tratava o design quase como um projeto de pesquisa, com tempo de carregamento absurdamente longo. Depois de iterações e experimentos meticulosos, os líderes da empresa chegaram a um compromisso brilhante: a equipe Mac ficou responsável pelo software, e os "iPodders" assumiram o hardware. Era o melhor dos dois mundos, e o iPhone se tornou um sucesso estrondoso, tudo graças à flexibilidade existente desde o início.

Nossa pesquisa encontrou os mesmos benefícios em ter múltiplas opções. Empresas bem-sucedidas se moveram rapidamente para desenvolver vários protótipos dos principais subsistemas de seus novos produtos, e depois de todo o sistema. Como pularam o estágio de prova de conceito, seus protótipos muitas vezes não eram perfeitos, exigindo correções de software, nova fiação e, até mesmo, redesenho menor. Mas os atrasos gerados eram breves e baratos em relação às vantagens obtidas. Múltiplos protótipos iniciais entusiasmaram a equipe de produto de uma maneira que representações menos tangíveis do novo produto ou de seus subsistemas não poderiam fazer. Com os protótipos disponíveis, as discussões entre os membros da equipe eram focadas e concretas, e as decisões, tomadas rapidamente.[152]

Testes. Estreitamente relacionados a múltiplas opções, os testes frequentes aceleram o desenvolvimento criando uma série de pequenos e rápidos fracassos misturados com sucesso. Testes contínuos maximizam a aprendizagem porque capturam a atenção dos desenvolvedores sem acionar seus mecanismos de defesa. Isso revela problemas logo no início do processo de desenvolvimento, quando são mais fáceis de corrigir. Também é uma atitude perspicaz, pois fundamenta debates com resultados concretos, limitando o conflito e a politicagem baseados em opinião e palpites, não em fatos.

Embora critiquemos o Facebook em outras partes do livro, ele se destaca nos testes. Com bilhões de usuários interagindo diariamente, a empresa possui um vasto cofre de dados com os quais pode aprender. Podemos debater a ética do uso desses dados, mas os testes do Facebook com eles, sem dúvida, contribuíram muito para seu sucesso financeiro. Mesmo os notórios experimentos sobre emoção, alegou a diretora de política de uso de conteúdo Monika Bickert, ajudaram a gerar novos recursos inovadores.

A empresa ajusta constantemente suas configurações e a experiência do usuário, mesmo sem o usuário saber, para encontrar soluções. "Em nenhum momento", disse o CEO Mark Zuckerberg, "há apenas uma versão do Facebook sendo executada; e sim provavelmente 10 mil. Basicamente qualquer engenheiro pode decidir testar algo".

O Facebook testa uma variedade de recursos, desde novos botões de reação até uma integração mais próxima com outras plataformas, como o

Instagram. Esses testes garantem que os engenheiros possam reunir dados reais sobre como os novos recursos funcionam sem correr grandes riscos que poderiam afetar a plataforma. Qualquer novo recurso lançado em grande escala terá sido extensivamente testado, garantindo máxima eficácia.

Com o feedback constante dos dados do usuário, os engenheiros podem aprender com seus erros e testar novas ideias em tempo real. Com milhares de versões sendo executadas simultaneamente, os designers estão sempre aprendendo e ganhando experiência; inevitavelmente, algumas ideias levam a ganhos perceptíveis e são incorporadas à versão principal do Facebook. Com experiências de usuário e cliente cada vez melhores, a empresa monetizou seu grande envolvimento por meio de publicidade direcionada — 85% de sua receita vem de anúncios.

Com centenas de milhões de usuários regulares, o Facebook pode testar praticamente todos os recursos do site, e faz *split testing* em anúncios. A empresa lança várias versões de anúncios, testando a fonte, a cor do texto, o público-alvo — basicamente tudo o que um anunciante gostaria de mudar. Os anunciantes até podem projetar seus próprios testes. O compromisso da empresa com o desenvolvimento experimental permitiu essa aprendizagem meticulosa, e embora tenha enfrentado dificuldades nos últimos anos, o Facebook/Meta continua muito à frente de seus concorrentes em experiência do usuário.[153]

Marcos frequentes. Mesmo um processo de desenvolvimento altamente experimental pode fazer com que os designers percam o foco e se desviem do caminho, deslumbrados pelas possibilidades. A confusão e o caos podem reinar. Assim como no contra-ataque rápido de um time de basquete ou no jazz e no drama teatral improvisados, os desenvolvedores de produtos precisam de um sentido geral de estrutura.

Marcos contínuos e curtos impõem uma estrutura sem revisões burocráticas demoradas. Em geral, envolvem avaliações semanais ou quinzenais do projeto. Isso obriga os desenvolvedores a calibrarem a adequação do design às mudanças de mercado e tecnologia, corrigindo conforme necessário, enquanto lidam com bloqueios emocionais. Esses marcos contínuos promovem velocidade, coordenando as diversas atividades das equipes de desenvolvimento. Criam um sentido de urgência que combate a procrastinação, construindo um sentido de cumprimento de tarefas.

Um líder de projeto poderoso. Enquanto as equipes realizam o trabalho principal, líderes fortes podem reunir os recursos necessários e proteger os desenvolvedores da burocracia. Os melhores fornecem uma visão disciplinada que foca o projeto e mantém o caos da estratégia experimental sob controle.

Jeff Bezos foi um desses líderes, mesmo em um fracasso tão notável quanto o Fire Phone. Em 2010, ele viu empresas reivindicando território no mercado de smartphones, e decidiu que a Amazon ainda poderia reclamar um espaço para si. Ele concebeu a grande ideia do Fire Phone e teve visões de tecnologia diferentes de qualquer outra no mercado de smartphones — uma tela tridimensional, a capacidade de detectar gestos no ar.

Em forte contraste com seu foco no feedback dos clientes em outras partes do negócio, Bezos duvidava que ouvir os potenciais usuários resultaria em boas invenções. Em vez disso, ele incentivava o "viajar" criativo, que ele acreditava ser o caminho para grandes avanços. Bezos encorajava os designers a sonharem alto e a mirarem em revolucionar o smartphone, apesar das dúvidas de seus funcionários.

Sua liderança poderosa não foi suficiente: o Fire Phone foi um fracasso espetacular em seu lançamento em 2014. A empresa registrou uma perda de 170 milhões de dólares, e a produção do celular foi interrompida em menos de um ano. Mas Bezos tranquilizou os funcionários, afirmando que os fracassos eram o preço do sucesso. Como ele profetizou aos acionistas no ano anterior: "Inventar é bagunçado, e com o tempo, é certo que falharemos em algumas apostas grandes também". Ele não puniu os executivos responsáveis pelo projeto Fire. A mensagem que ele queria enviar era que assumir riscos positivos seria recompensado.

De fato, o desenvolvimento experimental pode levar a ganhos de longo prazo mesmo se o projeto original falhar. O projeto Fire ensinou à empresa muitas coisas, como as complexidades do design de hardware em pequena escala, assim como maneiras eficientes de trabalhar com fornecedores e fabricantes de chips. A Amazon não aproveitou essas lições para criar um celular melhor, mas as aplicou em produtos como os alto-falantes Echo para sua popular Alexa. Uma revista chegou a chamar o fracassado Fire Phone de "a melhor coisa que aconteceu com a Alexa". Sem o incentivo e o reforço de todo esse aprendizado experimental por parte de Bezos, a empresa talvez nunca tivesse percebido esses ganhos.[154]

A maioria dos líderes de projeto não se tornará CEO; eles serão gestores. Mas todos devem estar próximos à equipe sênior para que seu projeto receba apoio, independentemente do modo.

ADVERTÊNCIAS

O desenvolvimento experimental pode ter sucesso mesmo quando aparentemente falha, mas as empresas ainda precisam de disciplina para realizá-lo. Aqui estão alguns perigos:

Superplanejamento. Embora o planejamento cuidadoso seja crítico, as incertezas técnicas e de mercado são altas, e as empresas podem cair na armadilha do "planejamentite". Naquele estudo de meados dos anos 1990, descobrimos que a maioria dos fracassos no desenvolvimento de produtos de próxima geração vinha da "fase inicial difusa", quando as empresas definiam suas expectativas para o produto sem atrapalhar a criatividade de seus desenvolvedores. Uma falha comum era investir muitos recursos no projeto, mas prestar pouca atenção à definição dele. Em uma empresa, um executivo reclamou: "Muitos engenheiros nossos perdiam tempo enquanto a definição continuava mudando".[155]

A alta administração frequentemente é parte do problema. Em uma empresa, os executivos seguravam o lançamento de projetos até que tivessem um cronograma detalhado e um orçamento. Essa prática era apropriada nos ambientes mais previsíveis, nos quais muitos desses líderes ganharam experiência, e lhes dava um amplo controle sobre o projeto. Mas isso atrasava desnecessariamente os esforços para iniciativas experimentais.

Os próprios desenvolvedores também são suscetíveis. Em uma empresa que tentava migrar das estações de trabalho para os desktops, o planejamento era o caminho mais fácil. Os profissionais de marketing e engenheiros debatiam interminavelmente as características, como o tamanho do teclado e o design do *trackball*, bem como a probabilidade de avanços em interfaces de tela e comunicação. Como não conseguiam concordar sobre o formato do futuro, o planejamento era uma forma de evitar conflitos. O processo de planejamento não terminava com um fechamento lógico, mas apenas em reação de pânico a um possível produto competitivo. Uma abordagem melhor teria sido cristalizar essas discordâncias em opções a serem testadas.

Uso excessivo de CAD. Descobrimos que o desenho assistido por computador reduzia o tempo de desenvolvimento em categorias de movimento mais lento, mas na verdade retardava o desenvolvimento nas de movimento mais rápido. Por quê?

A resposta é complexa. Como já mencionado, a maioria dos sistemas CAD faz várias coisas bem. Alguns sistemas de simulação suportam protótipos "virtuais" para várias opções, enquanto a estereolitografia e a modelagem 3D podem ajudar a criar protótipos físicos. Mas o CAD não é flexível o suficiente para ajudar na geração rápida de ideias e testes, essenciais para o desenvolvimento experimental. Depender do CAD pode desencorajar indiretamente o pensamento aberto necessário a esses projetos.

A implementação defeituosa é outro problema. É preciso muito tempo para aprender a usar alguns sistemas CAD de maneira eficaz. As pessoas resistem a aprender novos sistemas, então as empresas acabam com CADs incompatíveis. Alguns designers de CAD ficam obcecados em "hackear" computadores e perdem o foco em suas tarefas de desenvolvimento. Esse tipo de *hacking* pode arruinar customizações úteis de pacotes de CAD.

Por fim, muitas empresas desenvolvem pacotes e interfaces internos para suas ferramentas de CAD que não funcionam bem para novos projetos. Após um desastre, um engenheiro lamentou: "Para fazer algo errado, basta um humano; para fazer algo realmente errado, basta um computador". A conclusão é que o CAD pode auxiliar no desenvolvimento experimental, mas só se o pacote se adequar à estratégia de desenvolvimento do produto e for implementado adequadamente.

Dependência de fornecedores. Os fornecedores podem ser de grande ajuda na compressão da inovação de produtos, mas não no desenvolvimento experimental. Nos segmentos de mercado de computadores que se movem com mais rapidez, por exemplo, os fornecedores ajudaram pouco, e apenas os desenvolvedores de produtos mais lentos dependiam deles.

Quando o desenvolvimento de produtos não é mais previsível, é difícil coordenar o trabalho com os fornecedores. O avanço da engenharia e as interfaces em constante mudança continuam complicando a relação. Comprometer-se com um fornecedor também prende uma empresa à tecnologia do fornecedor, que pode ser ultrapassada pelos concorrentes. Ainda assim, as empresas ficam tentadas a depender de fornecedores para encobrir suas fraquezas.

Nos anos 1990, várias empresas optaram por formar parceria com fornecedores-chave para desenvolver produtos em novas plataformas. Em alguns casos, o codesenvolvedor trazia um conjunto de habilidades e experiências que complementavam os pontos fortes do parceiro de marketing; em outros, o parceiro oferecia recursos financeiros ou tecnologia útil. Em vários casos, no entanto, diferenças significativas de estilo, prioridades e motivação criaram atrasos e revisões custosos. Trabalhar em estreita colaboração com os fornecedores traz um alto grau de risco.

Se uma empresa carece de algumas capacidades vitais, ainda pode controlar o processo. Ela deve confiar em suas competências internas, complementadas por relacionamentos com um, dois ou até três fornecedores principais de conhecimento de ponta. Ela certamente pode usar peças prontas para todo o restante. Isso não é ideal, mas é mais provável que crie um produto inovador do que trabalhar em estreita colaboração com um fornecedor desde o início.

Negligenciar oportunidades derivadas. Quando as empresas têm sucesso no desenvolvimento de uma inovação, muitas vezes deixam de preencher as lacunas no mercado entre as ofertas atuais e futuras com produtos derivados. Muitos clientes provavelmente vão querer algo entre as ofertas existentes e inovadoras. Fornecer tal produto não deve ser difícil, mas as empresas precisam de disciplina e consciência para formar uma equipe de compressão a fim de preencher essa lacuna antes que um concorrente o faça. Eis onde o bimodal é urgente: a mesma área precisa tanto dos tratamentos experimentais quanto de compressão.[156]

REGRAS DE OURO

Além desses fatores, encontramos duas regras práticas para o desenvolvimento experimental. Esses ditames se aplicam a uma ampla gama de produtos.

Busque equipes multifuncionais. É tentador limitar as equipes de desenvolvimento de produtos ao grupo de P&D, pois são as pessoas que entendem o que precisa ser feito e têm as habilidades-chave para o sucesso. Mas é muito melhor lançar uma rede ampla, com pessoas da engenharia, da manufatura, do marketing e, até mesmo, das compras e da contabilidade. Suas múltiplas perspectivas revelam mais oportunidades, geram ideias mais criativas, identificam falhas de design mais rapidamente e constroem protótipos mais eficazes. Em contraste, empresas que ainda usavam abordagens de "silo funcional" sofreram com desajustes no mercado e incompatibilidades descendentes em compras, manufatura e logística.

Quanto à colocação de equipes multifuncionais em *"skunkworks"*, unidades semiautônomas fora da hierarquia de gestão, isso não é uma panaceia. As empresas tinham mais probabilidade de lançar produtos inovadores com equipes multifuncionais autônomas dentro da hierarquia do que com equipes funcionais ou multifuncionais em *skunkworks*.

As equipes inovadoras tinham o melhor dos dois mundos: fertilização cruzada de ideias dos diversos membros da equipe; integração com o negócio principal para aproveitar dinheiro, talento, expertise e clientes conforme necessário; e autonomia para evitar que o "negócio de sempre" sobrecarregasse os processos e a cultura que distinguiam uma equipe.

Não recompense equipes por cumprir um cronograma. Diante da incerteza, as empresas são tentadas a incentivar os desenvolvedores recompensando-os simplesmente por cumprir o que estava na agenda. Mas os desenvolvedores focados em cronogramas acabarão negligenciando resultados que agregam valor, mas são difíceis de prever, como qualidade ou novos recursos. Não surpreendentemente, eles projetam para o cronograma em vez de para a especificação. Incentivos baseados em cronogramas em uma importante empresa de software levaram os desenvolvedores a cortar custos, fazer trocas inadequadas na qualidade do produto e plantar as sementes de atrasos subsequentes e outras surpresas. Em um grande fornecedor de computadores, o resultado foi o esgotamento da moral entre os engenheiros que se orgulhavam do design inovador. Recompensar por ter cumprido o cronograma muitas vezes era como os desenvolvedores de produtos mais lentos tentavam acelerar as coisas, mas, em geral, fazer isso os deixava ainda mais para trás.

Nossa pesquisa não apontou para uma única melhor estrutura de incentivos. Mas provavelmente seja mais sábio recompensar uma ampla gama de resultados, incluindo o desempenho final do produto no mercado e, idealmente, algum indicador de aprendizado com base na experimentação.

ALGUNS PROJETOS PRECISAM DE AMBOS

A maioria das empresas faria progressos substanciais apenas adotando uma abordagem bimodal, em que os projetos inovadores recebem a abertura do tratamento experimental, enquanto outros atendem à disciplina rigorosa da compressão. Mas uma vez que estabelece essa abordagem, a empresa pode assumir desafios maiores. Às vezes, no desenvolvimento de produtos, não está claro se devemos seguir a compressão ou o desenvolvimento experimental. Com projetos ao mesmo tempo altamente complexos e imprevisíveis, uma empresa pode querer misturar seus modos e incentivar a equipe do projeto a atuar em ambos os modos.

Ao estudar a indústria global de computadores, chegamos às seguintes conclusões, independentemente do modo escolhido:

1. Construa equipes multifuncionais e recompense-as por mais do que apenas ter cumprido o cronograma. Esse conselho é essencial para o desenvolvimento experimental, como mencionado anteriormente, mas beneficia também a compressão, desde que os incentivos correspondam às diretrizes.
2. Certifique-se de planejar, mas estabeleça limites de tempo. Se o planejamento for difícil, esse é um sinal claro para seguir o desenvolvimento experimental.
3. Avalie o projeto à medida que aprende mais sobre ele. Se o desenvolvimento parecer previsível, passe para a compressão, e se for

incerto ou novo, incline-se para o experimental. Se o projeto tiver alto nível de complexidade, considere dividir o desenvolvimento em segmentos de compressão e experimental.
4. Introduza cuidadosamente o CAD. Entenda o que o CAD faz: permite a comunicação, reutiliza designs e permite simulação; e o que pode atrapalhar: geração de ideias e testes. Certifique-se de que seus sistemas CAD sejam compatíveis. Fique de olho nos designers que se tornam hackers.[157]

....

Construir uma organização bimodal pode ser o desafio mais difícil do livro, exigindo tanto atenção quanto flexibilidade. Não se trata apenas das táticas enfatizadas aqui, mas também de uma profunda compreensão das estratégias de compressão e experimental. Requer equipes dispostas a se comprometerem com uma abordagem, enquanto equipes com outra abordagem podem receber todo o reconhecimento.

Os líderes devem reconhecer os perigos da compressão em limitar a atenção dos desenvolvedores a novas oportunidades, ao mesmo tempo que vão achar a estratégia experimental muito experimental, descontrolada e contraintuitiva para muitos gestores, profissionais de marketing e engenheiros. Empresas perpetuamente inovadoras precisam de uma cultura que promova o desenvolvimento bimodal em toda a organização e hierarquia.

A abordagem bimodal pode ter um grande retorno estratégico, mas não é uma conquista trivial. Os gerentes precisam superar obstáculos cognitivos, sociais e emocionais. É por isso que a abordagem bimodal só vem depois dos elementos descritos nos capítulos anteriores. Somente empresas ambiciosas devem aplicá-la.

… PARTE 3

SEJA CORAJOSO

8. SIGA COM OUSADIA

Qualquer coisa que você sonhe em fazer, faça. A ousadia tem genialidade, poder e magia. Comece agora.
— JOHANN WOLFGANG VON GOETHE

Até 2000, a Amazon estava a caminho de se tornar a "loja de tudo". Expandindo rapidamente suas categorias de produtos, ela desafiava varejistas e marcas relevantes em grande parte da economia. Também passava a lidar com a maior parte de seu inventário por meio de uma crescente rede de armazéns. Para lidar com o mercado on-line e a operação logística cada vez maiores, ela dependia dos servidores de alguns grandes fornecedores.

No entanto, esses servidores de terceiros começaram a apresentar problemas de velocidade e confiabilidade. Eles não conseguiam acompanhar a taxa de crescimento da Amazon. Em vez de procurar mais ou melhores fornecedores, a empresa deu um passo atrás e teve um pensamento audacioso. Se seus fornecedores tinham dificuldade em lidar com o crescimento da Amazon, então outras empresas em crescimento também deveriam estar enfrentando o mesmo problema. Em vez de buscar uma solução externa, a Amazon decidiu criar a sua própria solução — mesmo quando no mundo corporativo o senso comum era focar as competências centrais e terceirizar tudo o mais.

Benjamin Black liderou uma equipe que havia trabalhado em engenharia de websites para explorar essa nova possibilidade. O *timing* era perfeito: frustrada com atrasos em projetos de software, a empresa acabara de realizar o trabalho árduo de exigir APIs padrão para novas aplicações de software, a fim de escalar soluções para problemas específicos.

Black lembra que sua equipe não tinha certeza da solução, mas sabia que, se conseguissem, poderiam criar muito valor tanto para a Amazon quanto para outras empresas. Saber isso era o suficiente, pois se baseava em ideias que já surgiam no nível executivo. O CEO Jeff Bezos aprovou a ideia em 2003, e a equipe de Black começou a construir o que se tornaria o Amazon Web Services (AWS).

"Desde o início", ele disse, "achamos que seria algo interessante de fazer. Levou um tempo para percebermos que isso seria realmente transformador."

Para uma empresa especializada em envio e vendas on-line, a decisão de construir seus próprios servidores era ambiciosa, arriscada e potencialmente um uso infrutífero de recursos. Por que um varejista on-line seria capaz de construir um servidor melhor do que especialistas? Mas o projeto acabou remodelando o status da Amazon no mundo da tecnologia. Uma década depois, a AWS relatou 4,6 bilhões de dólares em receita e foi responsável pela maior parte dos lucros da empresa. Continua sendo o serviço de computação em nuvem mais popular do mundo. O sucessor recente de Bezos, Andy Jassy, saiu da AWS e era chefe de Black.[158]

A Amazon poderia simplesmente ter permanecido em seu domínio no comércio eletrônico e esperado outra empresa pioneira em computação em nuvem ou alguma outra solução. Mas ela estava inquieta demais para esperar, e decidiu corajosamente resolver o problema por si mesma. Ao fazer isso, tornou-se líder em uma indústria completamente nova.

No entanto, ao longo dessa transformação, o principal negócio de comércio eletrônico da empresa nunca diminuiu; todos os lados da empresa cresceram juntos. Essa dominância multi-industrial deu à Amazon uma sensação de segurança que possibilitou riscos ainda mais audaciosos, que seguiram uma história similar de desenvolvimento. Em 2007, por exemplo, a empresa se aventurou no setor de eletrônicos de consumo com o Kindle.

Mesmo os fracassos, como o smartphone Fire, ajudaram a alcançar avanços posteriores com a Alexa/Echo em 2014.[159]

OS BENEFÍCIOS ESTRATÉGICOS DA OUSADIA

Até agora, descrevemos neste livro como os inovadores contínuos precisam ser generosos — com um compromisso existencial de adicionar valor ao mundo, especialmente para os clientes, com uma cultura que impulsione o compromisso compartilhado. Em seguida, explicamos que as empresas precisam atacar oportunidades e ameaças de forma feroz, mas comedida, com uma mentalidade empreendedora, um ritmo variável e uma abordagem bimodal para resolver os problemas. Mas todas essas virtudes não são suficientes: as empresas ainda precisam agir com coragem para fazer mudanças sustentadas. Uma abordagem tímida e cautelosa para produtos e serviços não funcionará porque não aproveitará a energia emocional que vem da ousadia.

Como Black e Bezos perceberam, superar problemas difíceis pode criar um valor enorme. Elon Musk, na Tesla, na SpaceX e em outras empresas, transformou essa abordagem em estratégia. Engenheiro talentoso que inspira outras pessoas talentosas a não desistirem, ele se concentra nos problemas intimidadores cujas soluções trariam alto retorno no mercado. A ousadia é arriscada, mas o sucesso é o diferencial definitivo, e ele impulsiona a empresa à frente da concorrência. Afinal, ao abrir mão da ousadia, você sempre terá de lidar com rivais, e nunca receberá muito respeito dos investidores.

No setor automotivo, foi isso que aconteceu com os produtores convencionais. A General Motors chegou a lançar um carro elétrico nos anos 1990, principalmente por razões regulatórias, não porque acreditasse na tecnologia. O carro não decolou, as regulamentações mudaram e a empresa parou todo o trabalho nessa área. Quando resolveu perturbar a indústria com veículos elétricos, a Tesla encontrou um mercado em aberto, e agora seu valor de mercado supera as empresas automobilísticas que produzem muito mais unidades.

Algo semelhante aconteceu com a SpaceX, cujos foguetes reutilizáveis eram uma ideia absurda quando Musk fundou a empresa em 2002. A SpaceX quase faliu, mas conseguiu se manter com um lançamento de teste bem-sucedido e continuou a aprimorar a tecnologia até ultrapassar os gigantes. A mesma trajetória parece estar acontecendo na Neuralink e na Boring Company. Musk encontra problemas difíceis que acredita conseguir solucionar com talento e recursos suficientes de engenharia, e investe nisso.[160]

Além de impressionar os investidores, uma estratégia de ousadia tem dois benefícios principais. Um deles é que os pioneiros podem alcançar vantagem competitiva sustentável se continuarem a investir em inovação focada. Mesmo agora, os carros da Tesla oferecem recursos que os fabricantes de carros tradicionais, desde sua fundação na tecnologia de motores a combustão, não conseguem imitar. Depois de dez anos, esses fabricantes finalmente começaram a vender veículos elétricos, mas ainda não dominaram as atualizações regulares de software, uma marca registrada da Tesla.

O segundo é que a ousadia tende a atrair talentos de alto nível. Pessoas com perfil mais ambicioso querem trabalhar para empresas ambiciosas porque sabem que atuarão em grandes inovações com capacidade de mudar o mundo. Com talentos de alto nível, empresas ousadas alcançam seus objetivos com mais facilidade do que empresas com funcionários menos qualificados.

A ousadia, quando realizada com os outros elementos discutidos neste livro, torna-se um ciclo de retroalimentação positiva.

CRIAR UMA ORGANIZAÇÃO OUSADA

É fácil para uma start-up agir com ousadia, mas muito mais difícil para uma grande empresa que já alcançou o sucesso. Por que correr riscos quando o negócio já está indo bem? As grandes empresas têm estruturas estabelecidas e rotinas projetadas em torno da confiabilidade, não de grandes inovações. Mesmo que ainda estejam no comando, os fundadores provavelmente se lembrarão dos tempos difíceis no começo e preferirão o atual cenário.

Como resultado, a maioria das empresas bem-sucedidas cai na conformidade. Às vezes, essa conformidade é óbvia, como quando a empresa copia cada movimento de um concorrente bem-sucedido. Às vezes, é sorrateira, como quando replica digitalmente um produto físico que as pessoas já amam, sem fazer melhorias.

Mesmo quando as grandes empresas têm a ambição de realizar uma grande inovação, muitas vezes procedem com cautela. O diretor da divisão de óculos de realidade virtual da Meta pediu demissão em 2022 devido à lentidão e, especialmente, à ineficiência da empresa. Os recursos abundantes criaram feudos que impediram a interrupção do investimento em ideias fracas, desperdiçando bilhões de dólares e atrasando compromissos focados.[161]

É preciso ousadia para resistir à tendência de se apegar à segurança da conformidade e dos feudos. Foi isso que aconteceu na Amazon. O fundador Jeff Bezos lembrou que, no início, "era tentador acreditar que uma livraria on-line deveria ter todas as características de uma livraria física". Mas ele foi ousado e exigiu algo diferente: "Em vez de tentar copiar livrarias físicas, nos inspiramos nelas e trabalhamos para encontrar coisas que poderíamos fazer no novo meio que nunca poderiam ser feitas no antigo".

Da mesma forma, o Kindle buscava aprimorar o livro sem tentar copiar todas as suas características. Era uma tarefa reconhecidamente árdua, mas Bezos direcionou a atenção da equipe de design para "a lista de coisas úteis que só podem ser feitas no formato longo". Ele combatia a conformidade com perguntas provocativas e continuava pressionando até conseguir sucesso ou, como no caso do Fire Phone, uma forte reação do mercado contra sua jogada ousada.[162]

AUDÁCIA ORGANIZACIONAL

Costumamos pensar na audácia como algo que acontece apenas em indivíduos. Um líder heroico, por exemplo, pode guiar uma multidão de pessoas em outra direção por meio da força de vontade ou do carisma. O próprio Musk é certamente um líder extraordinário que parece prosperar em desafios difíceis. Tendo já garantido seu lugar na história dos negócios com a Tesla e a SpaceX, em 2022 ele não pôde resistir a comprar o Twitter e transformá-lo ousadamente em uma plataforma mais ampla.

No entanto, as organizações podem se tornar ousadas em todos os níveis. Assim como os outros traços-chave descritos no livro, as pessoas em todos os níveis têm que trabalhar pelo menos de forma um pouco independente do líder.

Tudo começa com você. A audácia tem de começar em algum lugar, e é mais eficaz quando vem de cima. Conheça, seja, lidere: esse princípio organizador deve guiar como os líderes empresariais lidam com qualquer tipo de mudança institucional. Primeiro, articule seu grande sonho para a organização. Em seguida, conheça a si mesmo, seus pontos fortes, suas fraquezas e seus desejos. Saiba quais compromissos você pode fazer e o que não vai aceitar de jeito nenhum.

Então, torne-se essa pessoa ousada, interna e externamente. Aproveite seus pontos fortes, melhore suas fraquezas e garanta que seus valores internos sejam refletidos em quaisquer mudanças que você faça. Por fim, convença os outros a fazerem o mesmo e confie que eles se fortalecerão no exemplo que você definiu. A energia que você obterá ao perseguir seu sonho catalisará energia nos outros.

Ao embarcar em um projeto audacioso, saiba que cada etapa desse processo pode ser desafiadora. Mesmo que o seu negócio principal não enfrente dificuldades, é desconfortável direcionar recursos para algo novo. Você terá de encarar obstáculos financeiros, psicológicos e emocionais. Seguir em frente com ousadia não se trata de uma decisão única, mas de rejeitar de forma contínua a conformidade e a imitação.

Isso também foi o que aconteceu com a Alexa da Amazon. Os engenheiros previram que ela seria usada sobretudo para ouvir música, então pensaram que só precisavam criar uma assistente virtual que acordasse as pessoas e respondesse a comandos vocais. Bezos pressionou; ele queria mais, mesmo que a empresa ainda estivesse se recuperando do decepcionante Fire Phone. A equipe da Alexa pode ter levado a lição do Fire Phone a sério, mas Bezos não. Ele queria tentar novamente.

Greg Hart, um executivo envolvido com o projeto, lembra que "Bezos não abriria mão de a Alexa ser um computador mais generalizado. Ele nos disse: 'Vocês estão indo pelo caminho errado. Primeiro me digam o que seria um produto mágico, depois me digam como chegar lá'".

Bezos estava tão determinado que, quando sua equipe não conseguiu criar o que ele queria a tempo, a Amazon adquiriu a Evi, um aplicativo que imitava a Siri e já havia alcançado a funcionalidade de perguntas e respostas que sua equipe lutava para desenvolver. Por 26 milhões de dólares, Bezos reafirmou sua confiança no produto e trouxe o foco da equipe de volta ao que era importante: criar inovações que ainda não existiam.

Ele também queria uma assistente virtual que pudesse conversar, algo que nenhum produto no mercado conseguia fazer até então. Os engenheiros da Alexa notaram como "as pessoas se sentiam desconfortáveis com a ideia de programar uma máquina para responder a um 'olá'". O aprendizado profundo era a resposta, mas adquirir os dados necessários levaria décadas.

Bezos surgiu com um atalho ousado: ele fez parceria com uma empresa de coleta de dados para alugar casas, instalar dispositivos da Amazon e enviar funcionários para ler *scripts* durante oito horas, todos os dias, deixando o banco de dados da Amazon absorver cada palavra. O programa multimilionário custou uma fração do tempo e do dinheiro gasto no desenvolvimento da Alexa, e valeu a pena. Em dois anos, a empresa havia vendido mais de 1 milhão de dispositivos Echo com Alexa.

O que é mais notável nesses empreendimentos transformadores é que todos foram inteiramente voluntários. A Amazon não estava à beira da falência ou perdendo clientes. Com a AWS, por exemplo, ela apenas lidou com pequenos problemas de servidor. A maioria das empresas provavelmente teria se recusado a investir mão de obra e capital quando seu principal produto ainda estava crescendo rapidamente e oferecendo muitas oportunidades. Com a Alexa, se as empresas tentassem fazer algo, provavelmente visariam apenas oferecer música, mas Bezos se esforçou para ir além, apesar do enorme gasto e do risco. Ele se sentia confortável em assumir grandes riscos e envolvia as pessoas para fazer as coisas acontecerem.

Quanto às empresas de Musk, elas buscaram iniciativas audaciosas quando ainda eram pequenas — mas continuaram a inovar mesmo depois de alcançar o sucesso. A Tesla entrou no mercado de massa e no de caminhões, enquanto a SpaceX desenvolveu um módulo de pouso lunar.

Resista à falácia do custo irrecuperável. A maioria das empresas tende a fazer grandes movimentos apenas quando seu produto original, uma vez bem-sucedido, não está mais crescendo o suficiente para sustentar a empresa. Mesmo assim, elas lutam para superar seu vínculo emocional com a oferta original. Agarrando-se aos custos irrecuperáveis, elas continuam querendo dar outra chance a esse produto. Então, investem tempo, esforço e capital em um empreendimento falido — fazendo-as deixar de seguir um caminho melhor. Aliada à aversão ao risco, a falácia do custo irrecuperável induz até mesmo empresas com dificuldades a permanecer paradas em vez de mudar.

Líderes corajosos podem resistir a esse viés enviando uma mensagem forte: independentemente das conquistas passadas, os recursos atuais devem ser direcionados a produtos e pessoas que podem trazer sucesso. Capítulos anteriores descreveram como, em 2014, a Microsoft mudou drasticamente sua estratégia de longa data sob a gestão do novo CEO Satya Nadella. A suíte de produtos da empresa, antes altamente lucrativa, não era nada inovadora: o sistema operacional Windows lutava contra o Chrome gratuito do Google, enquanto o Office perdia terreno para numerosos pacotes menos caros. Investimentos na próxima geração de produtos, especialmente smartphones com a aquisição da Nokia, drenavam recursos em áreas nas quais a Microsoft tinha chance de sucesso.

Nadella viu imediatamente que o peso morto tinha de ser eliminado, então interrompeu qualquer trabalho na atualização do Windows. Essa era a suposta menina dos olhos da Microsoft; lançada pela primeira vez em 1985, consumia grande parte dos esforços de engenharia da empresa para lançar atualizações anuais. Apesar de seu passado, Nadella viu que o modelo de negócios do Windows já não servia bem à empresa nem aos clientes. Dessa forma, Nadella decidiu desviar o foco interno do produto e, por mais chocante que fosse, oferecê-lo gratuitamente.

Assim como Jassy na Amazon, Nadella havia ascendido através da divisão de computação em nuvem de rápido crescimento, então provavelmente foi mais fácil para ele fazer uma avaliação objetiva do potencial do Windows em relação a outros usos desse recurso. Ainda assim, foi uma jogada corajosa, e uma das muitas que iniciaram a transformação digital e a reinvenção total da Microsoft.

Nadella afastou-se completamente dos smartphones, perdendo 7,2 bilhões de dólares pagos pela Nokia, mas ganhando mão de obra que poderia ser direcionada para oportunidades melhores. Ele reconheceu ter aberto mão do tempo e do dinheiro recentemente gastos com o Windows, a Nokia e outros empreendimentos em declínio, mas insistiu que alcançar os líderes do setor era praticamente impossível. "Estávamos perseguindo as luzes traseiras de nossos concorrentes", disse ele aos colegas.

Estagnado com sua linha atual de hardware e software, e muito atrasado para construir algo inovador do zero, Nadella usou o capital da Microsoft como um trampolim para adicionar produtos e serviços de alta demanda. Onde estavam essas novas oportunidades e como a empresa poderia chegar lá?

Nadella estabeleceu uma nova estratégia enfatizando jogos de vídeo, mídia social, desenvolvimento em nuvem e inteligência artificial: todos campos nos quais a Microsoft tinha alguns ativos, mas certamente estava atrás e nunca fizera nada verdadeiramente importante antes. No entanto, a empresa viu possibilidades de crescer. Então, Nadella iniciou uma série de aquisições audaciosas e arriscadas. A empresa comprou mais de cem negócios de hardware e software, e a maioria expandia um serviço preexistente da Microsoft.

O maior deles, que Nadella disse que "fornecerá blocos de construção para o metaverso", trouxe o desenvolvedor de videogames Activision Blizzard por 68,7 bilhões de dólares em 2022. Também importante foram as aquisições do desenvolvedor de jogos ZeniMax por 7,5 bilhões de dólares em 2021, e da plataforma de mídia social LinkedIn por 26,2 bilhões de dólares em 2016. Outras aquisições reforçaram os serviços em nuvem a ponto de o serviço Azure ser agora o maior rival da AWS.

Esses investimentos foram possíveis apenas porque os investidores viram a empresa se afastar de sua busca tradicional de hardware e software e partir para áreas de crescimento — e continuaram recompensando essa ousadia. Em dezembro de 2022, o valor de mercado da Microsoft era de 1,8 trilhão de dólares, acima dos 340 bilhões em 2014.

Nadella incorpora a ideia de que a ousadia requer inquietação contínua. Manobras frequentes dentro e fora de campos novos e produtos antigos são a única maneira para uma empresa tão grande sustentar seus atuais produtos, enquanto minimiza o quanto fica para trás. Podemos esperar que a empresa mude novamente se o metaverso, por exemplo, ou a inteligência artificial ficarem aquém das expectativas.

Simplifique a estrutura. Você não pode agir com ousadia se sua organização tiver um grande corpo de gestores intermediários que podem sufocar ou, até mesmo, diluir qualquer movimento audacioso de cima (ou de baixo). Portanto, a ousadia geralmente requer uma camada organizacional enxuta.

Foi como Paul Polman atuou quando se tornou CEO da Unilever, cujo organograma tinha doze camadas. Ele simplificou e consolidou o organograma para cinco camadas e, em seguida, propôs uma estratégia audaciosa em torno do propósito social e dos *stakeholders*. O impulso funcionou bem por vários anos. Então, depois de estagnar sob seu sucessor, Alan Jope, a empresa retomou seu impulso de simplificação ao vender grandes marcas de chá e sorvete.[163]

CHEGAR À OUSADIA

E se você gostaria de agir com ousadia, mas se preocupa em agir com muita rapidez ou ir longe demais? Dá para reduzir o risco buscando informações além de seu círculo habitual. Todos os dados do mundo não lhe darão certeza; você ainda precisará fazer um julgamento subjetivo. E isso requer um nível de maturidade, uma disposição para correr riscos e uma criatividade que muitos líderes não possuem. Como explica o consultor de CEO Ram Charan: "você precisa de capacidade mental e tenacidade para tecer suas inferências em algo significativo, e de imaginação para pensar em novas opções".[164]

Isso significa enfrentar o medo do fracasso que mantém a maioria dos CEOs acordada à noite. O medo muitas vezes decorre do perfeccionismo, do pensamento irracional de que o que realmente importa é executar iniciativas sempre do jeito certo. Os negócios são notoriamente confusos — mesmo em empresas de alto desempenho, os líderes geralmente passam muito tempo apagando incêndios. Portanto, em geral, o medo do fracasso é, na verdade, o medo da humilhação.

Mas a única maneira de combater uma emoção é com outra emoção. Como aponta o escritor Arthur Brooks, você precisa fortalecer sua reserva de coragem, o que ele recomenda fazer concentrando-se no presente, visualizando um ato corajoso e declarando o desejo de superar seus medos. Esses passos ajudam você a reunir energia para superar seus medos e ainda agir com ousadia.[165]

Embora esses passos sejam um bom começo, a maioria das decisões ousadas nos negócios acontece metodicamente. Não ouvimos falar sobre as muitas decisões ousadas que até mesmo líderes audaciosos resistem em fazer, muitas vezes por boas razões.

Como argumentou a pesquisadora Kathleen Reardon, líderes empresariais corajosos evitam jogadas com uma chance muito baixa de sucesso e com pouco a ser ganho no caminho. Tampouco desperdiçam seu capital político e econômico em áreas de baixa prioridade e buscam maneiras menos arriscadas de alcançar seus objetivos. Somente quando não têm alternativa é que partem para a jogada ousada — e esse processo lhes dá coragem para fazer isso.[166]

Eu apenas acrescentaria que os líderes também ganham coragem a partir de seu compromisso existencial com o propósito da empresa. Esse compromisso não elimina o risco, mas lhes dá energia emocional para superar as preocupações habituais a fim de alcançar o resultado desejado.

A ousadia deve ser em parte emocional — especialmente agora que o mercado é muito incerto e volátil para apoiar uma racionalidade simples.

RETIRAR-SE DE MANEIRA OUSADA

A ousadia está menos relacionada a perseguir volume ou velocidade e mais relacionada à qualidade: estamos efetivamente construindo um negócio sustentável para a empresa? Em tempos de crescimento rápido, uma empresa pode perder de vista o básico enquanto luta para acompanhar a escala. Pode perceber que os padrões estão caindo, mas desacelerar e reduzir a escala para se fortalecer requer muita coragem. Uma retirada temporária pode desagradar alguns clientes, mas ser crucial para garantir que o produto continue com qualidade.

Quando a Apple começou, os cofundadores Steve Jobs e Steve Wozniak focaram inovação e qualidade. Apenas mais tarde os clientes foram levados em consideração. Em 1984, quando a empresa lançou o computador pessoal Macintosh, as vendas foram tão decepcionantes que levaram à saída de Jobs da empresa. No entanto, a qualidade era tão notável que, com o tempo, mudou o mundo. Como explicado no capítulo 4, Jobs não se importava com as vendas. O que incomodava Jobs? Que seus produtos tivessem pouca qualidade, embora soubesse que, para a maioria dos clientes, a tecnologia fosse tão avançada que ele poderia cortar centenas de detalhes e ainda assim satisfazê-los.

> Quando você é um carpinteiro e está fazendo uma bela cômoda, não vai usar um pedaço de compensado na parte de trás, mesmo que fique encostado na parede e ninguém jamais veja. Como você saberá que está lá, vai usar um belo pedaço de madeira. Para dormir bem à noite, a estética e a qualidade, tem de ser levada até o fim.

Enquanto Jobs estava afastado, de 1985 a 1997, a Apple focou o lucro, não a qualidade. Sob a liderança do especialista em marketing John Sculley, a empresa prestou menos atenção à inovação e afundou. Era hora de uma nova ousadia.

Quando retornou à empresa, Jobs reduziu as ofertas que a Apple criou durante sua ausência. Embora alguns desses produtos fossem lucrativos, ele queria criar ofertas inovadoras, que haviam garantido à Apple sua reputação inicial. O resultado foi extraordinário: uma série de produtos revolucionários, do iPhone e da App Store ao iPod, catapultaram a Apple para se tornar a empresa mais valiosa do mundo.

Como consequência dessas mudanças, os lucros da empresa dispararam, superando em muito o que Sculley havia alcançado. Jobs compartilhou sua filosofia:

> Minha paixão sempre foi construir uma empresa duradoura em que as pessoas fossem motivadas a criar ótimos produtos. Tudo o mais era secundário. Claro, era ótimo obter lucro, porque era isso que permitia criar ótimos produtos. Mas os produtos, não os lucros, eram a motivação. Sculley inverteu essas prioridades para que o objetivo fosse ganhar dinheiro. É uma diferença sutil, mas acaba significando tudo — as pessoas que você contrata, quem é promovido, sobre o que você discute nas reuniões.

Steve Jobs também agiu com bastante ousadia no que se refere ao desenvolvimento de novos canais de vendas para os produtos da empresa. A Apple poderia ter construído uma loja de varejo convencional e se saído bem, mas ele queria algo centrado em como os clientes realmente viviam sua vida.

Conforme lembrou Ron Johnson:

> Enquanto íamos nos encontrar com minha equipe, responsável pelo design das lojas, eu disse a Steve que a loja estava toda errada — nós a tínhamos organizado como uma loja de varejo em torno dos produtos, mas deveríamos organizá-la em torno de temas, como música e filmes e coisas que as pessoas fazem, e ele me olhou e disse: "Você sabe quão grande é essa mudança? Eu não tenho tempo para redesenhar a loja. Você pode estar certo, mas não quero que diga uma palavra sobre isso a ninguém". Assim que encontramos a equipe, a primeira coisa que Steve disse foi: "Ron acha que nossa loja está toda errada e ele está certo, então vou sair agora e, Ron, você trabalha com a equipe". Mais tarde naquele dia, Steve me ligou e disse: "Você me lembrou de algo que aprendi com cada filme que fiz na Pixar. Em algum momento, quando estamos prestes a lançar um filme, percebemos que o roteiro poderia ser melhor, o final não está exatamente satisfatório, e esse personagem não está exatamente como deveria ser. E na Pixar, sempre tivemos a disposição para não nos preocuparmos com a data de lançamento do filme, mas para acertar o filme. Você só tem uma chance de criar um filme; só tem uma chance de lançar uma loja. Então, não se trata de fazer rápido. Trata-se de fazer o seu melhor".[167]

Da mesma forma, a Advanced Micro Devices (AMD) recuou para focar o básico. Importante fabricante de semicondutores nas décadas de 1970 a 1990, a empresa quase faliu em 2015 devido a dívidas, a uma cultura interna divisiva e uma queda acentuada na venda de computadores pessoais. Ela havia investido 200 milhões de dólares em fábricas de manufatura no início dos anos 2000, mas sua arquirrival Intel solidificou a liderança em chips de computador convencionais dentro das unidades de processamento central.

Alguns engenheiros e executivos estavam ansiosos para seguir em frente e direcionar seus esforços a unidades de processamento gráfico, deixando a Intel correr sem competição. Outros, talvez cegados pela falácia do custo irrecuperável, insistiam que, com mais iteração, suas CPUs ainda poderiam competir. Essa disputa, que dizem ter levado a "deficiências no produto", levou Lisa Su a se tornar CEO.

Como descrito nos capítulos sobre os métodos Pigmalião e Bimodal, Su tinha um amplo conhecimento técnico em semicondutores e décadas de experiência nessa indústria. Assim como qualquer pessoa, ela entendia o potencial aparentemente ilimitado desses chips. No entanto, sua primeira grande decisão foi *cortar*.

Su observou que a enxurrada de especialistas na indústria a tornou aparentemente saturada. Quando todas as empresas são tecnicamente talentosas, o sucesso vem da alocação cuidadosa de recursos:

> É importante, quando se é uma empresa de tecnologia, decidir em quais áreas você é bom de verdade, porque você tem de ser o melhor, o número um ou o número dois [...]. Trata-se de focar: "Ei, esse é o DNA da empresa, vamos torná-lo tão grande quanto possível em termos do que podemos trazer para o mercado".

Su viu que a maior força da empresa estava nos chips de alto desempenho para a área de jogos e *data centers* em rápido crescimento. No ano seguinte, concentrou quase toda sua engenharia em criar os chips mais avançados do mundo, em grande parte abandonando o mercado principal de CPUs para a Intel.

O recuo funcionou. Encontrando um novo ritmo na indústria de jogos, a receita da AMD cresceu de 6 bilhões de dólares em 2014 para 14 bilhões em 2021. Quando as empresas estão lutando para competir, a execução pode superar a criatividade. Ter a coragem de dar alguns passos para trás permitirá que a organização avance com o tempo.

A audácia requer profundo senso estratégico. O Bumble, sob comando da CEO Whitney Wolfe Herd, obteve sucesso inicial com foco contrário nos aplicativos de namoro on-line. Enquanto os concorrentes se concentravam no envolvimento do usuário, novos recursos e planos de assinatura, Wolfe Herd (apresentada no capítulo sobre o método Pigmalião) projetou o Bumble em torno da segurança. Para apoiar essa mentalidade, o aplicativo tem um algoritmo de IA que bloqueia os usuários apenas *inclinados* a agir de forma inadequada. Como Wolfe Herd colocou, "o que o Bumble vende, na verdade, é um senso de controle sobre a alquimia misteriosa dos relacionamentos humanos".

A estratégia de nicho não apenas garantiu ao Bumble significativa parcela de mercado nos Estados Unidos, onde o app tem um percentual muito maior de usuárias mulheres do que seus concorrentes, mas também guiou a expansão internacional. Em 2018, a empresa deu o passo ousado de entrar na Índia, onde a violência sexual e a aplicação inconsistente da lei desencorajavam muitas mulheres de ir a encontros on-line com medo de serem perseguidas. Wolfe Herd e sua equipe passaram meses entendendo o que ajudaria as indianas a se sentirem confortáveis no namoro on-line. Eles removeram alguns recursos do aplicativo dados como certos nos Estados Unidos, mas que eram uma distração na Índia. A ousadia envolve a coragem de cortar, bem como adicionar — e isso tem se mostrado positivo para o Bumble.[168]

CONFORMISMO E AVERSÃO AO RISCO

A ousadia é ainda mais notável em sua ausência. Quando uma empresa em declínio não tem a ambição de remodelar seu mercado com movimentos ousados, pode facilmente culpar fatores externos por seus problemas.

O colapso da Blockbuster, descrito no capítulo sobre a mentalidade empreendedora, mostra a resposta corporativa típica ao fracasso quando os líderes preferem a complacência à coragem. O ex-CFO da Blockbuster, Tom Casey, atribuiu repetidamente o colapso da empresa não às suas decisões estratégicas (incluindo a recusa em adquirir a Netflix em 2007), mas à queda no mercado de ações quando ainda estava digerindo a dívida de sua separação da Viacom. Sua tentativa de estabelecer uma equivalência entre as duas empresas é fraca quando consideramos a linha do tempo. Em 2010, quando entrou com o pedido de falência, a Blockbuster entregava largamente o mesmo produto havia uma década. A Netflix, por outro lado, estava inovando. A análise de Casey não reflete má sorte, mas sim o fato de que o modelo de negócios inteiro da Blockbuster era uma mera distração para a Netflix. Após o lançamento do Blockbuster Online, seu negócio por correspondência, em 2004, a empresa manteve-o associado às lojas físicas e não fez grandes melhorias. Enquanto isso, a Netflix desenvolveu o serviço de envio digital, *streaming* e conteúdo original em uma década.

Da mesma forma, a Nokia fracassou em ser ousada. Como apontado no prefácio, a Nokia carecia de produtos corajosos e inovadores que os clientes amariam. Em outras palavras, o mundo mudou, e ela não conseguiu se adaptar e inovar adequadamente. Blockbuster e Nokia, sem ousadia, hesitaram diante de cada passo. Mas os líderes ainda poderiam encontrar desculpas plausíveis para seu fracasso — os negócios são tão complexos que você sempre pode encontrar algo mais para culpar. Esse é o poder da complacência: ela adormece sua perspectiva e o torna vulnerável a forças externas. A ousadia liberta e energiza organizações tímidas para superar os obstáculos.

LIBERTAR OS FUNCIONÁRIOS PARA AGIR COM OUSADIA

Não basta os líderes serem ousados — eles devem criar uma organização e uma cultura que encorajem a audácia. A segurança psicológica recebe muita atenção, e é, sem dúvida, importante. Pesquisas sugerem que os funcionários se sentem mais confortáveis em assumir riscos onde se sentem acolhidos e apoiados. Os funcionários não tomarão grandes decisões se temerem represálias, ou pior, se suas ideias não funcionarem.

O engajamento, no entanto, é igualmente importante e muitas vezes negligenciado. Antes de assumir uma tarefa difícil, as pessoas têm melhor desempenho quando sua equipe está com o moral alto. Elas precisam confiar em si mesmas e ter apreço por sua equipe.

Infelizmente, a taxa de engajamento dos funcionários no trabalho é geralmente baixa; a maioria das pessoas parece estar desconectada. Mesmo quando se sentem psicologicamente apoiadas para assumir riscos, elas simplesmente podem não se importar o suficiente para querer melhorar a empresa.

Podemos imaginar isso acontecendo na Blockbuster. Quando as pessoas se unem a uma empresa que funciona no mesmo modelo de negócio há mais de uma década, é improvável que proponham ideias novas. Empresas complacentes são menos propensas a buscar e ouvir uma nova perspectiva e a encorajar a troca de ideias. Um novo funcionário da Blockbuster poderia estar cheio de ideias, mas teria pouco incentivo para defendê-las.

O engajamento depende de dar aos funcionários um canal consistente para a criatividade e o compartilhamento de ideias. Compare uma abordagem complacente com a da Zara, em que o feedback dos funcionários faz parte do modelo de negócio.

Como explicado no capítulo sobre a mentalidade empreendedora, a Zara se diferencia cocriando com os clientes. Desde 1975, a empresa desenvolveu uma cadeia de suprimentos com espaço para contribuições contínuas dos clientes. À medida que a tecnologia se desenvolveu, a transferência de dados das lojas para os designers só acelerou. O fundador Amancio Ortega não acreditava conhecer moda melhor do que seus clientes, tampouco contratou designers que acreditassem nisso. Pelo contrário, acreditava que poderia construir um sistema de manufatura tão responsivo ao feedback do cliente que passaria na frente de empresas focadas em designs inovadores. Esse modelo de negócio arriscado *exigia* alta taxa de engajamento dos funcionários.

Como resultado, os funcionários das lojas da Zara têm a responsabilidade adicional de compilar e transmitir o feedback dos clientes. A empresa torna essa comunicação tecnicamente simples, com gerentes de loja responsáveis por garantir que os funcionários se envolvam ativamente. A história do lenço rosa mostra esse modelo em ação.

Em 2015, ao longo de dois dias, três mulheres perguntaram sobre lenços rosa em lojas separadas: Tóquio, São Francisco e Toronto. Nenhuma dessas mulheres comprou algo na loja naquele dia.

Os vendedores alertas e engajados relataram esses pedidos e, em uma semana, 2 mil lojas da Zara receberam 500 mil lenços rosa. Em apenas três dias, todos os lenços esgotaram. A empresa combinou sua famosa rapidez na produção com funcionários engajados e responsivos para entregar um design orientado pelo cliente em uma semana. Ao não apenas apreciar, mas também *depender* dos funcionários, a Zara tornou o engajamento dos funcionários um requisito do trabalho.

Algumas empresas obtêm engajamento com base na cultura de autonomia descrita em capítulos anteriores. A Netflix pede que os funcionários permaneçam alertas e tomem suas próprias decisões, uma abordagem arriscada que depende da confiança. O CEO e cofundador Reed Hastings diz que essa autonomia é essencial em empresas criativas, nas quais o risco muito maior é que você não obtenha a inovação de que precisa.

A Netflix espera apenas duas coisas dos trabalhadores: que façam seu trabalho e o melhorem constantemente. Não há código de vestimenta ou horários definidos; os dias de férias são ilimitados; e as despesas são pagas automaticamente. Mas o emprego de ninguém está seguro, e Hastings admite que "nosso memorando de cultura diz coisas como: 'um desempenho adequado recebe um pacote de demissão generoso'".

Esse ambiente relaxado, mas hipercompetitivo, se encaixa na estratégia da empresa, que depende de feedback honesto para garantir que os programas, os produtos e os funcionários permaneçam na empresa apenas enquanto continuarem a mostrar valor. A transparência quanto a esse ambiente garante que os recém-chegados saibam no que estão se metendo e provavelmente serve para tirar pessoas entediadas de seu emprego atual e que buscam um desafio rápido e altamente envolvente. Ambas as empresas impulsionam o engajamento ao incorporá-lo ao modelo de negócios. A Zara precisa que os colaboradores das lojas repassem o feedback dos clientes, enquanto a Netflix precisa de pessoas criativas para manter seus produtos atraentes. Conforme atraem e engajam novos funcionários, os líderes devem construir um ambiente onde as pessoas se sintam seguras e capazes o suficiente de pensar de forma ousada sobre seu fluxo de trabalho.

A OUSADIA TRAZ CLAREZA

O capítulo começou com a famosa citação sobre o poder criativo da ousadia. Isso é inspirador, mas o que significa de verdade? Tem de significar mais do que apenas a energia de um líder determinado.

Em conexão com um propósito existencial, a ousadia traz uma clareza que pode superar as pequenas fricções e disputas responsáveis por retardar as empresas convencionais. Um ex-executivo da Tesla observa que as pessoas não têm segurança real na empresa — como na Netflix, um desempenho meramente adequado provavelmente leva à demissão. Como já mencionado, Elon Musk não dá a mínima para hierarquias ou protocolos. Quando ele vê uma questão crítica ou um gargalo, sua visão ousada o capacita a ir direto à fonte e se envolver agressivamente, focado na questão específica:

> Musk opera com base nos primeiros princípios, e a maneira mais rápida de resolver algo é ir diretamente ao gerente cujo trabalho é resolvê-lo, em vez de passar por uma rede intermediária em que a questão poderia ser atrasada por diversos motivos, mas também poderia ficar nublada, e um problema muito claro poderia se tornar algo menos definido.[169]

Apesar da abordagem disruptiva, o trabalho prossegue incrivelmente suave na Tesla. Disputas políticas são raras, e o engajamento dos funcionários é alto — graças à ousadia, argumenta o mesmo ex-executivo:

> Muitas pessoas lá acreditam na missão. Elas são capacitadas a fazer coisas incríveis por causa da ambição desses objetivos, e trabalham em um ambiente de desempenho superalto. Há essa cultura e expectativa de que, sim, esses objetivos são impossíveis, mas o mundo precisa que nós os alcancemos. E todos os outros aqui são tão bons em seu trabalho que farão sua parte e eu não quero decepcioná-los.

Algo semelhante parece ter acontecido em situações militares e políticas. Quando a Rússia invadiu a Ucrânia, o Ocidente esperava que esta última caísse rapidamente. Afinal, a Ucrânia era muito subestimada militarmente e estava cercada por invasores em três lados. Muitos de seus cidadãos falavam fluentemente russo ou contavam com a intervenção russa para dar um jeito na corrupção generalizada do país. A própria OTAN ofereceu ao presidente ucraniano Volodymyr Zelensky um avião particular para que ele saísse em segurança da capital.

Mas a famosa resposta de Zelensky foi: "Não preciso de uma carona, preciso de munição". Ele mobilizou os cidadãos ucranianos a resistir à invasão. Embora tenham se beneficiado do hardware militar que a OTAN doou, bem como dos erros e da incompetência russa, os ucranianos mudaram o jogo em grande parte com sua própria bravura e determinação.

Eles podem ter tido uma identidade nacional matizada antes da guerra, mas a ousadia de Zelensky galvanizou todos, estimulando-os a recorrer às reservas internas que os adversários complacentes não tinham.

Da mesma forma, Mahatma Gandhi buscou de forma ousada a independência da Índia do império britânico. Ele identificou a fraqueza do império, mas sabia que seria necessária uma coragem extraordinária para atacá-lo. Então, treinou seus seguidores em protestos não violentos que deixaram os agentes do império completamente perplexos, e, em determinado momento, alcançou seu objetivo. Martin Luther King Jr. aprendeu com Gandhi e alcançou sucesso semelhante no movimento pelos direitos civis dos anos 1960 nos Estados Unidos. Sua ousadia criou uma clareza moral que unificou seguidores e reduziu as fricções e brigas internas que retardam a maioria das organizações.

....

Toda mudança exige coragem, mas a maioria das empresas muda apenas para se atualizar com a norma. Na verdade, rejeitar a conformidade é raro, caro e arriscado; requer uma coragem que a maioria das empresas não tem. Isso é especialmente verdadeiro quando uma empresa está prosperando, como a Amazon, quando desenvolveu a computação em nuvem. Mas mesmo em momentos difíceis, como a Microsoft teve em 2014, iniciativas ousadas são difíceis. A empresa precisava de um novo CEO para deixar de lado os custos irrecuperáveis e investir no futuro. A Blockbuster oferece o exemplo mais comum: uma empresa que se destacou em sua oferta inicial, mas continuou a fornecer esse serviço de maneira complacente, com pouca reinvenção.

Às vezes, a ousadia requer redução. Continuar a fabricar unidades de um produto lucrativo pode parecer bom no papel, mas não é sustentável. Uma atitude ousada é realocar esforços para áreas com maior potencial. Assim, a Apple e a AMD tiveram de cortar antes de poderem crescer novamente.

Da mesma forma, líderes ousados exigem organizações ousadas. E isso depende de uma cultura e de uma estrutura que promovam o engajamento e a iniciativa dos funcionários — e desencorajem a complacência. Seja passando informações ou criando novas ofertas, funcionários de todos os níveis precisam agir com ousadia, não apenas seguir passivamente um líder.

Acima de tudo, a ousadia requer certa inquietação — nunca aceitar uma abordagem bem-sucedida por muito tempo. A maioria dos líderes não tem o talento extraordinário de um Jeff Bezos ou de um Elon Musk, mas pode insistir na missão e ousar adicionar grande valor.

9. PROMOVA A COLABORAÇÃO RADICAL

Como curamos a poliomielite e a varíola, e enviamos o homem à Lua?
Como decodificamos o genoma humano em apenas treze anos? Colaborando.
— MARGARET CUOMO

Em 1906, o estatístico britânico Francis Galton participou de uma feira em um condado na qual as pessoas estimavam o peso de um boi. Depois, Galton pegou emprestados os cartões com os palpites e descobriu, para sua surpresa, que a média dos 787 registros era quase o peso real do animal. Foi mais preciso do que as estimativas de qualquer um dos açougueiros e fazendeiros, que presumivelmente tinham um olho para essas coisas.

A conclusão de Galton tornou-se o princípio da "sabedoria das multidões", de que grupos de pessoas podem ser mais inteligentes do que os indivíduos mais experientes entre eles. Pesquisadores em múltiplas áreas mostraram que agregar uma variedade de olhares pode aumentar a precisão, pois os erros individuais se cancelam. Julgamentos em grupo aprimoraram diagnósticos médicos, pesquisas científicas e previsões econômicas.

Uma variedade de opiniões é essencial. Assim como as bolhas do mercado de ações, multidões de pessoas com a mesma opinião podem levar uma organização à beira do precipício, daí a necessidade de uma diversidade de perspectivas em qualquer inteligência coletiva. Toda multidão inclui indivíduos que discordam uns dos outros. Na prática, isso significa promover amplamente a colaboração em toda uma organização.[170]

POR QUE A COLABORAÇÃO É DIFÍCIL?
Até agora, enfatizamos o papel de pessoas talentosas, energizadas por um propósito comum, na inovação ágil. Mas o talento individual não é suficiente; as empresas também precisam que os funcionários trabalhem juntos para criar algo maior do que qualquer um poderia alcançar sozinho. Acontece que a verdadeira colaboração é muito difícil — apenas empresas corajosas podem sustentá-la por muito tempo em toda a organização.

Na maioria das vezes, duas cabeças pensam melhor do que uma. No trabalho, na escola e em casa, os maiores desafios que enfrentamos são sempre mais fáceis de superar em conjunto do que sozinhos. É lógico que, quanto maior a organização, mais complexos são seus desafios. Então, por que algumas organizações alcançam mais colaboração do que outras?

Todas as empresas dizem valorizar a colaboração, mas, além das empresas de alto desempenho, parece haver pouca colaboração além das equipes formalmente estabelecidas.[171] Para entender por quê, temos de analisar o poder dos silos. Quando as empresas são pequenas, todo mundo conhece todo mundo, e é fácil e essencial colaborar. Você está apenas tentando sobreviver, e todos estão motivados a ajudar. Mas se a empresa tiver sucesso, ela geralmente cresce e expande suas ofertas. Agora ela tem tantas pessoas e tantas atividades complicadas que cada função se torna um mundo em si, com menos a ver com as outras funções.

Nesse novo estado, os líderes muitas vezes dão a sobrevivência como garantida e constroem minifeudos sob sua gestão. Todos procuram segurança, e uma organização sólida muitas vezes parece ser a melhor maneira de chegar lá. As empresas mais bem-sucedidas crescem e diversificam tanto que precisam criar operações independentes — uma forma multidivisional. Todos esses silos são bons para lidar com a complexidade, mas tornam difícil para as pessoas trabalharem entre funções e divisões. Gerentes e funcionários são motivados a proteger seus feudos e maximizar seus recursos.

Na teoria, a colaboração organizacional ampla ainda deveria acontecer no nível de executivos seniores. Mas, na realidade, os executivos são humanos como todos os outros e tendem a se preocupar mais em proteger sua área do que em arriscar o que têm colaborando. E se essa colaboração resultar na perda de recursos ou de respeito do CEO?

Os silos são essenciais para escalar processos complicados. Você precisa de pessoas especializadas em cada área que possam executar esses processos de forma confiável e com baixo custo. Os silos foram a forma como conseguimos os produtos e serviços abundantes e de alta qualidade do final do século XX. Eles nos deram afluência moderna.

Os silos faziam sentido quando os mercados eram bastante estáveis, como aconteceu na maior parte do século XX. Mas são arriscados agora que a maioria das empresas enfrenta turbulências por causa dos avanços tecnológicos. A turbulência não acontece de forma organizada; ela afeta atividades em toda a organização, e superá-la requer coletar rapidamente informações, gerar novas ideias e explorá-las. Daí a necessidade de colaboração radical: um ambiente onde as pessoas procuram soluções para sua organização sem obstáculos estruturais ou culturais.

Na prática, isso se parece com um executivo sênior consultando frequentemente especialistas na parte de baixo da cadeia de comando, ou engenheiros criativos tentando desenvolver novas soluções. Pode se manifestar de muitas maneiras, todas úteis para garantir a agilidade organizacional.

O problema não são as estruturas funcionais ou divisionais, mas as atitudes que transformam essas estruturas em silos. Inovadores contínuos ainda precisam organizar as atividades, e as estruturas não podem ser contraproducentes. O que importa é a prontidão da empresa em colher os benefícios da colaboração, independentemente de como ela estiver organizada. Essa prontidão vem de:

1. Uma abertura para novas soluções, não importa de onde elas venham ou quão inéditas sejam;
2. Uma ética corporativa que incentive a colaboração e dê pouca ênfase aos feudos;
3. Uma estrutura porosa o suficiente para permitir ampla colaboração.

Para que seja possível ter uma ideia da dificuldade, perceba que, se realmente valorizassem a colaboração tanto quanto dizem, muitas organizações teriam de fazer disso um valor maior do que o respeito à hierarquia. Uma empresa que dá prioridade à colaboração é a Tesla, que valoriza a expertise em áreas específicas. Quando uma equipe na Tesla encontra desafios, ela pode passar por cima da cadeia de comando e cruzar silos.

Como mencionado em capítulos anteriores, espera-se que os líderes de equipe se dirijam diretamente à pessoa com o conhecimento para solucionar o problema e resolvam a questão rapidamente. Elon Musk mostra o caminho em suas ações e palavras:

> Qualquer pessoa na Tesla pode e deve enviar um e-mail ou conversar com qualquer outra pessoa de acordo com o que pensa ser a maneira mais rápida de resolver um problema para o benefício da empresa como um todo. Além disso, você deve se considerar obrigado a fazer isso até que a coisa certa aconteça.

Com a cooperação radical sendo uma realidade cotidiana na Tesla, as pessoas têm motivação extra para dominarem sua área de atuação — elas não podem confiar na segurança de seu silo para protegê-las dos desafios. Precisam se sentir confortáveis trabalhando com outras pessoas em diferentes funções, pessoas que podem respeitá-las apenas por sua expertise. A empresa valoriza resultados e está disposta a desrespeitar silos e hierarquias para alcançá-los.

Essa é a essência da colaboração radical. Vai além da colaboração ordinária que incentiva as pessoas a procurarem ajuda para problemas complexos. Os inovadores contínuos acreditam que apenas colaborando agressivamente podem acompanhar a rápida mudança do mercado. A chave para sua colaboração radical é tão estrutural quanto cultural.

COLABORAÇÃO ENTRE ESTRUTURAS DIFERENTES

Uma organização colaborativa pode ter muitas formas. Alguns inovadores contínuos são extremamente descentralizados. Como explicado no capítulo 2, a Haier evoluiu para se concentrar na entrega de eletrodomésticos de qualidade para diferentes públicos ao redor do mundo. Para gerar uma ampla variedade de novos produtos, ela descentralizou suas operações em minifirmas dentro de um ecossistema empreendedor interno. No outro extremo, há uma empresa como a Apple, altamente centralizada e organizada para gerar inovações revolucionárias e fáceis de usar. Ambas alcançam níveis impressionantes de colaboração em sua estrutura para inovações adequadas ao seu modelo de negócios.

Na Haier, a maioria das pessoas trabalha em milhares de microempresas separadas, focadas em um produto e um mercado específicos. Cada microempresa é responsável por criar um negócio sólido com seus próprios lucros e perdas. Aquelas que falham são desmontadas, e os recursos e as responsabilidades são absorvidos por outras unidades.

Para ter sucesso, a maioria dessas unidades deve obter conhecimento em tecnologias e produção relevantes, e isso requer colaborar com colegas em outros lugares. A empresa, portanto, cria disciplina para uma colaboração ampla a fim de criar produtos que os usuários de cada localidade precisam.

Essa colaboração só aumentou com a crescente complexidade técnica dos produtos da Haier, em especial à medida que introduz a Internet das Coisas nos eletrodomésticos. Apoiando cada "ecossistema de microcomunidades" — seja um produto ou uma aglomeração geográfica — estão duas estruturas coordenadoras: um EMC* de experiência para ajudar as unidades a permanecerem sintonizadas com as necessidades em evolução dos usuários e um EMC de soluções para ajudar a criar produtos e serviços que atendam às necessidades dos usuários.

---

* Sigla para enterprise micro-community (comunidade microempresarial), termo que tem origem no modelo Rendanheyi da Haier. Faz referência a um ecossistema de negócios criado para apoiar um ou mais cenários de clientes. [N.T.]

Essa é a outra face da colaboração radical: a empresa pode dar autonomia às unidades sobre seus próprios negócios porque sabe que as unidades buscarão ajuda entre si conforme necessário. Por exemplo, uma unidade responsável pela produção de geladeiras em um mercado percebeu que geladeiras "inteligentes" criavam oportunidades para ajudar os consumidores a comprar, preparar e armazenar alimentos. A unidade colaborou com especialistas em outras unidades para identificar essas oportunidades e construir as ofertas — e se a iniciativa for lucrativa, a unidade espera que colegas em outros lugares busquem sua ajuda. Todos são motivados a ajudar porque sabem que o único caminho para o sucesso é compartilhar conhecimento e recursos.

A Apple, por outro lado, é um tipo muito diferente de organização, focada em inovações em eletrônicos de consumo. A empresa transformou nossa forma de interagir com a tecnologia, tudo em serviço do compromisso existencial da empresa de criar produtos inovadores para o dia a dia das pessoas. A Apple não só inventa novos produtos, mas também trabalha continuamente para melhorar suas ofertas atuais.

Quando Steve Jobs retornou à Apple em 1997, a empresa era muito diferente do que é hoje. Seus sucessores haviam dividido a empresa em unidades de negócios, cada uma gerenciada por um grupo de gerentes-gerais — muitas vezes com MBA — focados em sua própria lucratividade. Essa abordagem convencional para a estrutura organizacional criou silos isolados, cada um dos quais com pouco incentivo para trabalhar com os outros.

Jobs tomou medidas drásticas para resolver esse problema. Demitiu quase todos os gerentes-gerais da empresa, dissolveu as unidades de negócios e as substituiu por hierarquias funcionais que convergiam apenas no nível executivo. A Apple agora trabalha com divisões como design, marketing e engenharia, em vez de grupos de produtos como iPad, iPhone, Mac e outros.

A estrutura funcional permite que a empresa concentre expertise em áreas específicas, levando a uma compreensão maior do que se cada grupo de produtos tivesse seus próprios designers ou engenheiros. A Haier, que não opera na vanguarda da tecnologia, não tem necessidade de concentrar expertise.

De fato, em vez de ter unidades de negócios individuais para cada produto que pode competir e canibalizar um ao outro, a Apple coloca suas melhores mentes em um só lugar e as encoraja a colaborar com colegas de outro. Dessa forma, a empresa entregou repetidas vezes inovações surpreendentes, mas práticas.

Jobs restaurou alguns gerentes intermediários, mas não no sentido usual. Na Apple, os gerentes não supervisionam especialistas — tudo o que fazem é desenvolver indivíduos que são bons em gerenciar. Em vez disso, especialistas lideram especialistas. Especialistas em hardware gerenciam equipes de hardware, especialistas em software, equipes de software, e assim por diante. A empresa precisa dos profissionais mais talentosos, e essas pessoas não vão se contentar com alguém sem sua expertise dizendo o que fazer. Concentrando esses indivíduos dentro da organização, pessoas de grande capacidade podem trabalhar juntas e aprender umas com as outras para superar o próximo grande desafio de inovação.

Essa especialização, por sua vez, requer muita colaboração para realmente gerar produtos. A estrutura funcional cria centenas de dependências horizontais. Um VP responsável pela engenharia de câmeras deve trabalhar em estreita colaboração com designers que trabalham em produtos que incluem câmeras. Essa pressão leva a empresa a promover pessoas que combinam expertise técnica com capacidade de colaborar. A estrutura funcional torna, assim, a colaboração radical uma habilidade vital — e um motor de inovação ágil.

Quando a Apple quis introduzir o modo retrato na câmera de todos os dispositivos, os engenheiros de câmera (software e hardware) não trabalharam sozinhos. Consequências não intencionais e desafios imprevistos no decorrer do desenvolvimento levaram a longas discussões sobre a experiência do usuário, *firmware*, algoritmos e outras funções. Trabalhando juntas, as equipes identificaram e solucionaram muitos problemas. Quando finalmente lançou o novo modo, a Apple havia alcançado um recurso para câmeras móveis anteriormente considerado impossível.

Jobs substituiu um tipo de silo (divisões de produtos) por outro (divisões funcionais) — só que essas últimas não tinham escolha a não ser colaborar para adicionar valor às ofertas da empresa. As microempresas da Haier são mais autossuficientes, mas sofrem muita pressão para ter sucesso economicamente, e ainda têm que colaborar de forma ampla para obter as capacidades de que precisam. A lição aqui é que a maioria das grandes empresas é organizada em silos, de alguma forma ou outra. O que importa é o quanto essas estruturas requerem colaboração e induzem os silos a serem porosos.

DEPENDER DE EQUIPES DE TRABALHO COLABORATIVAS

Outra abordagem é empregar uma estrutura organizacional convencional, mas sobrepor equipes de trabalho colaborativas responsáveis pelo trabalho principal de inovação. É isso que a Amazon faz. Apesar de dominar o comércio on-line, a Amazon evitou a complacência e os silos, e é conhecida por agir rapidamente na organização de novas linhas de negócios e ajustar a estratégia de alto nível. Ao confiar em equipes multifuncionais para inovação, a empresa torna essa colaboração interna necessária para o sucesso.

Como explicado no capítulo 6, sobre o ritmo, a Amazon inicialmente organizou a maior parte de seu trabalho de desenvolvimento em "equipes de duas pizzas": nenhuma equipe devia ser maior do que o que duas pizzas podiam alimentar. Ao permanecerem pequenas, com apenas seis a oito pessoas, as equipes podiam ser mais ágeis. Eram grandes o suficiente para incluir tanto engenheiros quanto não engenheiros, frequentemente de diferentes departamentos, que deveriam colaborar para a solução de problemas trazendo suas habilidades complementares.

Ao trabalhar em todos os silos, as equipes não se concentravam no terreno organizacional, mas nos clientes. E como tinha autonomia para trabalhar em seu módulo específico, cada equipe trabalhava informalmente e tinha o poder de tomar decisões no que dizia respeito a suas tarefas muito mais rápido do que um gerente intermediário seria capaz de fazer. O sucesso de cada equipe dependia do sucesso das outras no espaço de solução, então era do interesse de todos resolver problemas rapidamente. Se uma equipe atrasasse, todas as equipes relacionadas acabavam se atrasando.

Como tiveram que aprender a trabalhar bem juntas desde o início, as equipes tinham maior motivação e melhor coordenação internas. O tamanho fazia com que as pessoas fossem mais propensas a participar do problema que estavam resolvendo. As equipes pequenas também podiam mudar rapidamente ao receber novas informações.

Mas a colaboração por si só não é suficiente — ainda são necessários líderes fortes para facilitar o processo. As equipes de duas pizzas funcionavam bem apenas para o desenvolvimento de produtos, quando o tamanho e a autonomia eram essenciais para evitar as dependências emaranhadas que frequentemente não levavam a nada inovador. Para outros projetos, em especial iniciativas ambiciosas que afetavam grande parte da empresa, a Amazon descobriu que o foco em tempo integral do líder da equipe era essencial. Muitos dos líderes de equipe trabalhavam em vários projetos, diluindo a responsabilidade. Como observado no capítulo 6, uma inovação substancial requer compromisso em tempo integral.

Por exemplo, a empresa queria oferecer serviços logísticos aos comerciantes (Fulfillment by Amazon). Todos achavam que era uma boa ideia, mas o projeto não saiu do lugar até que a empresa mandou um vice-presidente deixar de lado todas as suas outras responsabilidades e se concentrar em fazer o serviço acontecer. Ele tinha plena autoridade para contratar e formar uma equipe para desenvolver o serviço — sem a necessidade de coordenar com outras equipes.[172]

Esse fenômeno não ocorre só na Amazon. Um estudo da McKinsey (veja o capítulo 6) sugere que estruturas de equipe ágeis como essas são mais propensas do que equipes convencionais (geralmente baseadas em departamentos) a resolver problemas, porque testam rapidamente novas ideias e reúnem dados. Equipes diversificadas e com múltiplas perspectivas podem, portanto, iterar rapidamente através de atualizações e melhorias em um produto, pois têm um entendimento mais amplo do que a empresa e o cliente precisam. Mais importante ainda, as equipes relataram maior capacidade de se aprofundar em áreas de força e oportunidades devido à sua natureza colaborativa. Gargalos de tomada de decisão e dependências redundantes se tornam aparentes quando as equipes estão constantemente coordenando e se comunicando umas com as outras.

A Amazon avaliou sua própria abordagem para a estrutura da equipe usando análise de rede organizacional. Nessa autoavaliação, descobriu que não só suas equipes colaboram para resolver seus próprios problemas, mas também funcionam como pontes entre partes díspares da organização. A estrutura menor da equipe também reduziu o número de reuniões e aprovações burocráticas, juntamente com o desalinhamento de prioridades. Com isso em mãos, a empresa reforçou a estrutura de duas pizzas e incluiu reuniões semanais de revisão de negócios entre os líderes para alinhar ainda mais as prioridades das equipes — antes de finalmente mudar para a abordagem de líder de segmento único.

Com frequência, os frutos da colaboração radical estão em lugares inesperados. Quando se inclinam para meios confortáveis — parcerias estabelecidas e grupos de trabalho específicos dentro de uma organização —, as pessoas tendem a ignorar outras fontes para a próxima ideia. Às vezes, essas fontes estão além da própria organização, em empresas pequenas e ágeis com força inacessível a organizações maiores, ou até mesmo concorrentes diretos com atributos complementares desbloqueáveis por meio de parceria.

BATERIA INCLUÍDA

Estrutura não é suficiente para garantir a colaboração, assim como métricas de desempenho que podem ser manipuladas. As empresas também precisam de pessoas talentosas que, como na Apple, queiram colaborar. Uma massa crítica de colaboradores pode até mesmo influenciar a mentalidade e a cultura para tornar a colaboração algo normal, até esperado.

Toda organização tem pessoas naturalmente inclinadas a trabalhar, mas a maioria das empresas confia em apenas um pequeno grupo para fazer a maior parte da colaboração. Um estudo sugeriu que um terço do valor agregado da colaboração veio de apenas 5% dos funcionários.[173] Como as empresas podem contratar ou promover para que tenham mais pessoas inclinadas a colaborar?

Uma ideia nesse sentido vem de Jack Altman, fundador e CEO da Lattice, uma plataforma de gestão de local de trabalho. Altman divide os funcionários em dois grupos: aqueles que trazem energia positiva aos colegas e aqueles que precisam de energia dos outros para permanecerem positivos. Outros dividem as pessoas "com bateria incluída", que criam energia para aqueles ao seu redor, das pessoas "sem bateria incluída", que dependem dos outros para criar essa energia para elas.[174]

Essa é uma distinção importante, porque na maioria das organizações a colaboração exige uma quantidade enorme de energia e pensamento positivo, bem como coragem. Os funcionários têm suas tarefas e desafios estabelecidos, e a colaboração é uma opção que eles podem recusar. Somente pessoas que têm confiança, ambição e, sim, energia farão um esforço para colaborar com alguém fora de seu grupo. Elas precisam ser internamente motivadas, disciplinadas, consistentes e responsáveis para que os colegas de fora confiem e trabalhem com elas.

Naturalmente, todas as empresas querem contratar pessoas "com bateria incluída". Mas isso é mais importante ainda para aquelas que buscam aumentar a colaboração, o que deve ser o caso de muitas, se não a maioria, das empresas.

COLABORAÇÃO ALÉM DA ORGANIZAÇÃO

Estrutura não é o suficiente, nem energia: a colaboração radical também requer bravura. As pessoas precisam estar dispostas não apenas a buscar novas ideias, mas também a conviver com colegas que possivelmente não conhecem — em especial aqueles que estão fora da organização como um todo.

Quando as empresas colaboram, o foco é frequentemente interno. Pessoas na mesma organização sem dúvida trabalham mais rápido e de forma mais eficaz do que pessoas de organizações separadas. Essa estratégia também tende a ser mais lucrativa, porque os ganhos para a inovação permanecem todos no interior. Essa foi a estratégia da Microsoft por muitos anos. Quando a Apple e a Samsung viram sucesso inédito com seus smartphones, a Microsoft lançou o Windows Phone em um esforço vão de competir. Da mesma forma, a empresa adiou o lançamento de versões de seus produtos para o sistema operacional da Apple, ainda que os produtos da Apple se tornassem cada vez mais populares. Assim como com o Windows, o Office e o Internet Explorer, eles queriam controle sobre os produtos e tiveram êxito com respostas "maria vai com as outras" a inovações que fortaleciam essas plataformas.

Essa abordagem mudou em 2015 sob a gestão de Satya Nadella (ver capítulo 2). Em um importante evento da Salesforce, ele subiu ao palco e fez o impensável — usou um iPhone para uma demonstração de produto. Segundo ele, o celular estava totalmente carregado com a versão iOS dos softwares da Microsoft — desde produtos fundamentais como Word, Excel e PowerPoint, até adições recentes como OneNote e OneDrive. Pouco depois, o chefe de produtos do Office da Microsoft participou do lançamento do iPad Pro.

A demonstração dramática enfatizou não apenas a mudança existencial da empresa, mas também sua nova prioridade de colaboração. A Microsoft agora iria ajudar os clientes a acessarem seus produtos independentemente da plataforma, então tinha de se conectar com empresas que antes mantinha à distância. Em vez de uma "confederação de feudos", a empresa se concentrou em fazer o que os clientes queriam — o que muitas vezes significava sair da zona de conforto.

Daí a nova estratégia da empresa, que acabou superando o Google na aquisição da plataforma de código aberto GitHub em 2018 e estabelecendo a Microsoft Partner Network em 2019 (agora Microsoft Cloud Partner Program). Ambos os movimentos permitiram à Microsoft e aos fornecedores compartilhar recursos, criar soluções e gerar negócios. Para encorajar a participação, a empresa oferece aos fornecedores muitos de seus programas de desenvolvimento e ferramentas de negócios. As pequenas empresas, por sua vez, fornecem agilidade e expertise especializada. A rede, assim, permite ao gigante do software abordar problemas que, de outra forma, seriam muito específicos para ele resolver.

A ScienceSoft, por exemplo, tinha tecnologia para funções de busca mais rápidas e melhor colaboração em documentos — mas faltava uma plataforma corporativa forte na internet para mostrar sua capacidade. Após ingressar na rede de parceiros, ela usou o software Microsoft SharePoint para demonstrar sua intranet empresarial personalizável. Essa colaboração continuou à medida que a ScienceSoft ajudou a Microsoft a melhorar seu pacote de software 365.

Ao contrário da Haier e da Apple, a Microsoft não reformulou sua estrutura organizacional para promover a colaboração. Em vez disso, confiou em mensagens de cima para baixo e em eventos como o da Salesforce. Mas a estratégia anterior da empresa de fazer tudo em casa havia claramente fracassado em 2015, e Nadella podia contar com um exército de talentosos engenheiros de software ansiosos para maximizar o impacto. Ele apenas precisava dar a eles encorajamento e permissão. Diferentemente da Apple, a Microsoft não precisava estar na vanguarda, mas precisava que seu software funcionasse perfeitamente com seus parceiros, então a colaboração eficaz era essencial.

A colaboração radical requer abertura para todos os tipos de oportunidades — até mesmo aquelas que oferecem benefícios ao concorrente. Colaborar com rivais como a Apple destravou o acesso a clientes previamente inexplorados, e trabalhar com pequenas empresas ágeis como a ScienceSoft forneceu conhecimento profundo em determinado assunto.

CULTIVAR UM ÉTHOS DE COLABORAÇÃO

Encorajar essa abertura não é um processo automático. Os funcionários normalmente realizam suas atividades dentro dos parâmetros habituais, trabalhando prontamente com colegas imediatos, mas se aproximando de outros com hesitação, e quase nunca pensando em sair da organização.

Algumas empresas deixam a colaboração se propagar de cima para baixo, enquanto outras esperam que ela surja de baixo para cima. Não há uma única resposta para cultivar a colaboração, mas há uma maneira fácil de desencorajá-la: competição interna. Colocar os funcionários uns contra os outros pode parecer uma maneira eficaz de motivá-los a fazerem melhor. Mas, assim como monitorar a produtividade individual, isso destroça a confiança deles. Uma vez que veem os colegas como concorrentes, especialmente fora de seu silo, a verdadeira colaboração acaba.

Antes de Satya Nadella se tornar CEO da Microsoft, os líderes da empresa encorajavam os gerentes intermediários a darem certa proporção de avaliações negativas, independentemente do desempenho do funcionário. Essa política, como era de esperar, desencorajou a colaboração, pois todos competiam com os colegas de equipe.

Por outro lado, a Tesla tem talvez a cultura de colaboração mais forte, quase uma diretriz primordial para prosperar no mundo altamente competitivo dos veículos elétricos. A empresa quer que seus funcionários deem pouca atenção à hierarquia — o que importa é a expertise, não a posição.

No entanto, uma cultura de colaboração não significa decidir por consenso, em que todos têm igual autoridade. Nadella pode ter interrompido avaliações de desempenho negativas obrigatórias, mas ainda via a necessidade de uma liderança forte para manter a organização unida e em uma única direção — uma base necessária para a colaboração. Como ele mesmo disse:

> Uma coisa que aprendi com a experiência do meu pai como alto funcionário do governo indiano é que poucas tarefas são mais difíceis do que construir uma instituição duradoura. A escolha de liderar por consenso vs. por decreto é falsa. Construir uma instituição vem de ter uma visão clara e uma cultura que trabalhem para motivar o progresso tanto de cima para baixo quanto de baixo para cima.

Em vez de uma estrutura aberta, a Microsoft sob Nadella enfatizou a colaboração no que se tornou o maior *hackathon* privado do mundo. O objetivo do evento era incentivar os funcionários da Microsoft a trabalharem juntos, atravessando silos e funções, para resolver problemas por meio de colaboração acelerada. O programa foi um sucesso: após dois anos, o evento anual atraía 18 mil pessoas em 400 cidades e 75 países, trabalhando de forma colaborativa em ideias compartilhadas. Depois disso, a empresa também convidou clientes para a festa. A pandemia de covid-19 tornou o *hackathon* totalmente virtual, mas ele continuou com sua missão original.

O evento proporciona aos funcionários conexões em toda a organização, que jamais ocorreriam nas atividades cotidianas, e os acostuma a trabalhar juntos em desafios desconhecidos. Ao forçar a cooperação criativa, influencia o restante das operações da Microsoft, incentivando os participantes a trazerem uma rede recém-descoberta e ideias novas à sua função diária. O evento até resultou em alguns produtos, como o Seeing AI, um aplicativo que narra o mundo ao redor dos usuários com deficiências visuais; ferramentas de aprendizado para o OneNote, um complemento para estudantes com dificuldades de leitura, como dislexia; e o EyeGaze, um aplicativo para usuários com algum grau de paralisia que se comunica com computadores através de movimentos oculares.[175]

LÍDERES COLABORATIVOS

Nadella contou com muito mais do que mensagens de cima para baixo para impulsionar a colaboração. Ele também buscou uma equipe de liderança colaborativa. A colaboração radical é tão importante na cabeça de uma organização quanto em seu corpo. A colaboração do quadro de funcionários significa pouco se a direção geral for fragmentada ou desconexa. Como resultado, as equipes de liderança precisam incorporar o espírito de colaboração radical que este capítulo tem defendido. As organizações precisam garantir que seus líderes seniores estejam altamente motivados a buscar soluções, frequentemente selecionando a equipe de alto nível com este critério em mente — com bateria incluída.

Nadella percebeu cedo que a equipe sênior que ele herdou era como um grupo de indivíduos trabalhando em prol de seu sucesso individual. As reuniões eram um exercício de encontrar falhas nas ideias uns dos outros. Apesar do talento individual, faltava uma atitude colaborativa. Nadella disse:

> O poeta John Donne escreveu: "Nenhum homem é uma ilha", mas ele pensaria de outra forma se tivesse participado de nossas reuniões. Cada líder no grupo era, essencialmente, o CEO de um negócio próprio. Cada um vivia e operava em um silo, e a maioria fazia isso há muito tempo. Meu portfólio não tinha um centro de gravidade.

Esse centro de gravidade é crucial para iniciar a colaboração, pois as equipes precisam de algum tipo de princípio organizador para trabalhar juntas. Assim, Nadella montou uma nova equipe sênior. Contratou um chefe de desenvolvimento de negócios, encarregado de fazer acordos para adquirir e se associar a novos produtos. Encontrou um novo diretor de recursos humanos para apoiar a transformação cultural que se aproximava, além de um diretor de estratégia, um diretor de marketing e um novo diretor para Cloud and Entreprise, o negócio de crescimento mais rápido da Microsoft.

Ao mesmo tempo que esclareciam imediatamente a mudança estratégica, essas contratações também compartilhavam uma mentalidade colaborativa — o que permitiu que todos usassem suas habilidades complementares e depois conseguissem consenso de alta qualidade em decisões importantes. Para a empresa realizar movimentos estratégicos audaciosos, esses executivos tinham de ser radicalmente abertos à colaboração — e então impulsionar essa colaboração para a organização.

Na prática, isso significa não apenas debater, mas também fazer um *brainstorm* para gerar ideias — e depois alcançar um consenso de alta qualidade. Os executivos precisam de um espírito colaborativo que combine com sua motivação individual e unifique as prioridades da empresa e sua execução. Como diz Nadella: "Quando estamos a alguns centímetros de distância da estratégia no nível de liderança, nossas equipes de produtos acabam a quilômetros de distância na execução".

Somente se estiverem realmente dispostos a trabalhar de forma colaborativa e produtiva, os líderes seniores são capazes de apoiar os problemas uns dos outros e ajudar uns aos outros a resolvê-los. Eles também podem servir como arquétipo de colaboração radical da organização, com a equipe usando suas habilidades para enfrentar problemas difíceis. O diretor financeiro mantém a organização intelectualmente honesta e responsável por suas ações, o diretor de estratégia não abre mão dos planos da empresa e o diretor de recursos humanos representa os funcionários. Da mesma forma, os líderes de produtos garantem alinhamento em ofertas específicas.

Na nova Microsoft de Nadella, a empresa não é mais uma "confederação de feudos". Como os fenômenos da indústria não seguem limites organizacionais, ele encoraja os colegas a transcenderem os silos também. O objetivo é fazer o que importa para os clientes, o que muitas vezes significa sair da zona de conforto. Nadella até promove uma mentalidade de código aberto:

> Um grupo pode criar código e propriedade intelectual, mas ele é aberto e disponível a outros grupos dentro e fora da empresa, para que o inspecionem e melhorem. Podemos ter a propriedade de um cenário de cliente, não do código. Nosso código pode precisar ser adaptado de uma maneira para uma pequena empresa e de outra para um cliente do setor público. É nossa capacidade de trabalhar juntos que torna nossos sonhos críveis e, no final, alcançáveis. Devemos aprender a construir sobre as ideias dos outros e colaborar além das fronteiras para garantir aos nossos clientes o melhor da Microsoft — a Microsoft.

OS LIMITES DA COLABORAÇÃO RADICAL

Dados os benefícios dessa abertura, por que ter algum tipo de estrutura hierárquica? Vários empresários visionários pediram versões extremas de colaboração sem gestão alguma. Equipes autogerenciadas surgiriam em um projeto ou uma iniciativa específica e se dissolveriam depois de alcançar os objetivos. Qualquer pessoa na organização poderia decidir um caminho, contanto que tornasse o processo de pensamento vulnerável à avaliação e crítica por parte de outros.

Eventos de recrutamento interno frequentes mostrariam novos projetos e projetos potenciais para colegas se juntarem a seu bel-prazer. Para garantir a responsabilidade, todos se tornam uma empresa virtual de uma única pessoa, com um balanço e perda transparente, com salários resultantes de compromissos negociados ao longo da cadeia de valor e os excedentes produzidos.[176]

Embora algumas empresas tenham feito movimentos nessa direção, especialmente a Zappos, sob a direção de Tony Hsieh, nenhuma alcançou esse ideal. É fácil ver o porquê — a colaboração extrema depende de pessoas com mentalidade tão independente que é provável que prefiram ser *freelancers* a trabalharem para uma grande organização, qualquer que seja ela.

Sem estrutura, também é difícil coordenar investimentos em grandes quantidades de capital de maneira que os investidores fiquem satisfeitos. Mas podemos apreciar o crescente interesse por esses projetos extremos como um reflexo do desconforto com a hierarquia convencional e a colaboração limitada.

OS SILOS NO MYSPACE

Vamos lembrar que a maioria das empresas, mesmo as mais bem-sucedidas, tende a resistir à colaboração profunda — em detrimento de sua existência no longo prazo. Em empresas sem urgência para colaboração, mesmo uma forte posição no mercado não é suficiente para o sucesso sustentado.

Até 2006, a pioneira plataforma de mídia social MySpace era o maior site em termos de tráfego. Ela superou o Google e o Yahoo, e se beneficiou de se voltar constantemente para novos usuários. Mas os sinais de seu declínio já estavam presentes. A funcionalidade técnica real do site era fraca em comparação com seus rivais, como o Facebook. Ainda que tivesse construído uma comunidade em torno de pessoas e seus interesses em entretenimento e música, faltavam as características sociais necessárias para competir com seus pares, como feeds de notícias e atualizações de status.

Esses novos recursos não surgiram por causa da estrutura da empresa, que não era adequada para colaboração intensiva. As divisões funcionais da empresa se traduziam em silos que separavam grupos focados no cliente dos grupos técnicos que implementavam recursos. Sem pequenas equipes ou outras políticas para forçar a interação, os silos tinham pouca comunicação ou colaboração entre si. Assim, as equipes com o dedo no pulso da experiência do usuário tinham pouco a ver com as equipes responsáveis por atender a essas demandas — mas as pessoas não se preocupavam, porque acreditavam que tinham a vantagem competitiva dos efeitos do *network*. Para ter qualquer relevância nas mídias sociais, você tinha de estar no MySpace.

As equipes de engenharia acabaram dedicando tempo e energia a recursos que pouco importavam aos usuários, e a experiência on-line, assim como a empresa, estagnou. A hierarquia organizacional insular provou ser a falha fatal para uma empresa que precisava evoluir de acordo com as demandas dos usuários, e de forma contínua.

Em contraste, o Facebook, cujas equipes colaboravam entre si para continuar se adaptando e incluindo novos recursos, estava faminto e impulsionado. O status de seguidor inovador da empresa ajudou seus gerentes a resistirem à complacência e à luta interna, enquanto seu fundador ambicioso, mas colaborativo, queria ver sua visão concretizada a qualquer custo.

O sucesso do MySpace dependia da experiência do usuário, então sua estrutura deveria ter facilitado a colaboração — e isso não aconteceu.

Avaliar a estratégia e os resultados de sua empresa pode rapidamente revelar se você tem um problema urgente de colaboração — e se os silos da sua empresa estão atrasando-a.

LIDERANÇA INSULAR NA WEWORK

Empresas sem líderes colaborativos frequentemente enfrentam grandes dificuldades. A WeWork, por exemplo, era conhecida pela liderança determinada e obstinada do carismático fundador e CEO Adam Neumann. A empresa estava a caminho de uma IPO com uma avaliação de mais de 40 bilhões de dólares, e atraía enorme publicidade por quebrar os silos de espaços de trabalho pessoais em grande parte dos Estados Unidos corporativos. Neumann evangelizava o potencial de espaços de trabalho informais que promoviam a colaboração.

No entanto, Neumann havia isolado sua equipe sênior do restante da empresa. A colaboração não só resolve problemas, mas também promove transparência e comunicação, o que ajuda as empresas a identificarem problemas mais cedo. Quando as organizações não têm equipes executivas colaborativas, perdem esse importante motivador de responsabilidade. Correm o risco de ter uma estrutura de liderança isolada, livre para agir fora dos interesses da empresa.

Foi o que aconteceu na WeWork, que Neumann liderou com pouca governança. Ele estava livre para se envolver em práticas de enriquecimento pessoal que acabaram por arruinar a oferta pública inicial da empresa — alugando prédios de sua propriedade pessoal para a empresa e também pedindo dinheiro emprestado usando sua participação na empresa como garantia. Se Neumann tivesse montado uma equipe sênior de indivíduos colaborativos, eles teriam sido uma fonte implícita de responsabilidade.

Uma equipe sênior colaborativa ainda deixa espaço para a liderança visionária que vai contra o fluxo, desde que seus membros compartilhem a visão. Mas a abordagem colaborativa incentiva os colegas a dissecarem e examinarem estratégias, o que por sua vez impede que práticas comerciais irresponsáveis floresçam. Organizações verdadeiramente colaborativas tendem a ser transparentes em suas operações, deixando pouco espaço para indivíduos desviarem do rumo.

PROMOVENDO A COLABORAÇÃO NA PRÁTICA

Vamos à prática. Ao mesmo tempo que podem promover a colaboração através de estruturas, mudanças estratégicas e contratações de alto escalão, os CEOs também podem ajudar diretamente as pessoas de cima a baixo na organização a se envolverem com pessoas fora de sua zona de conforto. Líderes encontraram muitas maneiras de fazer isso, com a CEO da AMD, Lisa Su (ver capítulos 4 e 7), entre as mais proeminentes.

Su mantém uma forte política de porta aberta, na qual pessoas de qualquer nível da empresa podem enviar mensagens a ela com comentários e feedbacks. É um começo, e então ela se esforça para solicitar esse feedback de funcionários que, de outra forma, resistiriam em fazer comentários e dar ideias ao chefe.

Su começou a fazer isso em sua carreira na IBM, em que gerenciava uma equipe de dez pessoas. Motivada puramente pelo projeto em questão, ficou surpresa quando o chefe perguntou se ela havia falado com os membros de sua equipe. Ela percebeu que conversar com as equipes que liderava era essencial para entender o que as impulsionava, o que, por sua vez, era fundamental para envolvê-las no trabalho.

Na AMD, pessoas em níveis mais baixos e até mesmo completamente fora da empresa comentam sobre o que funciona e o que não funciona. Su desencoraja barreiras à colaboração baseadas no tempo de empresa ou no posto. Ela enfatiza o feedback em relação ao trabalho da empresa, para que a empresa adote a abordagem radicalmente colaborativa de tornar isso o mais fácil possível.

Whitney Wolfe Herd, fundadora e CEO do Bumble (ver capítulos 4 e 8), vai ainda mais longe. Ela estabeleceu uma liderança dual, na qual executivos supervisionam várias áreas, para desencorajar a competição intraorganizacional:

> Quem disse que apenas uma pessoa pode liderar uma unidade de negócios ou definir o que é sucesso para uma equipe? Trabalhamos para construir parcerias no topo de algumas de nossas principais áreas funcionais, para que você tenha uma mente criativa complementada por uma estratégica, ou um operador sentado ao lado de um visionário — em vez de competir um com o outro para ser o único "VP de XYZ".

....

As empresas não podem adotar a colaboração radical pela metade. É uma prática tão difícil que uma organização deve vivê-la e respirá-la para incentivar as pessoas a realmente toparem. Nenhuma estratégia única fará com que isso aconteça em todas as empresas, mas vale a pena lembrar de alguns princípios.

Em primeiro lugar está a simples abertura a todas as oportunidades de colaboração, que pode levar a políticas arrojadas, como as "equipes de duas pizzas" da Amazon. Esses grupos permanecem pequenos e focados, lidando com problemas individuais e colaborando para garantir que o produto final seja coeso. Grandes equipes acabam consumidas pela política interna, lutando internamente por recursos e incapacitadas de se adaptar conforme descobrem oportunidades.

Segundo, lembre o retorno da colaboração com entidades fora da organização. Pequenas empresas muitas vezes têm um conhecimento profundo de uma área que uma grande organização pode não ter, mas que complementa bem os recursos desta última, como a Microsoft descobriu com sua rede de parceiros.

Terceiro, certifique-se de ajustar sua colaboração de acordo com os objetivos estratégicos. Assim, a Haier descentraliza de acordo com mercados de produtos supervisionados por equipes empreendedoras, enquanto a Apple depende de uma organização funcional orientada por especialistas.

Ambos forçam a colaboração, mas de maneiras muito diferentes, e por isso utilizam estruturas diferentes.

Quarto, encoraje não apenas estruturas colaborativas, mas também um *éthos* colaborativo, desde a política formal da Tesla até o *hackathon* mundial da Microsoft. Ambos vão longe para fazer com que as pessoas se sintam confortáveis trabalhando fora da hierarquia para resolver problemas. Lembre-se: a maioria dos funcionários prefere continuar trabalhando com pessoas que conhecem. A colaboração é um ato não natural até mesmo para pessoas corajosas, então requer incentivo cultural e até mesmo estrutural.

Em última análise, a colaboração radical depende de uma mentalidade organizacional. As políticas e estratégias da empresa precisam estar enraizadas nessa mentalidade para alcançar a inovação contínua. Toda empresa prega a colaboração, mas a colaboração radical é um modo de vida.

Assim, há uma distinção importante entre a cooperação cotidiana e a colaboração radical. No final do dia, abraçar a colaboração em todas as suas formas e organizar sua empresa em torno dela é vital. Empresas que colaboram não por necessidade, mas porque são assim, fazem da colaboração algo verdadeiramente radical. Se puderem manter isso, poderão alcançar resultados impressionantes.

10. HORA DE JUNTAR TUDO

Espero que você, leitor, tenha visto uma conexão entre os oito principais impulsionadores da inovação contínua. A fim de transformar sua organização para o sucesso em longo prazo, você provavelmente precisará de todos os oito impulsionadores em algum grau. Acima de tudo, você precisa de um compromisso profundo: a transformação não é um evento de um dia ou uma iniciativa corporativa, mas um esforço contínuo e autossustentável.

Uma empresa que tem perdido força ainda pode alcançar uma transformação significativa. Mas chegar lá requer a força e o esforço sincronizados que apenas alguém na liderança pode alcançar. Ajuda se essa pessoa for o CEO, mas se você for um gerente ou alguém um pouco acima na hierarquia, ainda pode aplicar os conceitos deste livro à sua equipe ou ao seu departamento.

A principal barreira é a burocracia, mesmo em organizações de médio porte. A maioria das transformações em grande escala falha em impulsionar a lucratividade ou o crescimento enquanto desperdiça tempo e bilhões de dólares em consultoria. Às vezes, o melhor momento para reorientar a organização é quando uma nova liderança assume o cargo, embora não seja necessário.

Já vimos como Apple, Microsoft, Amazon, Tesla e outras empresas alcançaram a inovação contínua através de uma combinação desses impulsionadores. Aqui está um estudo de caso da Starbucks sob seu fundador e líder de longa data, Howard Schultz. A Starbucks é um exemplo forte porque seu serviço é oferecido principalmente através de lojas de varejo físicas, ao contrário das ofertas de alta tecnologia de muitos inovadores contínuos. Ela se transformou duas vezes e agora está no meio do que pode ser um terceiro ponto de virada sob circunstâncias em mudança. As histórias do esforço transformador de Satya Nadella e Howard Schultz são lembretes de que as empresas às vezes precisam de diferentes graus de empurrão ou transformação quando se desviam da trilha da inovação contínua.

O PROPÓSITO EXISTENCIAL DA STARBUCKS

Em 1983, Howard Schultz supervisionava as operações da Starbucks, então uma pequena cadeia em Seattle que vendia apenas grãos de café. Quando viajou a Milão, na Itália, teve uma epifania. Inspirado pelos vibrantes cafés da cidade, que criavam um "terceiro lugar" entre o trabalho e a casa, ele deixou a Starbucks e levantou dinheiro suficiente para começar uma única loja que oferecia expresso e outros cafés especiais da Europa. A ideia deu certo e logo ele comprou a cadeia Starbucks para alimentar sua visão de oferecer um café excelente em um local propício para encontros animados. Após transformar a Starbucks, ele levou a ideia para nível nacional e depois mundial.

Ao recordar sua motivação, ele voltou para muito antes, até 1970, quando tinha sete anos. Ele e sua família moravam em uma moradia social no Brooklyn, e um escorregão acidental no gelo deixou seu pai sem trabalho por meses. A família não tinha seguro de saúde ou compensação para o trabalhador. Schultz disse que o pai foi "esmagado pelo mundo".[177]

Essa desesperança inspirou o filho tanto a trabalhar duro na vida para evitar aquela situação quanto a oferecer benefícios generosos aos funcionários — fundamentais para a visão original dele. Isso o motivou a ousar mudar o mundo para melhor com sua visão de pessoas se reunindo para tomar um bom café. Fundadores inspirados por um acontecimento no início de sua vida podem contar com um compromisso profundo e resistir à tentação de se fixar nos lucros; preferem fazer a diferença na vida dos clientes. Com esse compromisso existencial, Schultz começou como um missionário mais do que um mercenário. Seguir o propósito da cadeia, mesmo que isso prejudicasse a empresa no curto prazo, era algo natural para ele.

A primeira declaração de missão da empresa, em 1990, visava "estabelecer a Starbucks como o principal fornecedor do melhor café do mundo, mantendo nossos princípios intransigentes à medida que crescemos".[178] Mas Schultz manteve esse compromisso mesmo depois de se aposentar como CEO em 2000 e depois voltar em 2008. Em uma carta de 2018 aos funcionários sobre esses princípios, quando deixou a empresa pela terceira vez, Schultz disse que procurava equilibrar "lucratividade e consciência social". Até recentemente, "consciência social" eram palavras que os CEOs raramente pronunciavam.

A Starbucks adotou posturas em questões que certamente fizeram que a empresa perdesse clientes, defendendo desde a imigração e o casamento entre pessoas do mesmo sexo até o controle de armas, passando por condenar o racismo.[179]

O maior teste veio no auge da crise financeira de 2008, quando a Starbucks enfrentou uma queda acentuada no preço das ações em meio a uma economia mais ampla que entrava em espiral. A rápida expansão da própria empresa acabou se tornando o seu calcanhar de Aquiles. A rapidez com que a organização construía novas filiais, sem uma concepção sólida do que representava, levou ao crescimento da burocracia, não muito diferente da Microsoft. Essa burocracia, ao longo do tempo, perdeu contato com as necessidades do cliente e negligenciou a essência da organização.

Por exemplo, os funcionários dessa época diziam que a administração culpava o preço dos laticínios e fatores logísticos pelo declínio da empresa, obrigando-os a aumentar os preços no auge da recessão. Essa orientação para a resolução de problemas tinha desviado o foco da empresa de sua ênfase na *experiência e no negócio ético*. A empresa estava perdendo seu nicho: competindo (e perdendo) para o McDonald's e o Dunkin' Donuts, sendo que antes oferecia uma experiência completamente diferente em suas lojas.

A chave para recuperar a competitividade estava em "preservar [a alma da Starbucks]", como Schultz disse. O conselho o trouxe de volta como CEO, e ele trabalhou para fazer a empresa retomar sua visão. Entre seus esforços estava uma conferência de três dias em Nova Orleans que reuniu 10 mil gerentes da Starbucks. A conferência custou 30 milhões de dólares, que o conselho da Starbucks resistiu em pagar porque a empresa enfrentava uma crise de caixa. Mas Schultz insistiu.[180]

Além de participar de sessões de trabalho, os presentes ajudaram os bairros que ainda estavam se recuperando do furacão Katrina. Participaram de exercícios que reforçaram os valores da Starbucks e a nova visão da empresa: "Inspirar e nutrir o espírito humano, uma pessoa, uma xícara e um bairro de cada vez".[181] Schultz anunciou uma parceria para direcionar os lucros das vendas de Natal para programas de ajuda às vítimas de aids na África.

A maior atenção ao abastecimento ético e ao impacto ambiental, bem como a introdução de parcerias tecnológicas e plataformas de crescimento inovadoras, foram uma grande mudança de prioridade. No entanto, numa análise mais detalhada, a agenda de transformação ainda mantinha certos valores fundamentais da Starbucks no seu centro: ser uma "autoridade do café" e o "coração do bairro".

Schultz acreditava que manter os valores da organização durante um período de turbulência era crucial para o sucesso de sua estratégia. Isso permitia que todos — desde a liderança sênior até a equipe em terreno — comprassem a nova visão. Fornecia aos membros da equipe uma sensação de continuidade. E valeu a pena: enquanto muitas grandes empresas ainda lutavam com os efeitos da crise financeira, a Starbucks ostentava ano após ano receita recorde e crescimento lucrativo.[182]

OBCECADO COM A EXPERIÊNCIA DO CLIENTE

Apesar de toda a preocupação com a qualidade do café, Schultz se preocupava mais em se conectar ao que os clientes precisavam naquele momento. Em 2009, vinte anos após ter relançado a Starbucks como um "terceiro lugar" baseado em bebidas sofisticadas, ele ainda considerava o que as pessoas queriam no momento. Outras grandes empresas poderiam ter realizado pesquisas para determinar como os consumidores reagiriam a elementos específicos das lojas — um processo suscetível a manipulação por executivos, mas Schultz manteve as coisas simples, pois foi diretamente aos clientes, com duas lojas de café não marcadas no coração de Seatle.

Isso não significa que a Starbucks ignore os dados convencionais dos clientes. Ela tem uma equipe de ciência de dados, liderada por um vice-presidente sênior, para coletar e analisar informações sobre as 30 mil lojas e 100 milhões de transações semanais. Muitos desses dados vêm do aplicativo móvel da Starbucks, que rastreia hábitos de navegação e compra. Os dados ajudam a empresa a decidir que promoções fazer em um item específico.[183]

PROMOVER O PIGMALIÃO

Até o início da conferência em Nova Orleans, Schultz já havia substituído muitos dos executivos da empresa. Mas sabia que ele e alguns colegas não podiam transformar a empresa sozinhos. Então fez questão de falar longamente com os gerentes presentes. As pessoas puderam ouvir diretamente dele, aprender com ele e se inspirar. Schultz também os fez participar de exercícios que reforçaram os valores da empresa.

Com ecos de Pigmalião, ele precisava reenergizar todos com esses valores. Daí o destaque da conferência para a nova visão: "Inspirar e nutrir o espírito humano, uma pessoa, uma xícara e um bairro de cada vez".[184] O programa de transformação de Schultz incluía sete princípios:[185]

1. Ser a autoridade indiscutível do café;
2. Engajar e inspirar parceiros (funcionários);

3. Inflamar o apego emocional nos clientes;
4. Expandir globalmente, tornando cada loja o coração do seu bairro;
5. Ser líder em abastecimento ético e impacto ambiental;
6. Criar plataformas de crescimento inovadoras dignas do café Starbucks;
7. Entregar um modelo econômico sustentável.

Muitos, senão a maioria, desses princípios divergiam da abordagem da empresa naquele momento. No entanto, os valores fundamentais da Starbucks foram mantidos.[186]

RECUPERAR A MENTALIDADE EMPREENDEDORA

Schultz não fundou a Starbucks, mas a transformou. Ele a enxergou com uma mentalidade empreendedora, bastante diferente dos pequenos objetivos dos fundadores ou dos cálculos de um gerente focado em lucro e perda. Ele não tinha paciência para um "pequeno negócio"; queria se tornar um gigante. Em sua persistente busca de propósito, passou por muitas iterações de ofertas, tentando pequenas variações, até que sua equipe encontrasse uma combinação que atraísse clientes e ainda se adequasse à sua visão.

No entanto, sua origem humilde o manteve focado na visão, não em seu próprio sucesso. Assim, em vez de construir um império para si mesmo, ele viajava regularmente e continuava desenvolvendo a cultura da empresa.

Seu compromisso em construir um serviço distinto ficou claro em 2008, quando retornou como CEO. A empresa havia se expandido agressivamente sem um senso forte de propósito. Os primeiros anos eram uma memória distante.

Era hora de uma transformação, para recuperar a mentalidade empreendedora do início, daí a conferência de três dias em Nova Orleans.[187]

Nancy Koehn, professora da Harvard Business School, explicou a determinação dele em realizar a conferência:

> Schultz entendia que o que salva e acaba com as empresas vai muito além do dinheiro. Em meio a tanta turbulência, é fácil focar as soluções rápidas de corte de custos e logística. Mas você não salva um negócio e o transforma sem falar, focar e apelar ao espírito das pessoas.

Ele precisava revigorar o que havia se tornado um gigante lento e burocrático.

CONTROLAR O RITMO

Schultz também sabia controlar o ritmo, quando ser paciente e quando se esforçar. No início de 2007, quando tinha apenas um emprego de meio período como estrategista-chefe, ele viu que a empresa precisava de revigoramento. A liderança considerou lançar um café instantâneo da Starbucks, mas os líderes de pesquisa e desenvolvimento estimaram que levaria pelo menos 32 meses para desenvolver a receita perfeita.[188]

Como descreveu em seu livro *Em frente! Como a Starbucks lutou por sua vida sem perder a alma*, Schultz estava profundamente insatisfeito com as estimativas de um tempo tão longo para P&D. Ele sabia que, se levasse vários anos para lançar o produto, a Starbucks poderia perder muito espaço no mercado. Ele entendia melhor do que ninguém que manter o ritmo é fundamental.

Em resposta ao chefe de P&D Tom Jones, Schultz explodiu: "Por que tem que demorar tanto? Se a Apple pode desenvolver o iPod em menos de um ano, nós podemos fazer isso!". A famosa "reunião do iPod" sacudiu toda a equipe trabalhando no café instantâneo. Em 32 meses, eles não só desenvolveram uma receita forte para café instantâneo da qualidade da Starbucks, como tinham lançado e estavam vendendo o produto nas lojas em todo os Estados Unidos.

Assim como um bando de leões pacientes na caça, a empresa não investiu pesado em café instantâneo de imediato. Mas, quando descobriram a demanda e a possibilidade de capitalizar com essa ideia, os líderes atacaram. O ritmo em uma organização deve começar de cima para baixo e se espalhar a partir daí.

Mas Schultz também podia reduzir o ritmo e desinvestir. Empresas bem-sucedidas precisam desviar recursos de produtos com desempenho inferior ou descontinuá-los. Quando trabalhou para revitalizar a cultura da loja, Schultz sabia que a Starbucks não podia desperdiçar tempo tentando manter lojas com dificuldades abertas. Então ele fechou centenas delas, a maioria nos EUA.

Enquanto isso, investiu nas 7 mil lojas restantes, incluindo a substituição de todas as máquinas de expresso pelo Mastrena, um dispositivo sofisticado fabricado na Suíça conhecido pelo café rápido e de alta qualidade. Em seguida, ordenou que todas as milhares de lojas nos EUA fechassem por três horas no mesmo dia, embora isso custasse à empresa 6 milhões de dólares em vendas. Ele achava que a organização havia caído na qualidade do expresso, uma parte fundamental de sua marca e sua missão. Durante essas três horas, os baristas assistiram a um vídeo feito pelo próprio Schultz, demonstrando como despejar o café para produzir um expresso forte, completo, mas não amargo. Então as lojas reabriram, e todos voltaram a trabalhar.

O movimento se tornou um espetáculo nacional, com Schultz notando como "outros acompanharam o fechamento com uma estranha sensação de assombro, como se tivesse nevado no verão". Isso desafiou outra parte essencial da marca, sua confiabilidade e sua conveniência.

Os clientes sabem que sempre podem ir a uma loja próxima, pedir sua bebida favorita e retomar a vida em apenas alguns minutos. A reação ao fechamento de três horas foi muito maior do que Schultz previu, mas ele não teve arrependimentos, pois considerava a qualidade crítica para a missão.

Respondendo à atenção da mídia, Schultz questionou: "Como poderia ser errado investir em nossos funcionários?". Logo ele viu sua visão ser confirmada. As vendas de expresso aumentaram, junto com histórias positivas de clientes sobre os baristas. Ir devagar (temporariamente) valeu a pena.

Schultz também agiu de forma deliberada ao entrar no equivalente aos serviços financeiros. Em 2008, a empresa introduziu um programa de fidelidade que recompensava compras frequentes nas lojas e as vinculava a um cartão físico. Os clientes podiam recarregar o cartão, usá-lo para suas compras frequentes e ganhar recargas grátis e outros benefícios ao longo do tempo. O uso aumentou ainda mais em 2010 com o aplicativo Starbucks, livrando os clientes de terem que apresentar um cartão físico para a compra. Quatro anos depois, a empresa adicionou a opção de pedidos e retiradas móveis, e logo um quarto de todas as compras eram feitas inteiramente pelo telefone.

Os passos graduais garantiram que essa oferta potencialmente problemática saísse de forma tranquila, e que os clientes estivessem prontos para ela. Em 2021, a empresa tinha 25 milhões de membros ativos do programa de recompensas, com 1,6 bilhão de dólares em depósitos. Enquanto se concentrava em sua visão de "terceiro lugar", a Starbucks se tornou um dos maiores participantes do que logo ficou conhecido como "fintech".[189]

BIMODAL EM AÇÃO

Schultz esperava que essa transformação na cultura da loja prosseguisse gradualmente, com alguns grandes eventos apoiados por mensagens e suportes implacáveis da sede. Ao mesmo tempo que apressava o desenvolvimento do café instantâneo, ele explorava novas ideias em um cronograma relaxado. Tinha paciência para outros projetos com maior incerteza, então ficava confortável com diferentes partes da organização se movendo em diferentes velocidades.

Após tornar-se presidente da empresa em 2017, seu sucessor, Kevin Johnson, implementou sua própria abordagem com o Tryer Center, um laboratório de inovação ágil. O laboratório testa continuamente novas ideias, e muitas delas acabam sendo implementadas nas lojas. Somente quando as ideias emergem é que a equipe usa a prototipagem rápida para colocar os projetos em ação — e então o objetivo é implementar cada nova ideia nas lojas dentro de 100 dias. Após seis meses, o laboratório já havia testado 133 projetos, com quarenta indo para as lojas. Os 1.500 funcionários de toda a empresa também haviam passado pelo centro em estágios curtos.[190]

SER OUSADO

Schultz tinha um compromisso existencial tão forte que se atrevia a avançar com ousadia. Como mencionado anteriormente, o momento mais notável foi no início de sua segunda passagem como CEO, em 26 de fevereiro de 2008, quando fechou todas as 7.100 lojas da Starbucks por três horas. Mesmo sabendo que isso custaria à empresa milhões de dólares, valeu a pena. Nesse caso, foi decidido que um vídeo simples, feito pelo próprio Schultz, que demonstrava como fazer um expresso apropriado, era crucial para manter a reputação de sua empresa. Para Schultz, a qualidade era inegociável.

Apesar da reação da mídia e de alguns clientes, e após apenas alguns dias de ansiedade, Schultz foi validado. As vendas de expresso aumentaram, e os baristas tinham muitas histórias de sucesso com os clientes para compartilhar. Reduzir as operações temporariamente para tratar uma fraqueza requer coragem. Também requer convicção de que isso melhorará a empresa, e se essa convicção for forte o suficiente, ações incomuns não devem ser evitadas.

Da mesma forma, Schultz não tinha medo de correr riscos com lojas em outros lugares, designs e também produtos. Ao contrário de outras empresas que realizam pesquisas rigorosas com o consumidor para determinar como os clientes reagirão a uma atmosfera ou uma localização específica, a Starbucks não tem medo de simplesmente abrir uma loja e aprender.

No verão de 2009, Schultz liderou a abertura de duas lojas Starbucks, mas sem marca, no coração de Seattle. Intencionalmente "sem fanfarra", Schultz usou as lojas como um quadro em branco, para ver como os clientes reagiam às mudanças de design sem que a opinião deles fosse obscurecida por sua concepção da marca. "Não estávamos tentando esconder nada, apenas explorar e aprender. A ideia de experimentar outros conceitos de varejo que aumentariam ainda mais nossa autoridade em café realmente surgiu nas primeiras sessões de *brainstorm* de transformação".[191]

Que tipos de produtos e designs as lojas testaram? Qualquer coisa que fosse totalmente nova. Para empresas tão estabelecidas quanto a Starbucks, é fácil cair na armadilha de ficar constrangido por suas próprias regras, sentindo a necessidade de manter a consistência com seus produtos já estabelecidos — uma consistência que, no final das contas, as impede de avançar. Com esses lançamentos secretos, Schultz disse que "minha única diretriz era 'quebrar as regras'".[192]

Schultz não podia prever a reação dos consumidores, dos concorrentes e da mídia às rápidas aberturas e fechamentos de lojas, mas, a cada decisão que tomava, ele tinha certeza de que levaria a Starbucks mais perto de um produto melhor. Para uma empresa liderada pela coragem, essa certeza é suficiente.

Tanto em sua recusa em 2022 de seguir as inclinações pró-sindicato de muitos de seus clientes quanto em sua insistência na qualidade em 2008, Schultz desafiou a timidez corporativa usual. De fato, algumas organizações podem ter aprendido com a reação ao fechamento de três horas para proceder com cuidado. É natural que uma organização grande, bem-sucedida e voltada para o consumidor vá com cautela, ciente dos riscos que a nova escala global da empresa acarreta. Mas Schultz chegou à conclusão oposta: a audácia compensou.

Nem o tamanho da empresa nem a atenção da mídia devem impedir uma organização de a fazer um movimento que, em última análise, aumentará a qualidade e as vendas, e a experiência do cliente. Há uma lógica em dar um passo para trás para focar em uma fraqueza. E, sim, é preciso coragem, mas quando armados com a convicção de que essas decisões melhorarão a empresa, elas não devem ser evitadas.

Em uma declaração que poderia se aplicar a grande parte deste livro, Schultz descreveu o que é necessário para ter sucesso em tempos disruptivos:

> Existem momentos em nossa vida em que reunimos coragem para fazer escolhas que vão contra a razão, contra o bom senso e o sábio conselho das pessoas em quem confiamos. Mas seguimos em frente mesmo assim porque, apesar de todos os riscos e argumentos racionais, acreditamos que o caminho que estamos escolhendo é o certo e o melhor. Nós nos recusamos a ser espectadores, mesmo que não saibamos exatamente para onde nossas ações nos levarão.

IMPULSIONAR A COLABORAÇÃO

Quando assumiu em 2008, Schultz não sabia de todos os problemas que precisaria resolver. A empresa precisava de uma mudança drástica, mas ele não sabia qual forma a transformação tomaria, e precisou aprender muito. Em vez de contratar consultores, foi diretamente aos funcionários. Além de visitar lojas ao redor do mundo, convidou os funcionários a enviar e-mails a ele e recebeu 5 mil mensagens com preocupações, ideias e pensamentos. Também ligou diretamente para gerentes de lojas para ver como suas operações estavam indo, o que funcionava e o que não funcionava.[193]

Essas conversas foram cruciais para ajudar Schultz a avaliar as necessidades genuínas da organização. Sem entender como o negócio funcionava, a partir daqueles que realmente supervisionavam as operações, ele não poderia identificar alavancas para a mudança e planejar a transformação. Ao ouvir verdadeiramente esses colegas, ele também os tornou mais propensos a concordar com os planos da sede.

Muitas vezes, são os funcionários os melhores apoiadores da transformação pensada por um CEO, e não outros líderes seniores. Eles estão na linha de frente e podem entender em termos concretos o que a organização precisa naquele momento.

Em 2008, a maioria deles se engajou e apoiou a transformação. A situação foi diferente em 2022, na terceira passagem de Schultz como CEO. Schultz passou para presidente do conselho em 2016 e depois deixou a empresa em 2018. Quando o crescimento desacelerou durante a pandemia, o conselho pediu que ele assumisse como CEO interino. Antes de entregar as rédeas a um líder permanente, Schultz trabalhou mais uma vez para transformar a gigante varejista em uma inovadora orientada por propósito.

Naquele momento, no entanto, os milhares de baristas e outros funcionários da linha de frente tinham uma perspectiva diferente. Abatidos pelo que Schultz chamou de males maiores da sociedade atual, em especial o crescente número de moradores de rua e o comportamento desordeiro, eles estavam menos inclinados a adotar a grande visão de um "terceiro lugar".

Em 2012, Schultz escreveu: "Achava que, sob minha liderança, os funcionários perceberiam que eu ouviria suas preocupações. Se tivessem fé em mim, não precisariam de um sindicato". Mas cada vez mais funcionários lutaram por salários e benefícios mais altos, e centenas de lojas conquistaram a certificação sindical, embora até agora a empresa tenha se recusado a negociar com o sindicato.[194] Schultz entregou as rédeas ao novo CEO, Laxman Narasimhan, em 2023, sem resolver a questão da sindicalização, então é difícil ver como a colaboração se desenrolará no futuro. Mas o sucesso de seus dois primeiros retornos fala por si.

HORA DE JUNTAR TUDO

A Starbucks não é tão chamativa quanto algumas das empresas que destacamos, especialmente aquelas que mudam o jogo, como a Apple e a Tesla. De muitas maneiras, ela é completamente similar à maioria das grandes empresas, em especial quando não supervisionada por Howard Schultz. É cedo demais para avaliar a terceira tentativa de Schultz de transformação da empresa, que, para ser justo, liderou apenas como CEO interino até que o conselho pudesse substituir o líder anterior, que renunciou subitamente.

Os vários retornos de Schultz sugerem algumas dificuldades com o desafio de Pigmalião de sustentar seu propósito existencial para a empresa.

Não é suficiente para o líder e sua equipe sênior abraçarem uma visão distinta. Essa visão tem de penetrar tão profundamente a ponto de superar as pressões normais que as empresas enfrentam ao crescerem e rotinizarem suas ofertas. É um desafio para toda empresa que excede as expectativas. No entanto, se os oito elementos descritos nos capítulos anteriores forem feitos de maneira adequada e preservados, há menos probabilidade de que uma organização necessite passar por uma transformação importante.

UM CAMINHO A SEGUIR

O restante deste capítulo apresenta um caminho para a inovação, com cinco blocos de construção para promover os oito elementos descritos no livro[195].

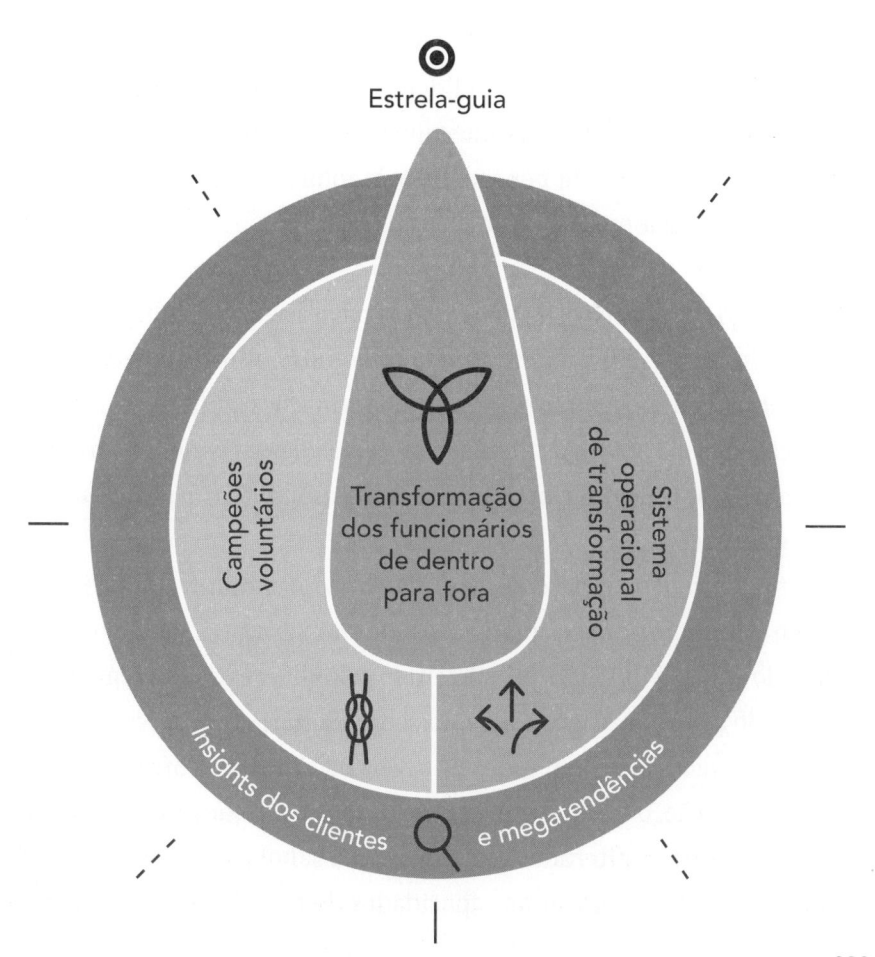

Estrela-guia

Campeões voluntários

Transformação dos funcionários de dentro para fora

Sistema operacional de transformação

Insights dos clientes e megatendências

1. *Definição de uma estrela-guia*: uma articulação clara e inspiradora da visão e dos objetivos estratégicos para a transformação.
2. *Insights dos clientes e megatendências*: incorporar um entendimento profundo dos clientes em todas as mudanças que você faz, e em cada funcionário — o cliente que você tem hoje e os que você deseja amanhã, bem como as megatendências que os afetam.
3. *Transformação dos funcionários de dentro para fora*: ferramentas para tornar a transformação um assunto pessoal para seus funcionários — para conectar suas aspirações à estrela-guia e aos seus clientes.
4. *Sistema operacional de transformação*: é uma estrutura organizacional plana, adaptável e interfuncional que permite uma mudança sustentável. Essa estrutura promove os elementos além do compromisso existencial e da obsessão pelo cliente, com a ajuda e ampliação do escopo da liderança e de campeões voluntários.
5. *Campeões voluntários*: mecanismo para aproveitar influenciadores e líderes de pensamento de toda a sua organização a fim de impulsionar a transformação.

Ao longo do caminho, há princípios-chave a serem lembrados:

As transformações falham porque falhamos em transformar nossos funcionários. Feitas corretamente, as transformações ajudam as empresas a alcançarem seus objetivos financeiros e estratégicos e melhoram a vida profissional dos funcionários. Em geral, subestimamos o aspecto humano da transformação.

A transformação deve começar dentro. Com muita frequência, esse trabalho é domínio de exércitos de consultores externos. É melhor que seja conduzido pelo talento interno — liderado pelos líderes de sua organização e executado por seus líderes, gerentes e funcionários. Se gerenciado por estranhos, funcionários em todos os níveis não vão se esforçar em nome da transformação, o que à redução do moral, à hesitação em incorporar e ajustar os processos alterados e, até mesmo, à sabotagem dos esforços de mudança. É melhor colocar as capacidades de transformação nas mãos de seu pessoal, capacitando-os a encontrar e implementar as mudanças necessárias para sua estratégia de transformação.

Motivação é importante. Seus funcionários — desde os executivos e líderes, passando pelos gerentes de nível médio, até a equipe que trabalha na linha de frente — querem que o trabalho deles importe. Eles querem fazer a diferença. Querem que sua organização tenha sucesso. Querem fazer a coisa certa para sua carreira e seu desenvolvimento pessoal. As transformações bem-sucedidas conectam essa abordagem de dentro para fora a uma abordagem profundamente centrada no cliente e ciente das tendências.

Resultados sustentáveis e benefícios permanentes. Quando feitas corretamente, as transformações trazem um salto quântico sustentável no desempenho e na agilidade dos negócios, melhorando as linhas superior e inferior em curto e longo prazo. Ao unir as pessoas na jornada de transformação, você também desenvolverá seu talento e identificará futuros líderes, além de incorporar um conjunto de habilidades para eliminar sua dependência de socorristas externos. Você também lançará uma transformação cultural — envolvendo e mudando a mentalidade dentro de sua força de trabalho em todos os níveis para se concentrar nos clientes e tornar-se consciente do ecossistema mais amplo.

Vamos nos aprofundar em cada bloco de construção.

1. A ESTRELA-GUIA

A estrela-guia é a visão para a transformação e o teste de longo prazo para todas as ações. Mas, mesmo antes de colocá-lo em ação, os líderes precisam de conversas francas com os funcionários em toda a organização. Assim como Howard Schultz em 2008, os líderes eficazes iniciam seus esforços de transformação ouvindo. Eles não podem implementar mudanças institucionais sem entender as necessidades dos clientes, os problemas atuais do negócio e as alavancas de mudança na organização. Enquanto os executivos podem ver o quadro geral, as pessoas na linha de frente muitas vezes entendem essas dinâmicas melhor do que ninguém.

É por isso que Satya Nadella dedicou a maior parte de seu primeiro ano como CEO da Microsoft a ouvir os funcionários em todos os níveis — de forma anônima, individualmente e em grupos. Ele já conhecia muito bem a empresa, tendo subido na hierarquia das divisões de tecnologia e computação em nuvem. Mas queria manter a mente aberta. E as pessoas o viam como um bom ouvinte. Ele disse aos funcionários que queria renovar a cultura da empresa e precisava ouvir como eles viam a situação.[196] Essas conversas levaram a um plano de ação embasado, em vez de simplesmente delegado, pelos seus funcionários.

Os líderes não podem transformar uma organização sem o apoio dos funcionários, e esse apoio não vai para um líder desconectado da empresa. Os líderes precisam entender por que o status quo é insustentável e em quais áreas podem impulsionar o sucesso futuro. No entanto, ouvir também é essencial para estabelecer a base para a colaboração contínua, porque demonstra respeito pelos colegas.

A partir daí, os líderes podem articular a visão estratégica para a transformação de forma clara e inspiradora, de forma que os funcionários estejam motivados e entusiasmados para trabalhar fora do limite de suas responsabilidades diárias. Por exemplo, um líder global da cadeia de suprimentos asiática recentemente visava "construir uma organização de classe mundial que permita o crescimento sustentável de longo prazo enquanto desenvolve a próxima geração de líderes". Já mencionamos várias dessas declarações no livro, como a da Amazon ("Nossa visão é ser a empresa mais centrada no cliente do mundo; para construir um lugar em que as pessoas possam ir para encontrar e descobrir qualquer coisa que queiram comprar on-line") e do Santa Clara Valley Medical Center ("Construir um fluxo de pacientes de classe mundial que os pacientes e as famílias amem e os faça se sentir orgulhosos").

Em seguida, crie entre três e sete prioridades estratégicas e as organize em tópicos curtos e práticos. Isso será seu checklist para a mudança. Geralmente, são prioridades menos inspiradoras, mas mais concretas. Isso dá aos seus funcionários uma direção clara de onde buscar oportunidades e como selecioná-las e priorizá-las.

Essas prioridades muitas vezes levam ao abandono de ideias e iniciativas nas quais você já investiu. Para pagar por suas prioridades (provavelmente caras), você precisa liberar capital, tempo, energia e talento. Cortar projetos bons, mas não convincentes, incluindo projetos pessoais de seus melhores talentos, dará espaço para a transformação.

Empresas que buscam transformação muitas vezes estão com pouco dinheiro. Como descrito anteriormente, quando Steve Jobs voltou à Apple em 1997, a empresa estava perto da falência. Faltavam apenas alguns meses até que isso acontecesse. Mas Jobs tinha a clareza de sua visão existencial: "Acreditamos que estamos na face da Terra para criar grandes produtos, e isso não vai mudar". Então ele cortou mais de 70% dos produtos de hardware e software da Apple, incluindo o organizador pessoal Newton, um projeto que sugou 100 milhões de dólares da empresa à beira da falência, apesar da inovação e do potencial do produto. Em vez de se concentrar em dezenas de produtos medianos, Jobs mudou o foco da Apple para alguns produtos de alto potencial. Da mesma forma, quando retornou ao posto de CEO da Starbucks em 2008, Howard Schultz fechou permanentemente seiscentas lojas, que representavam 7% da força de trabalho global. A empresa também reduziu as vendas de CDs e livros. Todas essas medidas liberaram cerca de 1 bilhão de dólares.

Schultz mirou na estrela-guia da Starbucks e estabeleceu prioridades para os executivos seniores:

- Melhorar o negócio nos Estados Unidos, concentrando-se na experiência do cliente nas lojas;
- Diminuir o ritmo de abertura de lojas nos Estados Unidos e fechamento de locais não rentáveis;
- Reacender o apego emocional dos clientes pelo café, pela marca, pelos funcionários e pelas lojas da Starbucks;
- Realinhar a organização e simplificar a gestão para apoiar iniciativas focadas no cliente;
- Fora dos Estados Unidos, acelerar a expansão e aumentar a lucratividade das lojas, em parte redirecionando uma fatia do capital destinado ao crescimento das lojas nos Estados Unidos.

Com essas prioridades, todos sabiam pelo que estavam trabalhando. Os funcionários tinham um guia para navegar em um mundo com muitas coisas a fazer. Incentivadas por uma visão e prioridades claras, as pessoas se tornam mais dispostas a fazer sacrifícios e correr riscos.

2. *INSIGHTS* DO CLIENTE E MEGATENDÊNCIAS

Aqui o desafio é desenvolver uma profunda empatia com os clientes e uma compreensão das megatendências no ecossistema. Cocriar com os clientes — um termo que pode incluir todos os *stakeholders* relevantes, como reguladores, fornecedores, consumidores e empregados. É útil identificar necessidades que você pode prover, mas não é menos útil entender como quaisquer mudanças que fizer são impactadas pelo ecossistema mais amplo de concorrentes, novos entrantes e participantes a montante e a jusante.

Por exemplo, um hospital que atendia populações desfavorecidas fez questão de ampliar sua compreensão dos clientes. Agora, ele observava mudanças nos níveis de financiamento público, aumento no número de pacientes devido à entrada em vigor da Lei de Proteção e Cuidado Acessível ao Paciente e aos novos modelos de negócios financiados por empreendimentos de seguros, diagnóstico e cuidados de saúde.

Então, ele se concentrou em trazer as megatendências em seu ecossistema, como:

1. Tecnologia: quais são as expectativas dos seus clientes nos seus domínios, e o que impulsiona essas expectativas? Por exemplo, esperar que seus serviços sejam tão fáceis quanto o Uber.
2. Cultura: o que está acontecendo no ecossistema do cliente e como isso afeta suas necessidades, seus desejos e seus comportamentos?
3. Comportamentos: quais são os "momentos da verdade" na experiência do cliente com você?

Por exemplo, a pesquisa com clientes de uma distribuidora de automóveis descobriu que o *test drive*, tão frequentemente focado na otimização, na verdade não era um ponto de decisão crítico para a maioria dos compradores. Um número muito maior de pessoas tomou sua decisão com base na primeira vez que viram o carro ou na primeira resenha que leram.

O passo-chave é empatizar com os clientes em toda a empresa e em cada iniciativa do programa de transformação. Pergunte a si mesmo, quem é o "cliente" que estamos otimizando? Vá além das definições tradicionais e inclua *stakeholders* e clientes dos sonhos. E quais são suas necessidades não atendidas ou latentes? Entendemos isso no nível de planejamento e execução?

Por exemplo, uma firma de gestão de fortunas acredita que está satisfazendo seus clientes ajudando-os a ter um bom retorno em seus investimentos. No entanto, os clientes sentem que a firma não está atendendo à sua necessidade de ajudá-los a planejar para momentos importantes na vida, como casamento, filhos e aposentadoria.

Finalmente, como podemos cocriar com os clientes? Não basta entender quem são, também precisamos envolvê-los em cada etapa da transformação.

Desenvolver empatia pelos clientes não é um exercício fácil, e raramente uma abordagem serve para todas as situações (embora especialistas em cada abordagem tentem convencê-lo do contrário). O conjunto de técnicas inclui análise etnográfica, por meio da inserção de um pesquisador na vida diária dos clientes enquanto eles interagem com suas ofertas ou as de seus concorrentes. Isso é invasivo, caro e demorado, mas tem se mostrado uma das formas mais eficazes de descobrir necessidades latentes.

Os diários de comportamento são uma abordagem mais leve para a análise etnográfica, na qual os clientes fazem anotações após interagir com suas ofertas. O que você quer é captar o objetivo dos seus clientes quando eles se aproximarem de seu produto, as emoções deles ao usá-lo, o nível de satisfação e o grau em que suas necessidades foram atendidas.

Entrevistas e grupos focais são a abordagem mais comum, nos quais os pesquisadores trazem clientes atuais e em potencial e lhes fazem perguntas. Essa abordagem é muito mais fácil do que as outras, embora ainda possa se mostrar cara. Entender como estruturar e enquadrar suas perguntas para extrair as necessidades dos clientes, em vez de escutar o que você quer ouvir, requer um novo conjunto de habilidades. Questionários são outra abordagem comum, permitindo que as empresas extraiam informações de um amplo conjunto de clientes para obter uma compreensão quantitativa.

A análise de dados está recebendo uma atenção crescente à medida que as empresas incorporam dados sobre interações com os clientes. Se você tem um aplicativo, por exemplo, em quais horários do dia os clientes geralmente o abrem? Que contexto você pode inferir com base nessas informações? Com que frequência eles interagem com você?

Quanto à cocriação com os clientes, posso recomendar o uso de acelerações concentradas — trabalhando rapidamente em cinco etapas distintas: empatizar, idear, prototipar, testar e refinar.

Ao longo desse processo, mantenha esses princípios em mente:

Envolva clientes reais. Isso é mais fácil do que você pensa. Existem limitações de tempo e disponibilidade, mas muitos clientes gostam de fazer parte do processo de transformação. É mais provável que a resistência seja interna, de gerentes de contas ou executivos de vendas que sentem (em geral sem motivo) que entendem completamente o usuário ou têm que protegê-lo de ser exposto a novas ideias. Nas raras situações em que você deve usar alguém que represente um usuário real, procure pessoas externas (como assistentes executivos), em vez de internas.

Encontre clientes líderes. Sempre haverá clientes que estão procurando pela próxima grande coisa e aqueles que estão felizes em seguir a multidão. Você tem mais chances de encontrar fontes de inspiração no primeiro grupo.

Conduza a pesquisa você mesmo. Existe a crença generalizada de que apenas agências de design externas ou sua equipe de marketing devem ser capazes de falar com os clientes. Mas, para impulsionar a inovação, é importante que, em algum momento durante o processo, cada membro da equipe de transformação converse *tête-à-tête* com um cliente real.

3. TRANSFORMAÇÃO DOS FUNCIONÁRIOS DE DENTRO PARA FORA

A transformação individual dos funcionários é (pelo menos) tão importante quanto a transformação organizacional. É assim que o efeito Pigmalião funciona. Sem isso, as chances de sua transformação ter sucesso são baixas.

Os funcionários tendem a ver as transformações de uma entre três maneiras: como uma ameaça, como um fardo ou como uma oportunidade. Com muita frequência, os líderes falham em reconhecer o medo que as pessoas têm de serem substituídas ou desvalorizadas devido à transformação, ou realmente aumentam esses temores através de comunicações opacas ou limitadas. Para ajudar os funcionários a terem uma mentalidade de oportunidade, as empresas precisam promover a transformação em um nível pessoal, para a liderança, para os campeões voluntários e, com o tempo, para os funcionários em toda a organização.

Isso é mais fácil de acontecer por meio de um processo de dentro para fora. Os funcionários podem começar focando seus atributos pessoais e suas contribuições únicas e conectar esses atributos à visão da organização após a transformação. Eles precisam entender que podem contribuir para o esforço e que a transformação ajudará em sua progressão e crescimento.

Isso começa com os funcionários definindo sua aspiração e onde desejam estar — criando uma declaração de visão pessoal com o modelo "Forças, Evocar, Exaltar" (ver p. 56). Então eles devem desenvolver uma compreensão de si mesmos. Aqui podem trabalhar com qualquer uma das diversas ferramentas, como Myers-Briggs, Enneagrams, GC Index ou StrengthsFinder. Em seguida, precisam desenvolver um plano de transformação pessoal e compartilhá-lo com colegas, para fazer um compromisso público.

Durante o processo de transformação, tendo estabelecido uma frequência (pelo menos uma vez por mês), os funcionários devem revisitar seu plano e avaliar se estão contribuindo para a transformação da maneira que se comprometeram e se estão obtendo as oportunidades de crescimento combinadas. Um aspecto-chave de liderar uma transformação é instituir e responder adequadamente a essas reflexões.

4. O SISTEMA OPERACIONAL DE TRANSFORMAÇÃO

A maioria das organizações não é estruturada para a tomada de decisões rápida e fluida que fará com que sua transformação seja um sucesso, daí a necessidade de uma nova estrutura não hierárquica que aplique uma "cultura do Vale do Silício" de tomada de decisão ousada, rápida, descentralizada; experimentação; e aprendizado contínuo.

A melhor forma de conseguir isso é com equipes multidisciplinares e planas para cada área-chave, composta por pessoas de toda a organização. Eu chamo essas de "equipes de resposta rápida", cada uma liderada por um "piloto". Essas equipes precisam tanto de membros mais antigos quanto mais novos da empresa para operar com eficácia, com um processo aberto para geração de ideias, discussão e (idealmente) tomada de decisão ousada. Elas precisam incentivar o estagiário nativo digital a contribuir em pé de igualdade com o gerente sênior experiente. Os membros da equipe não se reportam a esses pilotos. É importante que essas equipes não sejam limitadas a funcionários "da linha de negócios" ou "do escritório", mas contem com uma verdadeira seção transversal de habilidades, incluindo membros de recursos humanos, financeiro, TI e outras funções.

A governança bem executada é crítica em qualquer projeto; no entanto, com muita frequência, acaba se tornando um fardo em vez de um mecanismo de apoio. Para apoiar as equipes de resposta rápida, é preciso ter uma equipe central de executivos encabeçada por um líder comprometido com a transformação — a pessoa responsável pelo sucesso do esforço, normalmente o gerente-geral de divisão, o gerente-geral ou o presidente. Todas essas equipes geralmente são apoiadas por um gerente de programa, o principal orquestrador da transformação, que ajuda a estabelecer e orientar o ritmo.

Esse apoio deve inspirar as equipes de resposta rápida, desafiando-as a serem visionárias e removendo os impedimentos organizacionais — livrá-las da papelada. O gerente de programa pode coordenar levemente as equipes e promover sinergias entre iniciativas sobrepostas.

A transformação requer uma tolerância a riscos diferente dos negócios normais, então as empresas devem ter um apetite por riscos maior e mais colaborativo. As equipes devem estar preparadas para assumir riscos controlados, tomar decisões ousadas e serem adaptáveis e flexíveis para impulsionar o esforço quando fizerem mudanças no design e na execução. Apesar de não abandonar a gestão de riscos, as empresas devem simplificar esses processos e focar os riscos reais de uma iniciativa. Melhor ainda, elas devem incorporar capacidades de gerenciamento de riscos, incluindo jurídico, conformidade e gerenciamento de fornecedores, em cada equipe de resposta rápida como membros efetivos, não como porteiros ou funções de suporte.

Sem métricas claras, é impossível julgar o sucesso de qualquer esforço de transformação. Portanto, cada equipe de resposta rápida deve operar com base em linhas de base acordadas com a equipe central, com metas mensuráveis e alcançáveis, mas não fáceis de alcançar. Para evitar a contagem dupla de benefícios, as equipes precisam de clareza com a organização central quanto às alavancas que podem acionar para alcançar as metas.

Finalmente, a transformação requer investimento, seja para novas ferramentas, treinamento ou recursos. Muitas abordagens de transformação viram um investimento maciço desde o início, resultando em retornos decepcionantes e atrasados. As equipes de resposta rápida não devem receber um cheque em branco, mas também não devem ser obrigadas a escrever os exercícios extensos de ficção criativa que chamamos atualmente de "casos de negócios". Em vez disso, devem seguir uma abordagem ao estilo capitalista de risco. Cada iniciativa começa com uma pequena quantia de dinheiro para atender aos marcos iniciais e aos pontos de prova. Aqueles que provarem seu impacto podem ganhar um financiamento da "série A". Aqueles que não conseguirem devem parar, liberando a equipe de resposta rápida para assumir sua próxima iniciativa — enquanto aprendem com o que deu errado.

5. CAMPEÕES VOLUNTÁRIOS

Essencial para a equipe de resposta rápida é um exército de voluntários ansiosos para impulsionar sua estratégia enquanto continuam cuidando de suas tarefas diárias. Eles vêm de todos os níveis da organização, mas as empresas devem motivá-los a participar da transformação. Seu envolvimento dá a todos os funcionários um sentido de participação e comprometimento com a transformação. Eles evitam as lacunas de conhecimento e os mal-entendidos que tantas transformações enfrentam ao passarem do planejamento para a implementação. Mais importante ainda, aumentam a probabilidade de que o trabalho seja verdadeiramente transformador, desenvolvendo as pessoas e, ao mesmo tempo, a organização.

A maioria das empresas já tem figuras de referência ou influenciadores em seus domínios. No entanto, muitos deles estão entre os 85% dos funcionários que pesquisas sugerem não estar engajados no trabalho — porque a organização geralmente não os valoriza ou capacita. Identifique as pessoas com boas ideias, que estão insatisfeitas com o status quo e motivadas a fazer a diferença. Depois, treine e incentive-as, pois elas são as engrenagens que fazem a máquina de transformação funcionar sem problemas.

Recrutar esses campeões depende de uma comunicação aberta e honesta ao longo de todo o processo. Isso é especialmente verdadeiro na articulação de sua estratégia. Se você recrutar voluntários sob falsos pretextos, eles não poderão definir a transformação de que você precisa, nem estarão comprometidos com as mudanças organizacionais que você escolher instituir.

Não há uma fórmula simples que o RH possa seguir para encontrar campeões em potencial, mas avaliações de desempenho e recomendações de gerentes podem ajudar. Frequentemente, os melhores voluntários se apresentam com base em comunicações incentivadoras no início da transformação.

Recrutar esses indivíduos depende de dois aspectos — a capacidade inspiradora de sua estrela-guia e o compromisso da empresa com a transformação pessoal, para que eles possam ver os benefícios no crescimento da carreira e pessoal. Por sua vez, eles serão motivados pela estrutura plana de uma equipe de resposta rápida, tomando decisões que moldam o futuro da organização. Terão atenção especial e acesso direto a líderes seniores em sua organização.

Conforme a transformação avança para a execução, os campeões voluntários sairão das equipes e retornarão totalmente à organização. Ao colocá-los em pontos-chave de influência, as empresas podem garantir que a transformação se consolide. Eles serão os defensores da transformação.

O processo parece suave no papel, mas, mesmo com campeões voluntários, as equipes de resposta rápida muitas vezes têm dificuldade de trabalhar juntas de forma eficaz. Ajuda fornecer soluções digitais para colaboração e cocriação, como aplicativos de mensagens, compartilhamento de arquivos e um software moderno de gerenciamento de projetos. Um ritmo formal, especialmente no início, pode ajudar na coordenação intra e inter equipes.

É tentador remover membros dessas equipes completamente de suas funções diárias, mas as pessoas precisam continuar com suas tarefas costumeiras para manter um vínculo com os desafios das operações ordinárias. Os membros desenvolverão equilíbrio, priorização e habilidades importantes se, como se espera, eles se moverem para funções de gerenciamento. Também podem espalhar informalmente a mensagem da transformação (e seus sucessos) através da hierarquia. Se selecionados corretamente, ao desenvolver esses campeões, as empresas também estarão identificando, retendo e desenvolvendo sua próxima geração de líderes.

LEMBRE-SE DOS ELEMENTOS-CHAVE

Os blocos de construção derivam diretamente do existencialismo e da obsessão pelo cliente, mas os outros seis elementos descritos no livro também impulsionam seu trabalho: promover o efeito Pigmalião, uma mentalidade empreendedora, um ritmo variado, um pensamento bimodal, movimentos ousados e a colaboração radical. As empresas devem enfatizar a vontade de fazer melhor para o mundo, superando os desejos e as inseguranças individuais que impedem a transformação.

Fundamental para a inovação contínua é o comprometimento emocional subjacente a algo maior do que lucro ou receita. Uma vez que você consiga fazer as pessoas abraçarem um propósito e uma estratégia claros e aplicarem os princípios deste livro, elas sairão da mentalidade corporativa convencional e se tornarão inovadoras contínuas. Desejo-lhe boa sorte em sua jornada de transformação.

Índice remissivo

Informações contidas nas "notas finais" estão indicadas pelo número da nota seguido da letra "n".

SÍMBOLO

3M 123, 124

A

Abordagem bimodal 152, 154, 171, 172, 177
Activision Blizzard 183
Advanced Micro Devices (AMD) 86, 188
Afkhami, Cyrus 94
Afrodite 83, 84
Air Cube 63
Alexa 98, 137, 145, 167, 177, 180, 181
Alibaba 146
Allen, James 123
Altman, Jack 207
Amazon 10, 11, 12, 31, 35, 36, 39, 40, 42, 46, 47, 51, 53, 54, 58, 61, 71, 72, 73, 74, 75, 76, 78, 79, 80, 85, 94, 95, 98, 103, 113, 120, 121, 134, 135, 137, 140, 141, 142, 144, 145, 155, 156, 166, 175, 176, 179, 180, 181, 183, 196, 204, 205, 206, 218, 221, 236
Amazon Web Services (AWS) 35, 73, 176
Análise de dados 48, 240
Análise etnográfica 239
Anderson, Brad 69
Apple 10, 11, 12, 19, 20, 24, 33, 39, 41, 46, 51, 52, 53, 54, 61, 67, 68, 69, 70, 71, 77, 82, 83, 89, 90, 91, 98, 102, 113, 117, 123, 139, 141, 142, 158, 163, 186, 187, 196, 201, 202, 203, 206, 208, 209, 218, 221, 226, 232, 237
Apple TV+ 19
Aprender com especialistas 88
Audi 137
Audible 74
Automação 156
Avaliação de desempenho 101
AWS (Amazon Web Services) 35, 74, 75, 79, 80, 176, 181, 184
Azure 184

B

Bain 123
Ballmer, Steve 40
Barron's 36
Bennett, Tony 128, 138
Bezos, Jeff 12, 36, 53, 54, 64, 72, 73, 74, 75, 78, 79, 80, 84, 85, 93, 98, 107, 110, 111, 116, 117, 118, 120, 121, 123, 131, 137, 166, 167, 176, 177, 179, 180, 181, 196
Bickert, Monika 164
Bing 39
Black, Benjamin 176, 177
BlackBerry 139
Blockbuster 11, 75, 111, 112, 113, 114, 136, 191, 192, 196
Bonchek, Mark 29
Boring Company 178

Brightline 13
Brooks, Arthur 185
Bumble 35, 92, 135, 190, 217
Burocracia 24, 30, 126, 139, 166, 220, 222
Businessweek 102
Bússola da transformação 14, 195n

C

CAD 153, 158, 168, 172
Cambridge Analytica 60
Campbell, Bill 93
Campbell, Joseph 109
Campeões voluntários 233, 234, 241, 243, 244, 245
Caos controlado 31
Casey, Tom 112, 191
Causeit, Inc. 29,
Charan, Ram 185
Citadel 31
Clark, Dave 134
Clear, James 29
Cocriação 33, 65, 67, 69, 71, 72, 80, 81, 240, 245
Colaboração 27, 35, 41, 46, 50, 92, 101, 103, 145, 146, 156, 169, 197, 198, 199, 200, 201, 202, 203, 204, 205, 206, 207, 208, 209, 210, 211, 212, 214, 215, 216, 217, 218, 219, 231, 232, 236, 245
Colaboração radical 27, 35, 197, 199, 200, 201, 202, 203, 206, 207, 209, 211, 213, 214, 218, 219, 245
Columbia Business School 30
Comissão Federal de Comércio dos Estados Unidos 60

Compaq 98
Compressão 34, 120, 150, 151, 152, 153, 154, 155, 156, 157, 158, 159, 160, 161, 162, 163, 168, 169, 171, 172
Computador Macintosh 163
Confiar nos funcionários 95
Conformidade 31, 179, 180, 196, 243
Construção de Teoria de casos múltiplos 26
Cook, Tim 53, 98, 141
Cultura 10, 11, 12, 13, 15, 16, 20, 26, 27, 31, 33, 45, 81, 82, 83, 84, 85, 86, 87, 88, 89, 90, 91, 92, 93, 94, 95, 98, 99, 101, 102, 103, 110, 113, 127, 129, 139, 140, 142, 145, 147, 170, 172, 177, 188, 191, 193, 195, 196, 206, 210, 225, 227, 228, 236, 238, 242
Cuomo, Margaret 197
Custos irrecuperáveis 21, 27, 182, 196

D

Dados do usuário 69, 165
DBS 11, 113
Demissão silenciosa 111
Denning, Steve 20
Desaprendendo modelos mentais 29
Desenho assistido por computador 158, 168
Desenvolvimento experimental 150, 151, 161, 163, 165, 166, 167, 168, 170, 171
Diários de comportamento 239
Digital Equipment 108
Discordar e se comprometer 31, 32
Diversidade 91, 92, 93, 197
Donne, John 212
Drew, Richard 123, 124

Dumra, Bidyut 113
Dunkin' Donuts 223

E
Echo 137, 166, 177, 181
EDS 107
Eisenhardt, Kathleen 26, 131
Elop, Stephen 20
Emoções 23, 24, 25, 239
Equipes 34, 35, 50, 56, 57, 58, 59, 78, 87, 95, 111, 119, 121, 125, 127, 129, 132, 133, 137, 140, 144, 145, 147, 151, 154, 157, 160, 162, 163, 166, 170, 171, 172, 198, 203, 204, 205, 206, 211, 212, 213, 214, 215, 216, 217, 218, 242, 243, 244, 245
Equipes de resposta rápida 242, 243, 245
ESPN 160
Estrela-guia 26, 46, 47, 53, 55, 233, 234, 235, 237, 244
Estrutura organizacional 50, 95, 143, 202, 204, 209, 234
Etsy 11, 148
Evi 181
ExxonMobil 102
EyeGaze 211

F
Facebook 11, 12, 19, 59, 60, 61, 113, 164, 165, 215
FedEx 134
Ferramentas de aprendizado para o OneNote 211
Filosofia "Rendanheyi" 63
Fire Phone 166, 167, 179, 181
Ford, Henry 29, 33, 65

Ford Motor Company 156
Frankl, Viktor 43

G
Galateia 83, 84
Gallup 101, 114
Galton, Francis 197
Gambit Energy Storage 51
Gandhi, Mohandas 195
Gartner 149
Gateway 71
General Electric 31
General Motors 177
Gerenciar o ritmo 27, 34
Gerstner, Lou 107, 108
Geshuri, Arnnon 86, 87
Gestão 30, 34, 35, 49, 78, 84, 85, 89, 92, 101, 103, 111, 134, 146, 152, 170, 182, 198, 207, 208, 214, 237, 239, 242
GitHub 208
Gleeson, Scott 128, 138
Goethe 175
Google 12, 19, 39, 86, 113, 124, 137, 182, 208, 215
Grande Renúncia 22
Griffin, Ken, 31
Grossman, David 107, 108, 109, 115
Grove, Andrew 15, 135, 136
Grupos focais 68, 239
Guy, Kyle 128

H
Haier 11, 48, 49, 50, 61, 62, 63, 65, 67, 76, 95, 96, 121, 201, 202, 204, 209, 218

Hart, Greg 98, 181
Harvard Business Review 14, 25, 28
Harvard Business School 225
Hastings, Reed 88, 193
Haugen, Frances 60
Heidegger, Martin 43
Hsieh, Tony 214
Hunter, De'Andre 128

I
IBM 13, 98, 107, 108, 109, 123, 217
Imaginação empática 33, 65, 67, 70, 71, 73, 81
Inditex 65, 140
Inovação 10, 11, 12, 13, 15, 20, 21, 22, 25, 26, 27, 28, 29, 34, 35, 36, 39, 41, 44, 45, 47, 62, 68, 69, 70, 71, 72, 73, 74, 75, 81, 83, 84, 90, 91, 93, 96, 102, 103, 110, 113, 124, 125, 126, 134, 145, 146, 152, 157, 158, 160, 161, 168, 169, 178, 179, 186, 187, 193, 198, 203, 204, 208, 219, 220, 221, 228, 233, 237, 240, 245
Inovação ágil 20, 39, 44, 81, 93, 198, 203, 228
Inovação contínua 10, 20, 22, 28, 36, 41, 45, 62, 75, 84, 90, 103, 219, 220, 221, 245
Insights dos clientes 233, 234
Integração vertical 67, 141, 159
Intel 11, 15, 31, 86, 107, 135, 136, 141, 157, 189
Inteligência artificial 20, 41, 48, 146, 183, 184
Intraempreendedorismo 123, 124
iPad 52, 53, 202, 208
iPhone 33, 52, 158, 163, 187, 202, 208
iPod 52, 163, 187, 226
Isaacson, Walter 24
Ive, Jony 68

J
Jackson, Scoop 160
Jassy, Andy 72, 80, 176, 183
Jerome, Ty 128
Jobs, Steve 12, 24, 52, 53, 67, 68, 79, 82, 83, 84, 85, 89, 90, 91, 93, 96, 98, 117, 118, 119, 163, 186, 187, 202, 203, 237
Johnson, Kevin 228
Johnson, Ron 90, 91, 187, 188
Jones, Tom 226
Jope, Alan 184
Jornada do herói 109, 110, 126, 127
Joyo 73
Julgamentos em grupo 197

K
Kamangar, Salar 124
Kanter, Rosabeth Moss 28
KBank 11, 16, 58
Kierkegaard, Søren 43
Kindle 40, 74, 78, 176, 179
King, Martin Luther, Jr. 196
Kiva Systems 156
Koehn, Nancy 225
KPMG 99
Kurani, Sanjay 17, 55

L
Lattice 207
Lei de Proteção e Cuidado Acessível ao Paciente 238
Líder de segmento único 145, 206
Limp, Dave 145

LinkedIn 113, 184

Linux 41

M

May, Rollo 43

McCord, Patty 102

McDonald's 223

McGrath, Rita Gunther 30

McKinsey 205

McKnight, William 123, 124

Megatendências 233, 234, 238

Mentalidade empreendedora 14, 27, 33, 72, 84, 107, 108, 110, 113, 114, 115, 116, 119, 120, 121, 122, 123, 126, 127, 136, 150, 177, 190, 192, 225, 245

Mentoria 33, 93, 97, 98, 99

Messi, Lionel 133

Meta 28, 49, 59, 60, 61, 77, 92, 96, 99, 165, 179

Meta-ágil 28

Metamorfoses 83

Microsoft 11, 12, 20, 39, 40, 41, 42, 45, 48, 54, 58, 59, 61, 69, 100, 107, 109, 123, 143, 182, 183, 184, 196, 208, 209, 210, 211, 212, 213, 218, 219, 221, 222, 236

Microsoft Office 40

Minnesota Mining and Manufacturing (3M) 123

Modelo "Forças, Evocar, Exaltar" 56, 241

Monitoramento 97, 155

Mudança 11, 15, 20, 21, 22, 23, 32, 35, 41, 50, 54, 55, 57, 59, 60, 80, 83, 95, 126, 127, 128, 138, 139, 142, 153, 161, 169, 180, 188, 196, 201, 208, 212, 221, 223, 231, 234, 235, 236

Musk, Elon 12, 19, 29, 51, 79, 84, 85, 86, 87, 88, 94, 122, 126, 127, 137, 139, 147, 149, 177, 178, 180, 182, 194, 196, 200

MySpace 214, 216

N

Nadella, Satya 12, 40, 41, 42, 45, 58, 69, 143, 182, 183, 184, 208, 209, 210, 211, 212, 213, 221, 236

Narasimhan, Laxman 232

Neal, Jessica 95, 102, 143

Netflix 11, 88, 95, 96, 102, 112, 113, 140, 143, 144, 191, 193, 194

Neumann, Adam 216

Neuralink 178

Next 11, 24, 117, 118

Nietzsche, Friedrich 39, 43

Nike 11, 22, 160, 161

Nokia 11, 20, 114, 182, 183, 191

O

Objetivos existenciais 46, 47, 48

Obsessão pelos clientes 67, 68, 74

O herói das mil faces 109

Opendoor 19

Organização Mundial do Comércio 49

Ortega, Amancio 65, 66, 98, 115, 116, 117, 119, 123, 192

OTAN 195

Ousadia 27, 34, 35, 175, 177, 178, 179, 180, 184, 185, 186, 187, 190, 191, 194, 195, 196, 229

Ouvir 13, 44, 70, 71, 91, 166, 180, 192, 224

Ovídio 83

P

Pan Am 114, 115
Pandemia 17, 22, 28, 114, 147, 148, 211, 232
Patrick, John 108, 109
Paulus, Diane 128
Peloton 11, 147
Pepsi 89
Peretz, Marissa 85
Pesquisa com clientes 238
Pigmalião 26, 33, 82, 83, 84, 85, 88, 93, 94, 96, 97, 98, 99, 100, 101, 103, 189, 190, 224, 232, 240, 245
Pixar 188
Podolny, Joel 89
Polman, Paul 184
Prime 54, 73, 74, 78, 79
Primeiros princípios 29, 118, 126, 194
Princípio de "distância zero" 63
Project Management Institute 13
Propósito 22 26, 27, 32, 33, 34, 39, 40, 41, 42, 43, 44, 45, 46, 51, 57, 62, 64, 65, 77, 91, 97, 99, 100, 109, 110, 115, 117, 118, 126, 184, 185, 194, 198, 221, 222, 225, 232, 245
Propósito existencial 39, 41, 44, 45, 46, 62, 64, 77, 117, 126, 194, 221, 232

Q

Qingdao Refrigerator Company 48

R

Randolph, Marc 88
Realidade virtual 41, 61, 179
Reardon, Kathleen 185
Recrutamento 82, 88, 103, 214
Renault 137

Rilke, Rainer Maria 41
Ritmo de um leão 130
Robôs 156
Ross, J.D. 19

S

Sabedoria das multidões 197
Sagan, Carl 39
Salesforce 208, 209
Samsung 208
Santa Clara Valley Medical Center (SCVMC) 46, 55, 236
Sartre, Jean-Paul 43
Schmidt, Eric 93
Schultz, Howard 12, 221, 222, 223, 224, 225, 226, 227, 228, 229, 230, 231, 232, 235, 237
Schwartz, Mark 31, 32
ScienceSoft 209
Sculley, John 89, 187
SCVMC 55
Seeing AI 211
See (série de televisão) 19
Segall, Ken 68
Selipsky, Adam 80
Sentimento de pertencimento 91
Serviço Postal dos Estados Unidos 134
Shiv, Baba 30
Shotwell, Gwynne 149
Shu, Patty 82, 83
Sistema operacional de transformação 233,

234, 241
Sondergaard, Peter 149
SpaceX 11, 29, 85, 149, 150, 177, 178, 180, 182
Starbucks 11, 12, 35, 221, 222, 223, 224, 225, 226, 227, 228, 229, 230, 232, 237
Strasser, Rob 22
Subtração 30
Su, Lisa 86, 94, 189, 217
Sun Microsystems 107
Sutton, Bob 129

T

Terceirização 141, 150, 157
Tesla 10, 11, 12, 19, 50, 51, 61, 70, 71, 79, 85, 86, 87, 88, 94, 95, 101, 125, 126, 127, 137, 139, 140, 147, 177, 178, 180, 182, 195, 200, 210, 219, 221, 232
The Inside-Out Effect 9, 11, 14, 56, 195n
Tomada de decisão 145, 206, 242
Toyota 122
Transformação 9, 10, 11, 14, 15, 16, 17, 20, 26, 27, 36, 42, 44, 55, 57, 61, 107, 113, 176, 183, 212, 220, 221, 223, 224, 225, 228, 230, 231, 232, 233, 234, 235, 236, 237, 239, 240, 241, 242, 243, 244, 245
Transformação dos funcionários de dentro para fora 233, 240
Transformação rápida (Tabrizi) 9, 10, 14
Tryer Center 228
Twitter 180

U

Unilever 11, 184

Universidade Cornell 107
Universidade da Virgínia 128, 147
Universidade de Maryland 128
Universidade Stanford 9, 30
UPS 134
USA Today 128

V

Valores fundamentais 46, 47, 49, 60, 61, 223, 225
Visão 19, 22, 25, 28, 40, 41, 42, 44, 45, 46, 47, 48, 49, 50, 51, 52, 53, 54, 55, 56, 57, 58, 59, 60, 61, 65, 86, 88, 96, 97, 118, 119, 120, 136, 137, 147, 153, 155, 166, 194, 210, 215, 216, 217, 221, 222, 223, 224, 225, 227, 228, 231, 232, 233, 234, 235, 236, 237, 238, 241
Visão existencial 41, 42, 46, 47, 48, 50, 54, 55, 56, 59, 60, 61, 118, 237

W

Walker, Daniel 82, 83, 102
Wang, Cliff 17, 55
Welch, Jack 31
WeWork 216
Whirlpool 124, 125
Whitwam, David 124
Whole Foods 54, 74
Williams-Sonoma 82
Windows (Microsoft) 39, 40, 182, 183, 208
Winterson, Jeanette 82
Wolfe Herd, Whitney 92, 135, 190, 217
Wozniak, Steve 186

X

Xerox 114
Xilinx 157

Y

Yahoo 215
Yalom, Irvin 44

Z

Zappos 214
Zara 11, 65, 66, 67, 80, 81, 98, 115, 116, 119, 120, 138, 140, 158, 159, 192, 193, 194
Zelensky, Volodymyr 195
ZeniMax 183
Zhang Ruimin 48
Zhang, Sophie 48, 49, 60
Zook, Chris 123
Zuckerberg, Mark 60, 61, 164

Notas finais

1 Karen Christensen, "Thought Leader Interview: Beham Tabrizi", *Rotman Management Magazine*, mai. 2022. Disponível em: https://store.hbr.org/product/thought-leader-interview-behnam-tabrizi/ROT455.

2 "Most Big Tech Companies Have Become Places Where Talent Goes to Die: Musk", *Webinar Stores*, 21 out. 2021. Disponível em: https://www.webinarstores.net/site/news/news_details/420/most-big-tech-companies-have-become-places-where-talent-goes-to-die-musk.

3 Rahul Gupta, "Nokia CEO's Speech", LinkedIn, 8 mai. 2016. Disponível em: https://www.linkedin.com/pulse/nokia-ceo-ended-his-speech-saying-we-didnt-do-anything-rahul-gupta/.

4 Steve Denning, "Why Agile Needs to Take Over Management Itself", *Forbes*, 4 dez. 2022. Disponível em: https://www.forbes.com/sites/stevedenning/2022/12/04/why-agile-needs-to-take-over-management-itself/?sh=1805f875b28c.

5 Fórum do European Research Initiative Consortia (Eric).

6 Rose Hilder, "This 1970s Nike manifest is absolutely wild". 22 jan. 2023. Disponível em: https://www.creativebloq.com/news/nike-manifest.

7 Rosabeth Moss Kanter, "Managing Yourself: Zoom in, Zoom out", *Harvard Business School*, mar. 2011. Disponível em: https://hbr.org/2011/03/managing-yourself-zoom-in-zoom-out.

8 James Clear, "First Principles: Elon Musk on the Power of Thinking for Yourself", JC Newsletter, [s. d.]. Disponível em: https://jamesclear.com/first-principles.

9 Mark Bonchek, "Unlearning Mental Models", *Causeit Guide to Digital Fluency*, 2021. Disponível em: https://www.digitalfluency.guide/thinking-for-a-digital-era/unlearning-mental-models.

10 E. Kumar Sharma, "Companies need to think of continuous reconfiguration", *Business Today*, 15 fev. 2014. Disponível em: https://www.businesstoday.in/opinion/interviews/story/rita-gunther-mcgrath-on-companies-competition-133987-2014-02-15.

11 Andrea Schneider, "Chocolate Cake vs. Fruit — Or Why Get Emotional During 'Rational' Negotiations", *Indisputably*, 26 jan. 2010. Disponível em: http://indisputably.org/2010/01/chocolate-cake-v-fruit-or-why-get-emotional-during-rational-negotiations/.

12 Entrevista de Ken Griffin, feita por Marc Andreesen no Clubhouse, em 1º dez. 2021. Disponível em: https://www.clubhouse.com/room/PGEX9zzd.

13 Mark Schwartz, "Guts, Part Three: Having Backbone — Disagreeing and Committing", AWS *Cloud Strategy Blog*, 28 jun. 2020. Disponível em:https://aws.amazon.com/blogs/enterprise-strategy/guts-part-three-having-backbone-disagreeing-and-committing/.

14 Amy Edmondson, *A organização sem medo:* criando segurança psicológica no local de trabalho para aprendizado, inovação e crescimento, trad. Thais Cots, Alta Books, 2020.

15 Jeff Bezos, Twitter, 10 out. 2021. Disponível em: https://twitter.com/JeffBezos/status/1447403828505088011.

16 Para a capitalização de mercado atual da Microsoft, acesse: https://companiesmarketcap.com/microsoft/marketcap.

17 Satya Nadella et al., *Aperte o F5:* a transformação da Microsoft e a busca de um futuro melhor para todos, trad. Cristina Yamagami, Benvirá, 2018; e Steve Denning, "How Microsoft's Transformation Created a Billion-Dollar Gain", *Forbes*, 20 jun. 2021. Disponível em: https://www.forbes.com/sites/stevedenning/2021/06/20/how-microsoftsdigital-transformation-created-a-trillion-dollar-gain/?sh=3536aa0d625b.

18 "Who We Are", Amazon. Disponível em: https://www.aboutamazon.com/about-us.

19 "Haier Ranks First in Volume Sales of Major Appliances Brands in the World in 2018", *Haier*, 10 jan. 2019. Disponível em: https://www.haier.com/my/about-haier/news/20190604_74036.shtml.

20 "Our Global Network", Haier. Disponível em: https://www.haierhvac.eu/en/haier-group.

21 Luke Lango, "Tesla Is the Next Trillion-Dollar Company", *Investor Place*, 20 out. 2010. Disponível em: https://www.nasdaq.com/articles/tesla-is-the-next-trillion-dollar-company-2020-10-20.

22 Dana Hull, "Tesla Is Plugging a Secret Mega Battery into the Texas Grid", *Bloomberg*, 8 mar. 2021. Disponível em: https://www.bloomberg.com/news/features/2021-03-08/tesla-is-plugging-a-secret-mega-battery-into-the-texas-grid.

23 Carmine Gallo, "Steve Jobs Asked One Profound Question that Took Apple from Near Bankruptcy to $ 1 Trillion", *Forbes*, 5 ago. 2018. Disponível em: https://www.forbes.com/sites/carminegallo/2018/08/05/steve-jobs-asked-one-profound-question-that-

-took-apple-from-near-bankruptcy-to-1-trillion/?sh=67a999809c2f.

24   "Market Capitalization of Apple (AAPL)", Apple. Disponível em: https://companiesmarketcap.com/apple/marketcap/.

25   "Steve Jobs Talks about Core Values at D8 2010", YouTube. Disponível em: https://www.youtube.com/watch?v=5mKxekNhMqY.

26   Ao falar sobre Jobs em 2022, Cook disse: "Acredito que ele ficaria feliz por estarmos mantendo os valores sobre os quais ele falava tanto, como privacidade e proteção ao meio ambiente. Isso era fundamental para ele, enquanto continuamos inovando e tentando oferecer às pessoas algo que as capacitasse a fazer algo que não poderiam fazer de outra forma". Acrescentou que Jobs não ficaria impressionado com o preço em alta das ações da Apple. Tim Higgins, "Tim Cook Advises Man Concerned about Green Text Bubbles", *Wall Street Journal*, 8 set. 2022. Disponível em: https://www.wsj.com/articles/tim-cook-advises-man-concerned-about-green-text-bubbles--buy-your-mom-an-iphone-11662614342?mod=-Searchresults_pos1&page=1.

27   Eric Engleman, "Amazon.com's 1-Click Patent Confirmed Following Re-exam", *Puget Sound Business Journal*, 10 mar. 2010. Disponível em: https://www.bizjournals.com/seattle/blog/techflash/2010/03/amazons_1-click_patent_confirmed_following_re-exam.html.

28   Mike Masnick, "Jeff Bezos on Innovation: Stubborn on Vision, Flexible on Details", *Techdirt*, 17 jun. 2011. Disponível em: https://www.techdirt.com/2011/06/17/jeff-bezos-innovation-stubborn-vision-flexible-details/.

29   Discuto a questão dos chamados pessoais com detalhes em *The Inside-Out Effect*, escrito em coautoria com Michael Terrell.

30   "The Brightline Transformation Compass", Brightline Project Management Institute, 24 out. 2019. Disponível em: https://www.brightline.org/resources/transformation-compass/.

31   Para uma discussão mais profunda sobre o tema, veja *The Inside-Out Effect*.

32   Catherine Moore, "What Is Positive Psychology?", *Positive Psychology*, 8 jan. 2019. Disponível em: https://positivepsychology.com/what-is-flow.

33   John Herman, "Inside Facebook's Political-Media Machine", *New York Times Magazine*, 24 ago. 2016. Disponível em: https://www.nytimes.com/2016/08/28/magazine/inside-facebooks-totally-insane-unintentionally-gigantic-hyperpartisan-political-media-machine.html.

34 Siladitya Ray, "Rohingya Refugees Sue Facebook for $ 150 Billion", *Forbes*, 7 dez. 2021. Disponível em: https://www.forbes.com/sites/siladityaray/2021/12/07/rohingya-refugees-sue-facebook-for-150-billion-alleging-platform-failed-to-curb-hate-speech-that-was-followed-by-violence/?sh=41f22b63e713.

35 "FTC Settles with Facebook for $5 Billion", *Business Insider*, jul. 2019. Disponível em: https://www.businessinsider.com/facebook-settlement-ftc-billion-privacy-2019-7.

36 Alexandra Ma, "Facebook and Cambridge Analytica", *Business Insider*, 23 ago. 2019. Disponível em: https://www.businessinsider.com/cambridge-analytica-a-guide-to-the-trump-linked-data-firm-that-harvested-50-million-facebook-profiles-2018-3.

37 Kari Paul, "Facebook's Very Bad Year", *The Guardian*, 29 dez. 2021. Disponível em: https://www.theguardian.com/technology/2021/dec/29/facebook-capitol-riot-frances-haugen-sophia-zhang-apple.

38 B. Stone, *Amazon sem limites: Jeff Bezos e a invenção de um império global*, trad. Isabella Pacheco, Livia de Almeida e Regina Lyra, Intrínseca, 2021.

39 Gary Hamel e Michelle Zanini, "The End of Bureaucracy", *Harvard Business Review*, nov.-dez. 2018. Disponível em: https://hbr.org/2018/11/the-end-of-bureaucracy.

40 Eugenia Battaglia, "Beyond the Mechanics of Haier", *Medium*, 5 out. 2020. Disponível em: https://stories.platformdesigntoolkit.com/beyond-the-mechanics-of-haier-leading-40-years-of-entrepreneurial-transformation-with-bill-fischer-2e791677b6e.

41 "Shattering the Status Quo: A Conversation with Haier's Zhang Ruimin", *McKinsey Quarterly*, 27 jun. 2021. Disponível em: https://www.mckinsey.com/capabilities/people-and-organizational-performance/our-insights/shattering-the-status-quo-a-conversation-with-haiers-zhang-ruimin/.

42 G. Hamel e M. Zanini, "The End of Bureaucracy".

43 Covadonga O'Shea, *The Man from Zara: The Story of the Genius Behind de Inditex Group*, LID Publishing, 2021. Este livro foi minha fonte de informações referentes à Zara, a menos quando indicado de outra forma no capítulo.

44 "Lessons Learned from Working with Steve Jobs: Interview with Ken Segall", *Speaking*, {s. d.}. Disponível em: https://speaking.com/blog-post/simplicity-and-other-lessons-from-working-with-steve-jobs-by-ken-segall/.

45 Steve Denning, "How an Obsession with Costumers Made Microsoft a $2 Trillion Company", *Forbes*, 6 jun. 2021. Disponível em: https://www.forbes.com/sites/

stevedenning/2021/06/25/how-customers-made-microsoft-a-two-trillion-dollar-company/?sh=242284562cc0.

46   Ashley Lobo, "A Case Study of Tesla: The World's Most Exciting Automobile Company", *Medium*, 24 mar. 2020. Disponível em: https://medium.com/@ashleylobo98/a-case-study-on-tesla-the-worlds-most-exciting-automobile-company-535fe9dafd30.

47   Carmine Gallo, "How the Apple Store Creates Irresistible Customer Experience", Forbes, 10 abr. 2015. Disponível em: https://www.forbes.com/sites/carminegallo/2015/04/10/how-the-apple-store-creates-irresistible-customer-experiences/?sh=38ff005817a8.

48   Jeff Bezos, "2001 Letter to Stakeholders", *Invent and Wander: The Collected Writings of Jeff Bezos*, HBR Press, 2020.

49   B. Stone, *Amazon sem limites*. (Ver nota 38.)

50   Rebeca Brown, "What You Need to Know About Amazon Prime: 2005-Present", *Pattern*, 20 ago. 2020. Disponível em: https://pattern.com/blog/amazon-prime-timeline-to-present/.

51   Annie Palmer, "Jeff Bezos Says Amazon Needs to Do a Better Job for Employees in His Final Shareholder Letter as CEO", *CNBC*, 15 abr. 2004. Disponível em: https://www.cnbc.com/2021/04/15/jeff-bezos-releases-final-letter-to-amazon-shareholders.html.

52   B. Stone, *Amazon sem limites*. (Ver nota 38.)

53   Richard Halkett, "Using Customer Obsession to Drive Rapid Innovation", *Forbes*, patrocinado, 7 nov. 2022; e Colin Bryar e Bill Carr, *Obsessão pelo cliente*, trad. Nathalia Ferrante, Citadel, 2023.

54   R. Brown, "What You Need to Know About Amazon Prime: 2005-Present". (Ver nota 38.)

55   Entrevista do autor com um ex-gerente de um centro de atendimento da Amazon, realizada em jan. 2022.

56   David Segal, "Apple's Retail Army, Long on Loyalty but Short on Pay", *New York Times*, 23 jun. 2012. Disponível em: https://www.nytimes.com/2012/06/24/business/apple-store-workers-loyal-but-short-on-pay.html.

57   Henry Blodget, "Check Out How Apple Brainwashes Its Stores Employees, Turning Then into Clapping, Smiling Zealots", *Business Insider*, 24 jun. 2012. Disponível em: https://www.businessinsider.com/how-apple-trains-store-employees-2012-6.

58   Entrevista do autor com um ex-gerente de um centro de atendimento da Amazon, em jan. 2022.

59   J. Bezos, carta de 2012 para acionistas.

60   Entrevista do autor com um ex-gestor da Tesla, em jan. 2022.

61   Entrevista do autor com Cyrus Afkhami, em 2022.

62   Entrevista com Afkhami; e R. Halkett, "Using Customer Obsession".

63   Ravneet Uberoi, "Zara: Achieving the 'Fast' in Fast Fashion through Analytics", HBS Digital Initiative, 5 abr. 2017. Disponível em: https://d3.harvard.edu/platform-digit/submission/zara-achieving-the-fast-in-fast-fashion-through-analytics/.

64   Charles O'Reilly et al., "The Promise and Problems of Organizational Culture: CEO Personality, Culture and Firm Performance", *Group & Organization Management*, v. 39, 2014, p. 595-625.

65   Jeff Bezos, *Invent and Wander: The Collected Writings of Jeff Bezos*, HBR Press, 2020.

66   Aine Cain, "A Former Tesla Recruiter Explains Why All the Candidates Had to Go through Elon Musk at the End of the Hiring Process", *Business Insider*, 1º dez. 2017. Disponível em: https://www.businessinsider.com/tesla-how-to-get-hired-2017-12.

67   Lydia Dishman, "How this CEO Avoided the Glass Cliff and Turned Around an 'Uninvestable' Company", *Fast Company*, 11 set. 2018. Disponível em: https://www.fastcompany.com/90229663/how-amds-ceo-lisa-su-managed-to-turn-the-tech-company-around. Clare Duffy, "From the Brink of Bankruptcy to a 1,300% Gain", *CNN Business*, 27 mar. 2020. Disponível em: https://edition.cnn.com/2020/03/27/tech/lisa-su-amd-risk-takers/index.html.

68   Amy Kristof-Brown et al., "Consequences of Individuals' Fit at Work", *Personnel Psychology*, v. 58, 2005, p. 281-324; e Lauren Rivera, "Guess Who Doesn't Fit In at Work", *New York Times*, 20 mai. 2015. Disponível em: https://www.nytimes.com/2015/05/31/opinion/sunday/guess-who-doesnt-fit-in-at-work.html.

69   Matthew DeBord, "The Model S is Still Tesla's Best Car — Here's Why", *Business Insider*, 9 set. 2017. Disponível em: https://www.businessinsider.in/the-model-s-is-still-teslas-best-car-heres-why/articleshow/60440057.cms. "Tesla Motors Hires Senior Google Recruiter", release da Tesla, 20 abr. 2020. Disponível em: https://www.tesla.com/blog/tesla-motors-hires-senior-google-recruiter-world%E2%80%99s-leading-electric-vehicle-man.

70 Bretton Potter, "Netflix's Company Culture Is Not for Everybody and That's Exactly How It Should Be", *Forbes*, 4 dez. 2018. Disponível em: https://www.forbes.com/sites/brettonputter/2018/12/04/netflixs-company-culture-is-not-for-everybody-and-thats-exactly-how-it-should-be/?sh=24f742bc1880.

71 Justin Bariso, "Steve Jobs Made a Brilliant Change When He Returned to Apple", *Inc.*, 28 abr. 2021. Disponível em: https://www.inc.com/justin-bariso/steve-jobs-made-a-brilliant-change-when-he-returned-to-apple-it-changed-company-forever.html.

72 Joel Podolny e Morten Hansen, "How Apple is Organized for Innovation", *Harvard Business Review*, nov.-dez. 2020. Disponível em: https://hbr.org/2020/11/how-apple-is-organized-for-innovation.

73 Deborah Petersen, "Ron Johnson: It's Not about Speed. It's about Doing Your Best", *Insights by Stanford Business*, 3 jul. 2014. Disponível em: https://www.gsb.stanford.edu/insights/ron-johnson-its-not-about-speed-its-about-doing-your-best.

74 "Bloomberg's 2022 Gender-Equality Index Shows Companies Increasingly Committed to Reporting *ESG* Data". Bloomberg, 26 jan. 2022. Disponível em: https://www.bloomberg.com/company/press/bloomberg-2022-gei/.

75 Erin Sairam, "Women Thrive at the Bumble Hive", *Forbes*, 3 jul. 2018. Disponível em: https://www.forbes.com/sites/erinspencer1/2018/07/03/women-thrive-at-the-bumble-hive/.

76 Steve Glaveski, "Leadership Lessons from Bill Campbell", *Medium*, 5 maio 2019. Disponível em: https://medium.com/steveglaveski/leadership-lessons-from-bill-campbell-the-trillion-dollar-coach-37d5494c8be2.

77 "Performance Management at Tesla: What We Know", *PerformYard*, 28 ago. 2021. Disponível em: https://www.performyard.com/articles/performance-management-at-tesla-what-we-know.

78 Gary Hamel e Michelle Zanini, "The End of Bureaucracy", *Harvard Business Review*, nov.-dez. 2018. Disponível em: https://hbr.org/2018/11/the-end-of-bureaucracy; e https://www.haier.com/global/about-haier/intro/.

79 Patty McCord, "How Netflix Reinvented HBR", *Harvard Business Review*, jan.-fev. 2014. Disponível em: https://hbr.org/2014/01/how-netflix-reinvented-hr.

80 Callum Bouchers, "Your Boss Still Thinks You're Faking It When You're Working from Home", *Wall Street Journal*, 20 out. 2022. Disponível em: https://www.wsj.

com/articles/your-boss-still-thinks-youre-faking-it-whenyoureworking-from-home-11666216953.

81   Brad Johnson e David Smith, "Real Mentorship Starts with Company Culture, Not Formal Programs", *Harvard Business Review*, 30 dez. 2019. Disponível em: https://hbr.org/2019/12/real-mentorship-starts-with-company-culture-not-formal-programs.

82   Rachel Ranosa, "How Was Steve Jobs as a Mentor", *People Matters*, 7 out. 2021. Disponível em: https://www.peoplemattersglobal.com/article/leadership/how-was-steve-jobs-as-mentor-tim-cook-remembers-the-icon-31184.

83   Bruce Pfau, "How an Accounting Firm Convinced Its Employees They Could Change the World", *Harvard Business Review*, 6 out. 2015. Disponível em: https://hbr.org/2015/10/how-an-accounting-firm-convinced-its-employees-they-could-change-the-world.

84   Kindra Cooper, "Inside the FAANG Performance Review Process", *Candor*, 18 mai. 2022. Disponível em: https://candor.co/articles/career-paths/inside-the-faang-performance-review-process.

85   Robert Sutton e Ben Wigert, "More Harm than Good: The Truth about Performance Reviews", *Gallup*, 6 mai. 2019. Disponível em: https://www.gallup.com/workplace/249332/harm-good-truth-performance-reviews.aspx.

86   Kevin Crowlet, "Exxon's Exodus", *Bloomberg Businessweek*, 13 out. 2022. Disponível em: https://www.bloomberg.com/news/features/2022-10-13/exxon-xom-jobs-exodus-brings-scrutiny-to-corporate-culture?.

87   Daniel Slater, "Elements of Amazon's Day 1 Culture", AWS Executive Insights. Disponível em: https://aws.amazon.com/executive-insights/content/how-amazon-defines-and-operationalizes-a-day-1-culture/.

88   Gary Hamel, "Waking Up IBM: How a Gang of Unlikely Rebels Transformed Big Blue", *Harvard Business Review*, jul.-ago. 2000. Disponível em: https://hbr.org/2000/07/waking-up-ibm-how-a-gang-of-unlikely-rebels-transformed-big-blue.

89   D. Slater, "Elements of Amazon's Day 1 Culture". (Ver nota 87.)

90   Ram Charan e Julia Yang, *O sistema Amazon: descubra o método de gestão que pode trazer resultados extraordinários para você e sua empresa*, trad. Luisa Geisler, Planeta, 2021.

91   Andy Ash, "The Rise and Fall of Blockbuster", *Business Insider*, 12 ago. 2020. Disponível em: https://www.businessinsider.com/rise-and-fall-of-blockbuster.

92   Luca Piacentini, "The Real Reason Blockbuster Failed", *1851 Franchise*, 23 mar. 2021. Disponível em: https://1851franchise.com/the-real-reason-blockbuster-failed-hint-its-not-netflix-2715316.

93   Bidyut Durma, "Transforming DBS Banks into a Tech Company", *Qorus*, 3 dez. 2000. Disponível em: https://www.qorusglobal.com/content/2443-transforming-dbs-bank-into-a-tech-company.

94   Jim Harter, "U.S. Employee Engagement Data Holds Steady", *Gallup*, 29 jul. 2021. Disponível em: https://www.gallup.com/workplace/352949/employee-engagement-holds-steady-first-half-2021.aspx.

95   Frank Koe, "Is Intrapreneurship the Solution?", *Entrepreneur*, 7 out. 2021. Disponível em: https://www.entrepreneur.com/growing-a-business/is-intrapreneurship-the-solution-for-unhappy-employees-and/387402.

96   A. Ash, "The Rise and Fall of Pan-Am", *Business Insider*, 21 fev. 2021. Disponível em: https://www.businessinsider.com/how-pan-am-went-from-pioneering-air-travel-to-bankruptcy-2020-2.

97   Covadonga O'Shea, *The Man from Zara: The Story of the Genius Behind de Inditex Group*, LID Publishing, 2021, p. 36.

98   Jeff Bezos, "2001 Letter to Stakeholders", *Invent and Wander: The Collected Writings of Jeff Bezos*, HBR Press, 2020, p. 5.

99   J. Bezos, Invent and Wander , p. 330.

100   C. O'Shea, *The Man from Zara*, p. 36.

101   "Steve Jobs Brainstorms with the Next Team 1985", Jobs Official, YouTube. Disponível em: https://www.youtube.com/watch?v=Udi0rk3jZYM.

102   C. O'Shea, *The Man from Zara*, p. 66-73.

103   J. Bezos, *Invent and Wander*, p. 15.

104   C. O'Shea, *The Man from Zara*, p. 66-73.

105   J. Bezos, *Invent and Wander*, p. 14-15.

106   B. Stone, *Amazon sem limites*, Intrínseca, 2021, p. 167-171.

107   B. Stones, Amazon sem limites, p. 247-257.

108   C. O'Shea, *The Man from Zara*, p. 66-73.

109   Chris Zook e James Allen, *A mentalidade do fundador: a chave para sua empresa enfrentar as crises e continuar vencendo*, trad. Ada Felix, Figurati, 2016.

110   Paul Licas, "3M, A Mining Company Built on a Mistake", *Fortune*, 1 abr. 2003.

Disponível em: https://money.cnn.com/magazines/fsb/fsb_archive/2003/04/01/341016/; e 3M Canadá, "The History of Masking Tape", *3M Science Centre*, 29 mar. 2016. Disponível em: https://news.3mcanada.ca/?utm_medium=redirect&utm_source=vanity-url&utm_campaign=wsciencecentre.3mcanada.ca.

111 Jacob Morgan, "Five Uncommon Internal Innovation Examples", *Forbes*, 8 abr. 2015. Disponível em: https://www.forbes.com/sites/jacobmorgan/2015/04/08/five-uncommon-internal-innovation-examples/?sh=2f47991d3a19.

112 J. D. Rapp, "Inside Whirlpool's Innovation Machine", *Management Innovation Exchange*, 23 jan. 2016. Disponível em: https://www.managementexchange.com/story/inside-whirlpools-innovation-machine.

113 Entrevista do autor, não publicada, com Drew Bennett, 2022.

114 Scott Gleeson, "How Did #1 Seed Virginia Lose?", *USA Today*, 17 mar. 2018. Disponível em: https://www.usatoday.com/story/sports/ncaab/2018/03/17/how-did-top-overall-no-1-seed-virginia-lose-greatest-upset-all-time-umbc/434472002/.

115 Patrick Guggenberger, "The Age of Speed", *McKinsey Quarterly*, 25 mar. 2019. Disponível em: https://www.mckinsey.com/capabilities/people-and-organizational-performance/our-insights/the-organization-blog/the-age-of-speed-how-to-raise-your-organizations-metabolism.

116 Robert Sutton, *Scaling Up Excellence: Getting do More without Setting for Less*, Currency, 2014.

117 "Discover the Evolution of the Domesticated Cat", *Cats Protection*, 29 jul. 2019. Disponível em: https://www.cats.org.uk/cats-blog/how-are-domestic-cats-related-to-big-cats#:~:text=The%20oldest%20cat%20lineage%20is,leo.

118 Kathleen Eisenhardt, "Making Fast Strategic Decisions in High-Velocity Environments", *Academy of Management Journal*, v. 32, 1989, p. 543-576.

119 Isabela Sa Glaister, "How to Use Sprints to Work Smart and Upskill", *LinkedIn*, [s. d.]. Disponível em: https://www.linkedin.com/posts/isabela-sa-glaister_how-to-use-sprints-to-work-smart-and-upskill-activity-6927033469550157824-Tt70.

120 "Lionel Messi: Why Does the Barcelona Icon and FSG Star Walk So Much During Games?", *Give Me Sport*, 25 ago. 2021. Disponível em: https://www.givemesport.com/1742726-lionel-messi-why-does-psg-star-and-barcelona-icon-walk-so-much-during-games.

121   Cornelius Chang, "Slowing Down to Speed Up", *McKinsey Organizational*, 23 mar. 2018. Disponível em:https://www.mckinsey.com/capabilities/people-and-organizational-performance/our-insights/the-organization-blog/slowing-down-to-speed-up; e Jocelyn Davis e Tom Atkinson, "Need Speed? Slow Down", *Harvard Business Review*, . 2010. Disponível em: https://hbr.org/2010/05/need-speed-slow-down.

122   B. Stone, *Amazon sem limites*, Intrínseca, 2021, capítulo 9. (Ver nota 38.)

123   Andrew S. Grove, *Only the Paranoid Survive: How to Exploit the Crisis Points that Challenge Every Company*, Currency, 1996.

124   Andy Ash, "The Rise and Fall of Blockbuster". (Ver nota 91.)

125   Beth Galetti et al. "Inside Day 1: How Amazon Uses Agile Team Structures and Adaptive Practices to Innovate on Behalf of Customers", *SHRM*, 2019. Disponível em: https://www.shrm.org/executive/resources/people-strategy-journal/spring2019/pages/galetti-golden.aspx.

126   Philippe Chain com Frederic Filloux, "How Tesla Cracked the Code of Automobile Innovation", *Monday Note*, 12 jul. 2020. Disponível em: https://mondaynote.com/how-the-tesla-way-keeps-it-ahead-of-the-pack-358db5d52add.

127   Justin Ferber, "Ten Years Later, Evidence is Clear", *Cavs Corner*, 11 abr. 2019. Disponível em: https://virginia.rivals.com/news/ten-years-later-evidence-is-clear-that-bennett-s-plan-works-for-uva.

128   Covadonga O'Shea, *The Man from Zara*. (Ver nota 43.)

129   Pauline Meyer, "Tesla Inc.'s Organizational Culture & Its Characteristics (Analysis)", *Panmore Institute*, atualizado em 22 fev. 2019. Disponível em: https://panmore.com/tesla-motors-inc-organizational-culture-characteristics-analysis.

130   Daniel Maiorca, "The Three Reasons BlackBerry Failed Spectacularly", *Make Use Of*, 18 ago. 2021. Disponível em: https://www.makeuseof.com/the-reasons-blackberry-failed-spectacularlyand-why-they-might-rise-again/.

131   "2018-19 Virginia Cavaliers Men's Roster and Stats", *Sports Reference*, [s. d.] Disponível em: https://www.sports-reference.com/cbb/schools/virginia/men/2019.html.

132   C. O'Shea, *The Man from Zara*. (Ver nota 43.)

133   Beril Kocadereli, "Culture at Netflix", *Medium*, 13 abr. 2020. Disponível em: https://medium.com/swlh/culture-at-netflix-16a37deb6b75.

134   Entrevista do autor com Cyrus Afkhami, 2022.

135   Kif Leswing, "Apple is Breaking a 15-Year Partnership with Intel on Its Macs", *Business Insider*, 10 nov. 2020. Disponível em: https://www.cnbc.com/2020/11/10/why-apple-is-breaking-a-15-year-partnership-with-intel-on-its-macs-.html.

136   "Cadence: Defining the Heartbeat of Your Organization", *System & Soul*, 17 set. 2021. Disponível em: https://www.systemandsoul.com/blog/cadence-defining-the-heartbeat-of-your-organization.

137   B. Stone, *Amazon sem limites*; e B. Galetti et al., "Inside Day 1: How Amazon Uses Agile Team Structures"., *SHRM*, Spring, 2019. Disponível em: https://www.shrm.org/executive-network/insights/people-strategy/inside-day-1-how-amazon-uses-agile-team-structures-adaptive-practices-to-innovate-behalf-customers.

138   B. Kocadereli, "Culture at Netflix".

139   Sarah Krause, "Netflix Hunts for Cost Cuts", *Wall Street Journal*, 7 set. 2022. Disponível em:https://www.wsj.com/podcasts/google-news-update/netflix-hunts-for-cost-cuts/b5e15704-239f-4e48-a19e-4332928280b7.

140   Colin Bryar e Bill Carr, *Obsessão pelo cliente*, trad. Nathalia Ferrante, Citadel, 2023.

141   Bernadine Dykes et al., "Responding to Crises with Speed and Agility", *Sloan Management Review*, 15 out. 2020.

142   Kevin Cool, "Gwynne Shotwell on Aiming High and Taking Big Risks", *Stanford Business Insights*, 19 jul. 2022. Disponível em: https://www.gsb.stanford.edu/insights/gwynne-shotwell-aiming-high-taking-big-risks.

143   Behnam Tabrizi e Rick Walleigh, "Defining Next-Generation Products: An Inside Look", *Harvard Business Review*, nov.-dez. 1997. Disponível em: https://hbr.org/1997/11/defining-next-generation-products-an-inside-look.

144   Sarah Kessler, "This Company Built One of the World's Most Efficient Warehouses by Embracing Chaos", *Quartz*, 2020. Disponível em: https://classic.qz.com/perfect-company-2/1172282/this-company-built-one-of-the-worlds-most-efficient-warehouses-by-embracing-chaos/.

145   "How Algorithms Run Amazon's Warehouses", *BBC*, 18 ago. 2018; Matt Day, "In Amazon's Flagship Fulfillment Center, the Machines Run the Show", *Bloomsbury Business Week*, 21 set. 2021; entrevista com o ex-executivo da Amazon.

146   Paul Alcorn, "AMD's Market Cap Surpasses Intel for the First Time in History", *Tom's Hardware*, atualizado em 16 fev. 2022. Disponível em: https://www.tomshardware.

com/news/amds-market-cap-surpasses-intel.

147   "Apple iPhone 13 Review", *New York Times*, 21 set. 2021.

148   "Dear Apple and Google, It's Time to Stop Releasing a New Phone Every Year", *Fast Company*, 2019.

149   Covadonga O'Shea, *The Man from Zara*. (Ver nota 43.)

150   Scoop Jackson, "Impact of Jordan Brand Reaches Far Beyond Basketball", *ESPN*, 12 fev. 2016; e "Michael Jordan Earns 5% Royalty on Every Air Jordan Shoe Sold", *The Sports Rush*, 28 fev. 2021. Disponível em: https://thesportsrush.com/nba-news-michael-jordan-earns-5-royalty-on-every-air-jordan-shoe-sold-how-the-bulls-legend-amassed-a-rumored-2-1-billion-fortune-over-the-years/.

151   B. Trabizi e R. Walleigh, "Defining Next Generation Products".

152   B Trabizi e R. Walleigh, "Defining Next Generation Products".

153   Samuel Gibbs, "Facebook Is Not Backing Down from Its 'Innovative' Secret Experiment on Users", *The Guardian*, 3 jul. 2014; e Andrea Huspeni, "Why Mark Zuckerberg Runs 10,000 Facebook Versions a Day", *Entrepreneur*, 24 mai. 2017. Disponível em: https://www.entrepreneur.com/science-technology/why-mark-zuckerberg-runs--10000-facebook-versions-a-day/294242.

154   "Jeff Bezos: Why You Can't Feel Bad About Failure", *CNBC*, 22 maio 2020; e Chris Velasco, "Amazon's Flop of a Phone Made Newer Better Hardware Possible", *Engadget*, 13 jan. 2018.

155   B. Trabizi e R. Walleigh, "Defining Next Generation Products".

156   Esta seção se baseia principalmente em Kathleen Eisenhardt e Behnam Tabrizi, "Accelerating Adaptive Processes: Product Innovation in the Global Computer Industry", *Administrative Science Quarterly*, v. 40, 1995, pp. 84-110.

157   Eisenhardt e Trabizi, "Accelerating Adaptive Processes".

158   Ron Miller, "How AWS Came to Be", *Tech Crunch*, 2 jul. 2016. Disponível em: https://techcrunch.com/2016/07/02/andy-jassys-brief-history-of-the-genesis-of-aws/?guccounter=1.

159   Brandon Butler, "The Myth About How Amazon's Web Service Started Just Won't Die", *Network World*, 2 mar. 2015. Disponível em: https://www.networkworld.com/article/2891297/the-myth-about-how-amazon-s-web-service-started-just-won-t-die.html.

160   Andy Wu e Goran Calic, "Does Elon Musk Have a Strategy?", *Harvard Business Review*,

15 jul. 2022. Disponível em: https://hbr.org/2022/07/does=-elon-musk-have-a-strategy?ab-hero-main-text.

161   Mariella Moon, "John Carmack Leaves Meta with a Memo Criticizing the Company's Efficiency", *Yahoo! Finance*, 16 dez. 2022. Disponível em: https://finance.yahoo.com/news/john-carmack-leaves-meta-043202664.html.

162   Brad Stone, *Amazon sem limites*, Intrínseca, 2021, p. 81.

163   Gary Hamel e Michele Zanini, "How to Lead with Courage and Build a Business with Heart", *Fast Company*, 4 mar. 2022. Disponível em: https://www.fastcompany.com/90727231/how-to-lead-with-courage-and-build-a-business-with-heart.

164   "You Can't Be a Wimp: Make the Tough Calls", *Harvard Business Review*, nov. 2013.

165   Arthur Brooks, "Go Ahead and Fail", *Atlantic*, fev. 2021.

166   Kathleen Reardon, "Courage as a Skill", *Harvard Business Review*, jan. 2007.

167   Deborah Petersen, "Ron Johnson: It's Not about Speed. It's about Doing Your Best", *Insights by Stanford Business*, 3 jul. 2014. Disponível em: https://www.gsb.stanford.edu/insights/ron-johnson-its-not-about-speed-its-about-doing-your-best.

168   Charlotte Alter, "How Whitney Wolfe Herd Turned a Vision of a Better Internet into a Billion-Dollar Brand", *Time*, 19 mar. 2021.

169   Entrevista do autor com um ex-executivo da Tesla, fev. 2022.

170   Ian Leslie, "Before You Answer, Consider the Opposite Possibility", *Atlantic*, abr. 2021.

171   Rob Cross e Inga Carboni, "When Collaboration Fails and How to Fix It", *Sloan Management Review*, 8 dez. 2020.

172   Jeff Haden, "When Jeff Bezos's Two-Pizza Teams Fell Short", *Inc.*, 10 fev. 2021.

173   Rob Cross et al., "Collaborative Overload", *Harvard Business Review*, jan.-fev. 2016.

174   Michael Hyatt, "Don't Hire People Unless the Batteries Are Included", *Full Focus*, sem data. Disponível em: https://fullfocus.co/batteries-included/.

175   Candace Whitney-Morris, "The World's Largest Private Hackathon", *Microsoft*, 23 jul. 2018. Disponível em: https://news.microsoft.com/source/features/work-life/hackathon/.

176   "Radical Collaboration in Enterprises: How Does It Work", *Techtarget*, 24 fev. 2022. Disponível em: https://www.techtarget.com/searchcio/feature/Radical-collabo-

ration-in-enterprises-How-does-it-work.

177   Carmine Gallo, "How Starbucks CEO Inspired Us to Dream Bigger", *Forbes*, 2 dez. 2016. Disponível em: https://www.forbes.com/sites/carminegallo/2016/12/02/how-starbucks-ceo-howard-schultz-inspired-us-to-dream-bigger/?sh=3c5c9d6ce8588.

178   "Our Mission", Starbucks. Disponível em: https://archive.starbucks.com/record/our-mission.

179   Nathaniel Meyerson, "Three Times Howard Schultz Saved Starbucks", *CNN Money*, 5 jun. 2018. Disponível em: https://money.cnn.com/2018/06/05/news/companies/starbucks-howard-schultz-coffee/index.html.

180   Julia Hanna, "Starbucks Reinvented", *Forbes*, 25 ago. 2017. Disponível em: https://ww.forbes.com/sites/hbsworkingknowledge/2014/08/25/starbucks=-reinvented/?sh-c2226c730d0c.

181   "Our Mission", Starbucks. (Ver nota 178.)

182   "Net Revenue of Starbucks Worldwide from 2003 to 2023", *Statista*. Disponível em: https://www.statista.com/statistics/266466/net-revenue-of-the-starbucks-corporation-worldwide/.

183   Max Pakapol, "The Perfect Blend: Starbucks and Data Analytics", *HBS Digital Initiative*, 23 mar. 2021; e Bernard Marr, "Starbucks: Using Big Data, Analytics and AI to Boost Performance", *Forbes*, 28 mai. 2018.

184   "Our Mission", Starbucks. (Ver nota 178.)

185   Jim Ewel, "The Transformation Agenda", *Agile Marketing*, 3 jun. 2013. Disponível em: https://agilemarketingalliance.com/author/jimagilemarketingalliance-com/.

186   "Net Revenue of Starbucks Worldwide from 2003 to 2023".

187   J. Hanna, "Starbucks Reinvented". (Ver nota 182.)

188   Howard Schultz, *Em frente! Como a Starbucks lutou por sua vida sem perder a alma*, Elsevier, 2011.

189   Alberto Onetti, postagem no LinkedIn, set. 2022. Disponível em: https://www.linkedin.com/posts/aonetti_startbucks-fintech-banking-activity-6971732990083104768-u_kV/?utm_source=share&utm_medium=member_ios0.

190   "Starbucks Is Speeding Up Innovation at Its Seattle Research Hub", *CNBC*, 2 maio 2019. Disponível em: https://www.cnbc.com/2019/05/02/starbucks-is-speeding-up-innovation-at-its-seattle-research-hub.html.

191   H. Schultz, *Em frente!*, (Ver nota 188.)

192   H. Schultz, Em frente!, p. 278.

193   Aimee Groth, "19 Amazing Ways CEO Howard Schultz Saved Starbucks", *Business Insider*, 19 jun. 2011. Disponível em: https://www.businessinsider.com/howard-schultz-turned-starbucks-around-2011.

194   "Interim Starbucks CEO Howard Schultz on Labor Unions", *Reuters*, 16 mar. 2022. Disponível em: https://www.reuters.com/business/retail-consumer/interim-starbucks-ceo-howard-schultz-labor-unions-2022-03-16/.

195   Esta seção se baseia diretamente em dois dos meus livros anteriores, *Transformação rápida* e *The Inside-Out Effect*, e, em particular, numa metodologia, a bússola da transformação Brightline, que desenvolvi com a ajuda do Project Management Institute, para realizar grandes mudanças corporativas. Copyright Project Management Institute. Disponível em: https://www.brightline.org/resources/transformation-compass/

196   Satya Nadella Employed a Growth Mindset", *Business Insider*, 7 mar. 2020. Disponível em: https://www.businessinsider.com/microsoft-ceo-satya-nadella-company-culture-shift-growth-mindset-2020-3-16/..

SOBRE O AUTOR

Behnam Tabrizi é um especialista mundialmente reconhecido em transformação organizacional e de liderança, autor best-seller, professor, acadêmico e conselheiro global premiado. Atua como membro do corpo docente da Universidade Stanford e de seu programa executivo há mais de 25 anos, ao longo dos quais escreveu dez livros sobre liderança em inovação e mudança. Seu último livro, *The Inside-Out Effect: A Practical Guide to Transformational Leadership*, é um best-seller internacional e foi apontado pelo *Washington Post* como o melhor livro sobre liderança. Outro livro de Tabrizi, *Transformação rápida*, foi escolhido pelo *Business Insider* e pelo getAbstract, que cobrem mais de 25 mil livros de administração, como o número um em liderança.

Tabrizi aconselhou mais de mil CEOs globais e líderes em uma ampla gama de indústrias — incluindo alta tecnologia (Apple, Google, Amazon, Microsoft, Intel, Netflix, Facebook, IBM e HP), bancos e finanças, varejo, saúde e governo — sobre como planejar, mobilizar e implementar transformações que elevaram a aspiração dos líderes e criaram mais de 27 bilhões de dólares em receita e mais de 2,8 bilhões em economia para as empresas mais conhecidas do mundo. Também teve o privilégio de aconselhar o presidente dos Estados Unidos, seu gabinete, a equipe de liderança de alto escalão da União Europeia e o Vaticano.

A tese de doutorado de Tabrizi, um estudo global de mais de cem empresas realizado com a McKinsey & Co., recebeu o prestigioso prêmio ASQ em estudos organizacionais. Sua tese demonstrou que prototipagem mais rápida e dedicada — em vez de mais planejamento — resulta em uma cultura mais ágil capaz de desenvolver produtos rápido. Sua pesquisa, aclamada como "trabalho pioneiro" no *Chicago Tribune*, no *Washington Post* e no *San Jose Mercury News*, lançou as bases da pesquisa por trás do pensamento em design e desenvolvimento ágil. Seu trabalho também foi destaque em *Harvard Business Review*, *Financial Times*, *The Economist*, *Strategy+Business*, *Fast Company*, *BusinessWeek* e *Fortune*. Tabrizi também foi entrevistado sobre seu trabalho em transformação pela BBC, CNN e C-SPAN.

Tabrizi atuou nos conselhos da Clever Sense (vendida para o Google), da WebMBO (fundida com a Realm Corp.), da Catapult Ventures e como membro do corpo docente no programa de doutorado da Harvard Business School. Recebeu um diploma de bacharel em ciência da computação *summa cum laude* e depois obteve um mestrado em ciência da computação na Universidade de Illinois em Urbana-Champaign. Além disso, obteve um mestrado em gerenciamento de engenharia e um doutorado em estratégia, organizações e transformação digital na Universidade Stanford.

Primeira edição (julho/2024)
Papel de miolo Ivory slim 65g
Tipografias Solitas Serif, Rocinante e Citrine
Gráfica LIS